真宗学シリーズ 8

真宗聖典学③

教行証文類

信楽《しがらき》峻麿《たかまろ》

法藏館

真宗聖典学③教行証文類　真宗学シリーズ8＊目次

凡例

一、引用文献、および本文の漢字は、常用体のあるものは、常用体を使用した。

一、引用文献は、以下のように略記する。

『真宗聖教全書』……………………………「真聖全」

『大正新修大蔵経』…………………………「大正」

『真宗全書』…………………………………「真全」

『親鸞聖人全集』……………………………「親鸞全集」

真宗聖典学③

教行証文類

真宗学シリーズ8

第一章　序説

一　『教行証文類』の題号

1　「もの」と「こと」

これから親鸞の主著『教行証文類』を読んでいくことにいたします。

この『教行証文類』は、親鸞の主著として、かなりの年月をかけて作成されたものと考えられますが、親鸞が七十五歳の時に、尊蓮という門弟がそれを書写しておりますので、そのころにはいちおうできあがっていたと思われます。

その正式な題号は、親鸞自らが書いているように、『顕浄土真実教行証文類』と名づけられております。その題号の意味は、阿弥陀仏の教え、とくにその真実なる浄土教（浄土真実）についての教行証、すなわち、その教法（教）と、それにもとづくところの行業

（行）と、それによってわが身にうる仏の「さとり」（証）について明（顕）かされた、数多くの経文や論釈の文を集めた書物（文類）、ということをあらわします。

なおこの原本は、そのほとんどが親鸞によって書かれたところの、『坂東本《ばんどうぼん》』（東本願寺蔵）と呼ばれるものが伝えられており、また門弟によって書写されたものが、西本願寺と専修寺にそれぞれ蔵されております。なお親鸞の在世時代より門弟たちは、この書を略称して『教行証』と呼びました。これを『教行信証』と呼ぶようになったのは、のちの覚如、蓮如からで、その呼称にはいろいろと問題があり、後世の真宗教義理解に混乱をもたらしました。そこでいまは原点にかえって、この書名を『教行証文類』と略称することにいたします。

なおまた、ここでいう「教行証」とは、仏教が明かすところの仏道の基本的な綱格、要素であり、親鸞以前から、そしてまたその時代にもひろく用いられており、親鸞と同じように、若いころに比叡山に学んだ道元も日蓮も、それぞれ自分の仏道を明かすについては、しばしば教行証と語っております。

ところで、親鸞の著述を読みますと、その真宗教義の基本的な用語については、それらがたんなる対象的、抽象的な「もの」としての言葉ではなく、それらはつねに、具体的、体験的な「こと」としての言葉で語られていることが知られます。

そのことは、たとえば、「生命」といえば、主客二元的、客観的、抽象的な立場、観念の世界で捉えられたところの形ある物体、実体としての「もの」（名詞）ですが、それを「生きる」と表現すれば、それは必ず他者との関係がともなう主客一元的、主体的、具体的な立場、経験の世界において捉えられた、形を超えたところの事象、動態としての「こと」（動詞）で、そこには必ず主語がともないます。「生命」という観念的、抽象的な、主語のない物体としての「もの」と、「生きる」という経験的、具体的な、主語をもった事象としての「こと」の相違です。

親鸞が、いまここでこの『教行証文類』を著わすについては、そういう観念的、抽象的な「もの」の話として語っているわけではありません。それは彼自身の生涯をかけて、主体的に経験し、実践したところの、自分自身の生きざま、その経験的な事象としての「こと」（動詞）の話なのです。この『教行証文類』の中で、しばしば親鸞自身の主語がでてくる理由です。

2　「こと」としての真宗

そのことを、真宗教義の中核である「行信」について見ますならば、親鸞は、その「行」については、基本的には、私の称名行をいいますが、時には阿弥陀仏の名号そのものでもあると語ります。親鸞によれば、阿弥陀仏は、つねに私に向って、自らを告命（なのり）し、私を招喚（まねく）しているところ、その告命、招喚の仏の声が、南無阿弥陀仏なる名号にほかならないといいます。したがってまた親鸞は、私の称名とは、私が仏を呼ぶ声でありながら、それはそのまま、私に対する仏の告命の声、招喚の声でもあって、私の称名は、その阿弥陀仏の呼び声にほかならないともいいます。

かくして、仏の名号と私の称名とは、まったくの動態として、主客一如、二者即一するというべきものであります。親鸞は、時に名号のことを称名といい、また称名のことを名号といっております。親鸞が、この行をことに、「大行」といった意味がここにあるわけです。まさしく「こと」（動詞）としての「行」の話であります。

そのことは、また「信」についてもいいうるわけです。すなわち、親鸞は、信心とは、私における無疑一心なる心、信楽であるといいますが、時にはそれを、阿弥陀仏の心、真実心、真心のことでもあるといいます。かくして親鸞は、その仏心、真実心が、つねに私に来り届いている、その仏心についての「めざめ体験」を信心、信楽だというわけです。かくして、仏の真心と私の信心とは、まったく主客一如、二者即一するともいうべきものであります。親鸞においては、信心とは、仏の心においても語られ、また私の心においても語られるということです。親鸞がこの信をことに、「大信」といった意味がここにあるわけです。まさしく「こと」（動詞）としての「信」の話であります。

そのことについては、またそのほか「教」「証」「真仏土」についても、同じように語られているわけで、この『教行証文類』において明かされている真宗の仏道は、すべてこのような主客一元的、主体的な経験の世界において捉えられたところの動態、「こと」（動詞）の話にほかなりません。それについては、以下の本文を読むところで、いっそう明瞭になってまいりましょう。

しかしながら、東西本願寺の伝統教学では、その「行信」いずれについても、まったく客体的、観念的な「もの」（名詞）として捉えております。かくして、その「行」とは、覚如、蓮如によっては名号だといい、存覚によっては称名だといいますが、何れも「もの」としての話です。ことにその名号派では、その中に願行具足し、名体不二として、あらゆる功徳がおさまり、日本の神々のパワーまでもがこもっていると語ります。そしてまた、その「信」とは、そのような名号大悲を「もらう」「いただく」ものだといい、またそのような名号大悲を「たのむ」、それに「まかす」ものだといいます。まったく主客二元的、対象的、観念的な「もの」（名詞）としての行信理解です。

その点、伝統教学の「行信」理解は、親鸞のまことの教示と遠く隔絶しているところであって、親鸞の根本意趣、「こと」の話は、何ら継承されてはおりません。

なお、それぞれの詳細については、改めて以下において解説いたしますが、これから読んでいこうとする親鸞の『教行証文類』とは、そういう事象として、まったく主客一元的、主体的、経験的な動態としての、「こと」について明かしたものであって、いままでの伝統教学が語ってきたところの、主客二元的、客体的、観念的な「もの」の話ではないということを、よくよく承知してください。

「生命」という「もの」について、どれほど蘊蓄をかたむけた理論的な説明を学んでも、自分の人生生活には、あまりかかわりはなく何んの役にもたたないでしょう。しかし、「生きる」という「こと」について、先人の教言、その足跡を学ぶということは、私たちの人生にとってはとても大切なことであります。

親鸞の『教行証文類』を読むということは、そういう私自身の人生に直結する、「生きる」という「こと」について学んでいくわけです。そのことを充分に領解しながら、親鸞を学んでいただきたいと思います。

二 『教行証文類』の組織

『教行証文類』の組織について図示しますと、およそ次のとおりです。

- 総序
  - 真宗の教義
    - 『大経』の意趣—真宗の根拠　竊以
    - 『観経』の意趣—真宗の対象　然則
    - 『小経』の意趣—真宗の行道　故知
  - 行信の仏道　爾者
  - 己信と造意　爰愚
- 教文類—真実教の性格
  - 真宗の大綱　謹按
  - 真実の教法　夫顕
  - 真実教の讃歎　誠是
- 行文類
  - 真実行の性格
    - 真実行の意義　謹按
    - 真実行の根拠　諸仏
    - 真実行の要義
      - 念仏の利益　爾者
      - 念仏と信心　良知
      - 一念と多念　凡就
  - 真実行の別義
    - 他力の意義　言他
    - 一乗海の意義　言一
  - 「正信念仏偈」　凡就

- 別序
  - 真実信の両義　夫以
  - 迷執への批判　然末
  - 信別開の意義　爰愚
- 信文類
  - 真実信の性格
    - 真実信の意義　謹按
    - 真実信の根拠　至心
    - 念仏と信心　爾者
  - 真実信の要義
    - 本願文の三心
      - 本願三信心の字訓　問如
      - 本願三信心の意義　又問
      - 三心と一心　信知
    - 真実信の相状
      - 菩提心の意義　然就
      - 真実信の開発　夫按
      - 聞名と信心　然経
      - 真実信の相続　宗師
    - 真実信の利益
      - 真宗救済の意義　言横
      - 真仏弟子の意義　言真
    - 廻心体験の成立　夫仏

- 証文類
  - 真実証の性格
    - 悪人成仏の道 ―― 夫拠
    - 真実証の意義 ―― 謹顕
    - 真実証の根拠 ―― 必至
    - 教行信証の道 ―― 夫案
  - 還相摂化の利益 ―― 二言
  - 真宗仏道の帰結 ―― 爾者
- 真仏土文類
  - 真仏土の性格
    - 真仏・真土の意義 ―― 謹按
    - 真仏・真土の根拠 ―― 大経
    - 真仏・真土の特性 ―― 爾者
  - 真仏土と化身土 ―― 夫按
- 化身土文類
  - 方便浄土教
    - 化身・化土の意義 ―― 謹顕
    - 第十九願仮門の意趣 ―― 然濁
    - 『観経』と『小経』の隠顕 ―― 問大
    - 第二十願真門の意趣 ―― 夫濁
    - 三願転入の表白 ―― 是以
    - 時機相応の浄土教 ―― 信知

- 方便聖道教 ―― 然拠
- 邪偽なる外教 ―― 夫拠

後序
- 真宗法脈の継承 ―― 竊以
- 本書撰述の志願 ―― 慶哉

そこではまず、最初に序文がおかれます。この『教行証文類』では、最後の結びのところと、中間の「信文類」のはじめにも序文があります。そこで古来、最初の序文を「総序」と呼び、最後の序文を「後序」といい、「信文類」の序文を「別序」と呼んでおります。

そこでその「総序」のあとに、「教文類」「行文類」「信文類」「証文類」「真仏土文類」「化身土文類」の六部に分けて、真宗の教義を開説いたします。はじめの「教文類」「行文類」「信文類」「証文類」「真仏土文類」の五部は、私が仏に成っていくという私の成仏道の構造について明かしたもので、それは真実の教法に属します。しかし最後の「化身土文類」は、上の真実教に対して、それとは逆の、不真実なる教法について明かします。そしてそれについては、同じ浄土教の中の不真実なる教法と、いっぱんの仏教である聖道教について明かし、さらにはまた仏教以外の、邪偽なる教法を挙げて批判いたします。浄土真宗以外の浄土教、そして出家者のための仏教としての聖道教、さらには仏教以外の教法、それぞれを批判的に解明しながら、真宗の教法の真実性をより明確化しようとするわけです。それらのそれぞれについては、改めて解説いたしましょう。

ところで親鸞は、その題号については「教行証」と語りながら、その内実、その組織について明かす場合には、そこに「信」を挿入して「教行信証」といいます。いわゆる三法（教行証）と四法（教行信証）の関係です。そこでその三法と四法の関係については、いかに考えるべきでしょうか。それについては、親鸞においては、真実の行とは称名念仏のことであって、その行の内実には必ず信心を含んでいるものであり、信心とは、それ自身単独で成立するものではなく、必ず私の行為、行業に即して生まれてくるものでありました。行、すなわち、その称名念仏が真実であるかぎり、そこには必然に真実信心が具足しているということです。したがって、信心がともなわない称名は虚仮の称名です。親鸞においては、行信は一如で、即一するものでありました。

かくして、その三法と四法との関係は、まさしく開合の関係で、開いて信を説明したら信別開の教行信証の四法となり、合して語れば行中摂信して、教行証の三法となるということであります。

三　『教行証文類』の読み方

ところで、この『教行証文類』を読むにあたっては、その読み方について、よくよく注意すべき点があります。それはたんに小説や新聞記事を読む読み方とは違います。もともと宗教的な文章は、そこで表現しようとする「こと」そのものが、すでにこの世俗、日常性を超えたものであるところ、その表現には当然に限界があります。すなわち、宗教的な文章は、もともと表現できないものを表現しているわけですから、その表現、文章を読む場合には、その表現に依りながらも、また同時に、その表現を超えて、その表現の彼方にあるものに直接し、それについて体解していかなければなりません。

それはあたかも、天空に輝く月を、地上から指で示すようなものです。月とはその教えが指示している究極的な真理をいい、指とはそれについて語った教えの言葉です。かくして、その指と月、真理と教法との間には無限の距離があります。そこでそれを埋めるものは、何よりも私たち一人ひとりの宗教的な行業、仏道の実践でしかありません。すなわち、その日日、朝夕に仏檀に向かって灯明を点じ香華を捧げて礼拝しながら、不断に称名念仏をもうすということです。そのことこそが、天上の月と地上の指との距離を埋めるための、唯一の道、方法なのです。このような日日の礼拝、称名、憶念の身口意の三業をかけた実践を相続し、それを深化してこそ、はじめてまことの仏との出遇い、信心体験をもつことができるのです。そういう仏道の実践を欠落しては、いかに知的に親鸞を捉えるとしても、親鸞の心にふれ、阿弥陀仏に出遇うことはできません。

世の中には、その日日に仏壇に礼拝することもなく、また称名念仏さえもしたことのないような人人が、親鸞についてあれこれと語ったり、書いておりますが、そんなものに親鸞の意趣が理解できるはずはありません。それはしょせん、月ではなくて、指についてあれこれ語っているだけのことです。

仏法とは、そして親鸞とは、とても重くて厳しいものです。そんじょそこらの安っぽい世間ばなしや、宗教とは違います。もしも本気で親鸞を学ぼうとされるならば、それなりの覚悟を定め、襟を正して、親鸞の前に立ってください。

なおまた、この『教行証文類』について、さらに詳細な解読を希望される方は、既刊の拙著『教行証文類講義』（全九巻・法藏館刊）をご利用くだされば幸いです。

第二章　「総序」の意趣

一　真宗の教義

まず、「総序」の文をうかがいます。「総序」の組織は、およそ次のように組み立てられております。

- 真宗の教義
  - 『無量寿経』の意趣――（真宗の根拠）――竊以
  - 『観無量寿経』の意趣――（真宗の対象）――然則
  - 『阿弥陀経』の意趣――（真宗の行道）――故知
- 行信の仏道
  - 浄土真宗の仏道――爾者
  - 仏道への疑惑の教誡――噫弘
- 自己の信心の表白――爰愚

「己信と造意」——本書製作の意図——敬信

はじめの真宗の教義を明かすについては、まず「浄土三部経」の経説にもとづいて、真宗の教義の大綱を示します。

竊《ひそ》かに以《おもん》みれば、難思《なんじ》の弘誓《ぐぜい》は難度海《なんどかい》を度する大船、無碍《むげ》の光明は無明の闇を破する恵日《えにち》なり。然ればすなわち浄邦縁熟して、調達《じょうだつ》、闍世《じゃせ》をして逆害を興ぜしむ。浄業機彰《あらわ》して、釈迦、韋提《いだい》をして安養を選ばしめたまへり。これすなはち権化《ごんげ》の仁《にん》、斉しく苦悩の群萠《ぐんもう》を救済《くさい》し、世雄《せおう》の悲、正しく逆謗闡提《ぎゃくほうせんだい》を恵まんと欲《おぼ》す。故に知ぬ、円融至徳の嘉号《かごう》は悪を転じて徳を成す正智、難信金剛の信楽は疑を除き証を獲しむる真理なりと。爾れば凡小修し易き真教、愚鈍往き易き捷径《せちけい》なり。大聖一代の教、この徳海に如《し》くなし。（真聖全二、一頁）（以下、訓読は原則として『坂東本』を参照する）

すなわち、はじめに『無量寿経』によって、阿弥陀仏は、無量無辺の真理、真実として、いまこの私の心にまで来り届いており、私はいま現に、如来の「いのち」を宿して生きているのだと語ります。親鸞が「難思の弘誓」といい、「無碍の光明」と明かし、また「この如来、微塵世界にみちみちたまへり、すなわち一切群生海の心なり」（『唯信鈔文意』真聖全二、六四八頁）というとおりです。

そして次に『観無量寿経』によって、「調達（デーヴァダッタ）」「闍世（アジャータシャトル）」の二人の名を挙げますが、この両人は、釈迦在世時代に、インドのマガダ国の王舎城でおきた父親殺しの犯罪にかかわる人物で、人間が宿すところの我執、煩悩の深刻さを象徴しております。親鸞は、この王舎城の悲劇を通して、人間とは、ひとしく虚妄にして不実、罪業深重の存在であることを明かします。中国の善導が、「自身は現にこれ罪悪生死の凡夫、曠劫よりこのかた常に没し、常に流転して、出離の縁あることなし」（「散善義」真聖全一、五三四頁）と語り、その文を親鸞が「信文類」（真聖全二、五二頁）に引用するとおりです。かくして、この私という現実存在は、如来の「いのち」を宿しながら、また同時に、無尽の罪業を宿している存在であって、本質的には、真実にして虚妄、虚妄にして真実であり、まったく矛盾的に、しかもまた自己同一的に、いまここに生きているといわざるをえません。親鸞が、自己自身の存在相をかえりみて、「地獄は一定」（『歎異抄』真聖全二、七七四頁）と告白し、また「往生は一定」（『末燈鈔』真聖全二、六八九頁）と歓喜するとおりです。これが現実の「こと」としての私の実相です。かくして真宗とは、そういう私の現実相について、深く「めざめ」ていくことを教えるのです。

そして親鸞は、次に『阿弥陀経』によって、そういう「めざめ体験」とは、もっぱら称名念仏しつつ、そこに「阿弥陀仏の声」を聞くことによってこそ、よく成立してくると明かします。そしてその「めざめ体験」を信心というわけです。すなわち、称名念仏とは、私から仏へ向う私の声ですが、それはそっくりそのまま、仏の私に対する仏の呼び声だというのです。そしてその私の称名が、そのように仏の声として聞こえてくるならば、そのように体験できるならば、その聞名体験を信心というわけです。いまここで親鸞が、「円融至徳の嘉号は悪を転じ徳を成す正智」と明かすのは、そういう称名念仏が、「めざめ体験」をもたらすことを意味するものにほかなりません。

かくして、称名と信心、行と信とは、その聞名を契機として、表裏して即一するものであります。よって真宗の仏道とは、称名、聞名、信心の道というべきでありましょう。そして親鸞は、こういう「浄土三部経」が経説する仏道こそが、あらゆる人人が学ぶべきまことの人格成熟、人間成就の道であり、それはまた、いかなる人であっても、容易に歩むことのできる、万人普遍の真実の人生道であると主張いたします。親鸞が、「しかれば凡小修し易き真教、愚鈍往き易き捷経《せちけい》なり」というとおりです。

以上が、真宗の教義の大綱です。かくして、この『教行証文類』とは、そういう称名、聞名、信心なる真宗の仏道、その人間成就の道について、それをさまざまな角度から、多くの経文や論釈の文を引用しつつ、詳細に説明し、論証し、教示するものにほかなりません。

二　行信の仏道

次に、親鸞は、そういう真宗の仏道、称名（行）、聞名、信心（信）の道、すなわち、行信の仏道を、私たちに向かって心をこめて勧励し、「専らこの行に奉え、唯この信を崇めよ」と教言いたします。

穢を捨て浄を忻《ねが》い、行に迷《まど》い信に惑《まど》い、心昏《くら》く識《さとり》寡《すくな》く、悪重く障多きもの、特に如来の発遣《はっけん》を仰ぎ、必ず最勝の直道《じきどう》に帰して、専らこの行に奉《つか》え、唯この信を崇めよ。噫、弘誓の強縁、多生にも値《もうあ》いがたく、真実の浄信、億劫《おくこう》にも獲がたし。たまたま行信を獲ば、遠く宿縁を慶べ。もしまたこのたび疑網《ぎもう》に覆蔽《ふへい》せられば、更《か》えってまた曠《こう》劫《ごう》を逕《きょう》歴《りゃく》せん。誠なるかな、摂取不捨の真言、超世希有の正法、聞思して遅慮することなかれ。（真聖全二、一頁）

私たち人間とは、この世に生まれてくるについては、何んの意志もなくて誕生したのです。私たちはみんな自分の意志を超えて投げだされた存在です。だから、私たちは何よりもまず、自分はいったい何のために生まれたのか、生きるとはどういう「こと」かを、よくよく考えて生きていくことが大切です。中国に「迷者不問路（迷えるものは路を問わず）」（『荘子』）という言葉がありますが、自分の人生について熟考し、人間のあるべき道を問うたことのないものは、みんな自分の人生に迷うているのです。一回かぎりの人生です。慎重にこそ、先人の足跡をよくよく尋ねながら、人間としてのまことの道を生きていくべきでありましょう。いま親鸞は、そういう私たちの歩むべき真実の人生道について、それがこの行信の道であることを明かし、その道を学ぶべきことを勧めているわけです。

そしてその人生において、よき師、よき先達に出遇うということは、まことに至難なことであると歎じつつ、縁あってよき人にめぐり遇い、まことの教えを学ぶ縁にめぐまれたら、決して疑惑することなく、心をこめて求道すべきであると教えております。親鸞はここで、「超世希有の正法、聞思して遅慮することなかれ」といいます。人生は何よりも求道、道を探ねて生きるということが肝要です。

三　己信と造意

爰《ここ》に愚禿釈の親鸞、慶ばしいかな、西蕃《せいばん》、月支《げっし》の聖典、東夏《とうか》、日域《じちいき》の師釈に、遇い難くして今遇うことをえたり、聞き難くして已に聞くことをえたり。真宗の教行証を敬

信して、特に如来の恩徳の深きことを知ぬ。ここをもって聞くところを慶び、獲るところを嘆ずるなりと。（真聖全二、一頁）

そして親鸞はさらに、自身の求道の遍歴を思いおこしつつ、比叡山の修道生活から訣別して、新しく法然の門下に連なり、そこで廻心体験をえて、新しい念仏成仏の道を歩むようになったことを表白します。親鸞は、そのことにおいて、まことの自立をとげて、新しい人生を歩みはじめたことを回顧し、その恩徳を拝謝しながら、自分が歩んできた真宗念仏の道を、後世の人人に伝達するために、このような『教行証文類』を述作することを表白いたします。

以上が、この「総序」のあらましです。

第三章　真実教の開顕（「教文類」）

一　「教文類」の組織

1　「教文類」の組織図

本論に入り、「教文類」についてうかがいます。その全体の組織は、およそ次のとおりです。

- 題号・撰号
- 本文
  - 真宗の大綱 ―― 謹按
  - 真実の教法
    - 真実の経典
      - 真実教の指定 ―― 夫顕
      - 『無量寿経』の大意 ―― 斯経
      - 『無量寿経』の宗体 ―― 是以

真実教の根拠――何以
真実教の証明――爾者
真実教の讃歎――誠是
尾題

この「教文類」の内容は、はじめに真宗教義の大綱を示して、真宗の教えが、往相と還相の二種廻向によって組みたてられ、その往相廻向について「教」「行」「信」「証」の四法があることを明かします。次いで真宗が根拠とするところの経典は〈無量寿経〉であると指定し、その大意と宗体について論じます。そして『無量寿経』と『如来会』と『平等覚経』の文を引用して、それが釈迦仏出世本懐の経典で、真実教であることを主張いたします。

そして最後に、真実教を讃歎して結びます。

二　真宗の大綱

「教文類」の本文を見ますと、最初に真宗の大綱を明かして、謹んで浄土真宗を按ずるに、二種の廻向有り。一には往相、二には還相なり。往相の廻向について真実の教、行、信、証あり。（真聖全二、二頁）

と語ります。

はじめに真宗の教義の基本構造を示して、真宗が教えるところの仏道とは、私が浄土に向かって往生成仏していくという自己成仏の道と、その浄土に往生成仏したら、ただちにこの現実世界に還って、阿弥陀仏に従って多くの人人を救い、それを仏にまで育てるという他者作仏の道の、二種の道があると語ります。その前者を往相廻向といい、後者を還相廻向といいます。親鸞は、真宗の仏道について、このように自己が救われて成仏することと、他人を救って成仏させるということの、自己と他者、往相と還相、自利と利他を語るわけですが、死後において、なお他者のために働くという発想は、世界の他の宗教や、仏教の他の諸宗派においては、ほとんど語られることはありません。そのことは親鸞の教え、浄土真宗の教義の特色として、充分に注目すべきところでありましょう。

そしてまた、その私が浄土に向かって往生し成仏していく往相廻向の仏道については、教、行、信、証の四種の徳目、すなわち、その仏道について明示する教法と、その教法が指示するところの私が実践、修習すべき行業と、その行業の実践によって開発されてくる信心体験と、その信心を因として成就されるところの、今生と来世の二世にわたる仏の

「さとり」、証果とがあるといいます。いま親鸞は、真宗教義を明かすにあたって、まずそのことを明確化しているわけです。

三　真実の経典

それ真実の教を顕さば、すなわち『大無量寿経』これなり。この経の大意は、弥陀、誓を超発して、広く法蔵を開きて、凡小を哀れみて選んで功徳の宝《ほう》を施《せ》することを致す。釈迦、世に出興《しゅっこう》して、道教を光闡《こうせん》して、群萌《ぐんもう》を拯《すく》い恵むに真実の利をもってせんと欲《おぼ》すなり。ここをもって如来の本願を説いて経の宗致《しゅうち》とす、すなわち仏の名号をもって経の体《たい》とするなり。（真聖全二、二～三頁）

そして次いで親鸞は、真宗が根拠とするところの経典を定めて、〈無量寿経〉であると明かします。そこでその経典の基本の性格については、それは阿弥陀仏の本願大悲について説いたものであって、そのことは釈迦仏が、この世界に誕生した目的、出世の本懐の教説として明かしたものであるといい、だから、この〈無量寿経〉こそが、唯一真実の経典であると主張いたします。そしてその〈無量寿経〉の要義とは、阿弥陀仏の本願が、その経典の宗致、中核をなすものであり、またその阿弥陀仏の名号が、その経典の本体、本質をなすものであると述べております。問題は、ここで説かれる本願と名号のことですが、すでに上において見たように、その本願とは、たんなる客体的な物体としての「もの」ではなくて、主客一元的、主体的な事象「こと」としてこそ捉えられるべきであって、それはこの私の存在、その心の中にまで到来しつつあるわけであり、またその名号も、本願と同じように、主客一元的、主体的な事象「こと」として、この現実の私において、つねに日日の称名念仏となっているところです。すなわち、この私の心に到来することのないような本願、この私の称名にならないような名号、そういう主客一元的、主体的に捉えられ、経験されることのないような「もの」としての本願、名号とは、たんなる観念論の中の話でしかなく、それは私たちの人生生活にとっては何の意味もありません、かくして、その本願といい、名号というも、それはこの私の存在、その日日の仏道の実践をはなれては、捉えられないもの、領解できないものであることを、よくよく思慮すべきであります。

四　真実教の明証

1　弥陀仏と釈迦仏

次いで、「なにをもってか出世の大事なりと知ることをうるとならば」（真聖全一、三頁）といって、この〈無量寿経〉が、釈迦仏の出世本懐、釈迦仏がこの人類世界に出現したのは、ひとえにこの阿弥陀仏の本願を説くためであったということは、どうしてそういうるのかと問い、それに答えて、『無量寿経』の出世本懐の文と、同じく〈無量寿経〉の異訳の『如来会』と、『平等覚経』の出世本懐について明かす文を引用し、さらに韓国の新羅《しら》の人、憬興《きょうごう》（七世紀）の『無量寿経連義述文賛』の文を引用して、その経文について説明します。

しかしながら、大乗経典の多くには、何らかのかたちで出世本懐の意味をもった言葉が見られるわけで、たとえば『般若経』『華厳経』『法華経』『菩薩瓔珞経』などがそうです。ことにその『法華経』に出世本懐を示す文があることは、親鸞は若い時に比叡山において、よくよく学んだことでありましょう。とすれば、この〈無量寿経〉に出世本懐の文があるからといって、この経典が唯一真実であるとはいいえないはずです。したがって、親鸞が、この〈無量寿経〉が唯一真実の経典であると主張したのは、その表面、その形式においては、出世本懐の文があるからといったとしても、その内実においては、別の根拠にもとづいてそういったと考えざるをえません。とすれば、この〈無量寿経〉が、他の諸経典に対して、唯一真実の経典であると主張した真実の理由とは何か、改めて考えねばなりません。

そこで私見によりますと、そのことは、親鸞における特異なる、阿弥陀仏理解にもとづいて主張されたものとうかがわれます。すなわち、親鸞は、『浄土和讃』の中の「諸経意弥陀仏和讃」において、次のように明かしております。

無明の大夜をあはれみて　法身の光輪きはもなく
無碍光仏としめしてぞ　安養界に影現する
久遠実成阿弥陀仏　五濁の凡愚をあはれみて
釈迦牟尼仏としめしてぞ　迦耶城には応現する（真聖全二、四九六頁）

はじめの和讃は、阿弥陀仏が光明かぎりない仏身として、彼岸なる浄土に成仏し影現したことを讃えたものであります。そしてあとの和讃は、釈迦仏とは、もともと久遠実成の阿弥陀仏が、この此土なる迦耶城（カピラヴァスツ・迦毘羅衛）に、応現したものであるということを明かしたものです。親鸞によれば、阿弥陀仏とは、もともと西方浄土に影現した仏であるが、また同時に、この現実の世界にも、釈迦仏として応現しているというわけです。

しかもまた親鸞は、その「行文類」によりますと、無諍念王《むじょうねんおう》（阿弥陀仏の因位）と宝海梵志《ほうかいぼんし》（釈迦仏の因位）の成仏について、憬興の『無量寿経連義述文賛』の、

すでに此土にして菩薩の行を修すとのたまえり。すなわち知りぬ。無諍王は此の方に在ますことを。宝海もまた然なりと。（真聖全二、二七頁）

という文を引用しておりますが、この文の意味するところは、阿弥陀仏の因位である無諍念王も、また釈迦仏の因位である宝海梵志も、ともにかつてこの娑婆世界において菩薩の行を修習し、しかもまた成仏した今も、この此土の世界に現在しているということを明かすものです。親鸞が「行文類」にこの文を引用したのは、いかなる意趣によるものでしょうか。親鸞はこの憬興の文をとおして、阿弥陀仏とは、たんなる西方十万億仏土の彼方なる仏ではなく、それはもとこの此土において修行したところの、人間世界に深いかかわりをもった仏であり、したがってまた、今もこの此土に、確かに現在する仏でもある、ということを明かそうとしたのではないでしょうか。ここで「無諍王は此の方に在ます」というのは、まさしくそういうことをあらわすもののように思われます。ここには親鸞における阿弥陀仏に対する独特な捉え方が見られるところです。かくして親鸞によれば、阿弥陀

仏とは、西方十万億仏土の彼方の存在ではなく、この現実に応現した仏であり、いま現にこの此土に存在する仏でもあるというわけでしょう。

そしてまた、いまひとつ親鸞には、『二尊大悲本懐』と呼ばれる一幅の軸物が伝えられております。これは中央上段に太字で釈迦仏の出世を讃える文を書き、その下にその文を註解して、「教主世尊之大悲也」と結んでおります。また中央下段には、太字で阿弥陀仏の誓願を讃える文を書き、その下にその文を註解して「阿弥陀如来之大悲也」と結んでいます。これが「二尊大悲本懐」呼ばれる理由です。そしてその最上段には、細字で源信の『往生要集』の文と、覚運の『念仏宝号』「念仏偈」の取意の文を書き、またその最下段には、細字で『無量寿経』発起序の五徳瑞現と出世本懐の文を書いております。これは親鸞が本尊として敬礼したものであろうといわれているところです。それは今日では、東本願寺、西本願寺、専修寺の各本山、および小松市本覚寺に蔵される四本が伝わっていますが、その中の東本願寺蔵のものは、一九四八年の寺宝調査によって親鸞の真蹟と判定されたものです。これが親鸞の作品とすれば、親鸞の何歳のころに成立したものでしょうか。きわめて興味あるところです。

そこでこの『二尊大悲本懐』において、釈迦仏の大悲と阿弥陀仏の大悲が、対称的、呼応的に捉えられていることは注目されるところですが、その最上段に書かれた、覚運の

『念仏宝号』「念仏偈」についての親鸞による取意の文によりますと、そこでは、

一代の教主釈迦尊、迦耶にして始めて成るは実の仏に非ず。久遠に実成したまへる弥陀仏なり。永く諸経の所説に異なる。（親鸞全集、写伝篇2、二〇八頁）

と明かしております。原文の「念仏偈」の意趣は、迦耶（カピラヴァスツ）において応現した釈迦仏は、応身仏であって久遠実成の実仏ではない。それに准例すれば、浄土において成仏した阿弥陀仏も応身仏であって、別の久遠実成の阿弥陀仏がまします。その点、諸経の所説とは相違する、ということです。しかしながら、いまの親鸞による取意の文の意味するところは、原文の意趣を転じて、いっさいの経典を開説した釈迦仏とは、迦耶において誕生した仏であるが、それは実の仏ではなく、本来的には、久遠実成なる阿弥陀仏にほかならない。そのことは、諸経が説くところとは永く相違するものである、というわけです。ここでは親鸞は、明確に釈迦仏とはもともと阿弥陀仏にほかならないと明かしているところです。かくして、この『二尊大悲本懐』の文によれば、釈迦仏とは阿弥陀仏のことであって、釈迦仏即阿弥陀仏にほかならず、〈無量寿経〉は、阿弥陀仏自身が、この世界に出現して説いたものであるという領解が見られます。

その点、親鸞における釈迦仏と阿弥陀仏との関係をめぐる理解については、上に見たように、「諸経意弥陀仏和讃」の二首によれば、彼土の阿弥陀仏が、此土に応現したものが

釈迦仏であるという発想があり、また「行文類」に引用される憬興の『述文賛』の文によれば、阿弥陀仏も釈迦仏と同じように、此土において修行して、この人間世界に関係が深く、いまもここに現在する仏であるという理解が見られます。そしてまたこの『二尊大悲本懐』の文によれば、それはいっそう徹底されて、釈迦仏はすなわち阿弥陀仏であり、阿弥陀仏はすなわち釈迦仏にほかならないという領解が見られるわけであります。

かくして、このような親鸞における釈尊観によるならば、〈無量寿経〉とは、阿弥陀仏自身が教説したものであるということであり、阿弥陀仏を中心に捉える浄土教の立場、そして親鸞の立場からすれば、この〈無量寿経〉こそが、阿弥陀仏の直説の経典として、唯一真実の経典であるということができるでありましょう。親鸞が〈無量寿経〉を真実の経典だと主張した、最大の根拠でもあります。

2　弥陀仏直説の〈無量寿経〉

親鸞におけるこのような〈無量寿経〉理解は、従来の経典解釈には見られないところの、まことに大胆な捉え方であり、親鸞独自の経典観というべきものでありましょう。ところで親鸞は、なぜそういいえたのでしょうか。そのことは何よりも親鸞が、この〈無量寿経〉を捉えるのに、それをたんに仏教の歴史の中で成立してきたところの、多くの経典の中の一部であるという、客体的、物体的な「もの」として見ることなく、それをまったく主体的、経験的な「こと」、事象として見ていたからでありましょう。

すなわち、親鸞にとっては、自分自身の曲折の多い仏道修習の歩みを回顧するとき、六角堂の示現を縁として、浄土教の聞名不退の道、念仏往生の道に転入したことは、いままでの自分の虚妄なる人生、その仏道、その生命を転成して、まったく新しい真実なる人生、まことの生命に再生したということでありました。そしてそのことを教説している〈無量寿経〉の阿弥陀仏の本願の教法とは、親鸞にとっては、唯一真実なる教法であったわけであり、それはまさしく阿弥陀仏自身が、親鸞のために、自ら到来し、自己開示することによって、自分を真実までに育成し、教導してくれたものともいうべきことでありました。親鸞は、自分の人生、その仏道の遍歴をかえりみながら、この〈無量寿経〉について、そのように深く味解していったであろうと思われます。

そのような発想は、また恩師の法然を、たんに自分の前を歩いていった先達、先師としてではなく、浄土から自分のために到来、示現した人だと、讃仰していることにも連なる発想でありましょう。親鸞は、その『高僧和讃』において、

智慧光のちからより　本師源空あらはれて
浄土真宗ひらきつつ　選択本願のべたまふ（真聖全二、五一三頁）

阿弥陀如来化してこそ　本師源空としめしけれ
化縁すでにつきぬれば　浄土にかへりたまひにき（真聖全二、五一四頁）

と明かしております。阿弥陀仏自身が、この現実に向かい、この私に対して、到来したのが法然であるというわけです。いまここで、〈無量寿経〉とは、阿弥陀仏自身が、この自分のために、示現し、開説したものであるということも、そういう領解に連なるものでありましょう。

かくして、親鸞におけるこのような〈無量寿経〉理解は、それをたんなる釈尊によって教説されたところの大蔵経の中の一部というような、客体的、物体的な「もの」としてではなく、それをまったく主体的、経験的に、自己の人生、その生命を真実まで育ててくれたところの、真実そのものの働きかけ、釈尊の教説でありながら、それはまた阿弥陀仏自身の私への到来、その事象としての主客一如なる「こと」と捉えることにより、その必然として、この〈無量寿経〉を、阿弥陀仏自身の直説だと領解したのであろうと思われます。

五　真実教の讃歎

そして最後に、その教法に対する讃歎の文章がおかれます。親鸞は言葉を選んでその真実教について讃えます、次の六句の文がそれです。

まことにこれ、如来興世の正説、奇特最勝の妙典、一乗究竟の極説、速疾円融の金言、十方称讃の誠言、時機純熟の真教なり。まさに知るべしと。(真聖全二、四頁)

その意味は、この〈無量寿経〉こそが、唯一真実の経典であります。「如来興世の正説」とは、ここには釈迦如来の出世本懐の教説が明かされております。「奇特最勝の妙典」とは、それはまことに世にも珍らしくも、もっともすぐれた経典であります。「一乗究竟の極説」とは、大乗仏教における最上、最高の教えです。「速疾円融の金言」とは、念仏、信心ひとつでただちに仏になることのできる、功徳が円満している教法です。金言とは釈尊直説の言葉という意味です。「十方称讃の誠言」とは、あらゆる世界にまします諸仏たちが、そろって讃歎し、勧励している教法です。「時機純熟の真教」とは、今日の時代と人間性によく相応する真実の教です。以上、この六句を連ねて、真宗の教義、真実教について讃歎いたしております。

こうして「教文類」を結びます。

第四章　真実行の確立（「行文類」）

一　「行文類」の組織

1　「行文類」の組織図

「行文類」のおよその組織は、次のとおりです。

- 標挙 ― 諸仏称名の願
  - 浄土真実の行
  - 選択本願の行
- 題号・撰号
- 真実行の意義
  - 大行と大信 ― 謹按
  - 真実行の意義 ― 大行

- 本文
  - 真実の大行
    - 真実行の性格
      - 真実行の願名 ―― 然斯
      - 真実行の根拠
        - 経典の文 ―― 諸仏
        - 伝統五祖の文 ―― 十住
        - 諸師・伝統二祖の文 ―― 浄土
      - 真実行の要義
        - 念仏の利益 ―― 爾者
        - 念仏と信心 ―― 良知
        - 一念と多念 ―― 凡就
      - 真実行の讃歎 ―― 斯乃
    - 真実行の別義
      - 他力の意義 ―― 言他
      - 一乗海の意義 ―― 言一
  - 「正信念仏偈」
    - 偈前の文 ―― 凡就
    - 正信念仏偈 ―― 帰命
- 尾題

（『坂東本』では撰号がおかれていません）

まずはじめに標挙として、第十七願名の「諸仏称名の願」を掲げ、その細註として「浄土真実の行、選択本願の行」と示します。そしてそれに続いて、真実行の性格について、大行と大信を挙げ、真実行の意義を述べて、それが私の称名念仏行であると指定し、真実行の願名を掲げます。

次いでその真実行の根拠として、〈無量寿経〉と『悲華経』の経文を引用いたします。そしてそれを承けて、インド、中国、日本の七高僧をはじめとする、浄土教の先師、先達の論文、釈文を引用します。そしてその教示にもとづいて、真実行の要義を論じ、称名念仏行の利益、念仏と信心の関係、そして一念と多念にかかわって註解いたします。

そしてその真実行をめぐって讃歎し、真宗の行道としての念仏成仏の道を明示します。そしてさらに、その真実行にかかわる別義として、本願他力の意義と一乗海の意義について論述し、そのあとに、「正信念仏偈」をおいて、念仏成仏の道への帰入を勧励いたします。

以上が「行文類」のおよその組織です。

2　標挙の文

そこで、次いでその標挙の文について説明いたします。そこには、

諸仏称名の願─┬─浄土真実の行
　　　　　　　└─選択本願の行

と書かれております。これは標挙、すなわち、標願、細註といわれるものです。法然の『選択本願念仏集』の最初には、「南無阿弥陀仏　往生之業　念仏為本」という、この書物の全体を貫く主張ともいうべき言葉が掲げてあります。そしてその主張を展開するという形式をもって全体が編集されているわけですが、いまもそれと同じスタイルで、この『教行証文類』が書かれています。すなわち、「行文類」以降は、そのいずれにおいても、まず最初に願名と細註が記されており、そして本文に入るわけです。

　そこでその願名ですが、この「行文類」では「諸仏称名の願」と掲げてあります。阿弥陀仏の第十七願名です。それは、

　たとい我仏をえんに、十方世界の無量の諸仏、悉く咨《し》嗟《しゃ》して我が名を称せずば、正覚をとらず。（真聖全一、九頁）

というもので、私（阿弥陀仏）が仏に成ったならば、十方世界のすべての諸仏をして、私の名前を讃歎して、多くの人人に伝え知らせたい、という願いです。

　ところで親鸞は、この願にいろいろと名前をつけています。ここでは、「諸仏称揚の願」「諸仏称名の願」「諸仏咨嗟の願」「往相廻向の願」「選択称名の願」という五種類の名前を

掲げております。そしてまた『浄土文類聚鈔』では、この第十七願を「諸仏咨嗟の願」「諸仏称名の願」「往相正業の願」（真聖全二、四四三頁）と呼んでおります。その点、親鸞は、この第十七願を、「諸仏称揚の願」「諸仏称名の願」「諸仏咨嗟の願」「往相廻向の願」「選択称名の願」「往相正業の願」の六種の名をもって呼んでいるわけです。しかし、この「行文類」の最初に「諸仏称名の願」と掲げたのはなぜか。それはいかなる理由によるかという問題があります。

親鸞によりますと、この第十七願文をめぐっては、特徴ある二種の理解が見られます。すなわち、そのひとつが、

諸仏称名の願とまふし、諸仏咨嗟の願とまふしさふらふなるは、十方衆生をすすめんためときこえたり。（『親鸞聖人御消息集』真聖全二、七一一頁）

という解釈です。ここでは第十七願とは、諸仏たちが念仏往生の道を十方の人人に勧めるために建てられたものだと理解いたします。その点、それは私に行道についての教えを伝えるための、「教位」としての、阿弥陀仏の教法について誓った願だと捉えられます。

ところが、親鸞には、この第十七願文をめぐってもうひとつの理解があります。

この本願力の廻向をもて如来の廻向に二種あり。一には往相の廻向、二には還相の廻向なり。往相の廻向につきて、真実の行業あり、真実の信心あり、真実の証果あり。

真実の行業といふは、諸仏称名の悲願、『大無量寿経』にのたまはく、たとい我仏をえんに、十方世界の無量の諸仏、悉く咨嗟して我が名を称せずば、正覚をとらず。

（『如来二種廻向文』真聖全二、七三〇頁）

といい、また、

この如来の往相廻向につきて真実の行業あり。すなわち諸仏称名の悲願にあらわれたり。（『浄土三経往生文類』（広本）真聖全二、五五一頁）

と明かします。それは私が浄土に往生するための真実の行業について誓ったものだというわけです。こういう理解からすると、この第十七願とは、私の往生成仏のための、「行位」としての、私が修めるべき行業について誓ったものだといいうるわけです。

かくして親鸞は、この第十七願について、それが阿弥陀仏の教法をめぐって諸仏の称揚を誓ったという側面（教位）と、いまひとつ、それは私たちの往生成仏の行業について誓ったという側面（行位）の、二面の意味をみているということができるわけです。この第十七願を「諸仏称名の願」「諸仏称揚の願」「諸仏咨嗟の願」というものは、前者の「教位」について名づけ、またそれを「往相正業の願」「往相廻向の願」「選択称名の願」というものは、後者の「行位」の立場から名づけたものでしょう。親鸞におけるこのような特色ある第十七願理解については、充分に注目すべきところです。

すなわち、親鸞においては、この第十七願における諸仏の称名とは、仏の私に対する到来示現として、仏から私に向かう仏の称名（教位）であるとともに、それはまた、そのままそっくり私の往生成仏の行業として、私から仏に向かう私の称名（行位）という意味をもつものであって、それはまさしく主客一如なる「こと」として、私の称名は仏の称名であり、仏の称名は私の称名であるといいうるわけです。「行文類」とは、さらに以下の考察によって明瞭となるように、まさしくそういう私の称名が仏の称名であり、仏の称名が私の称名であることについて、開顕しようとするものであるということであります。「行文類」の冒頭に、まず「諸仏称名の願」と標願するのは、このことを意味するものであるとうかがわれます。

次にその願名の下に書かれている「浄土真実の行、選択本願の行」という、細註について見てまいります。ここでそれらがともに、「行」と明かされているところからすれば、それは基本的には、私の行業を意味すると理解されます。

そこではじめの「浄土真実の行」については、それを「浄土真実の行」という場合には、それは明らかに浄土教の中の真実の行ということで、方便権仮の行に対するものです。ところで、「正信念仏偈」の偈前の文においては、そういう「方便の行信」に対して、「真実の行信」ということを主張いたします。そしてその行信を説明して、「これすなわち選択本願の行信なり」（『行文類』真聖全二、四三頁）といいますが、親鸞においては、選択本願という場合には、基本的には第十八願文を意味しますので、それはまさしく、私における往生成仏の行業としての、まことの本願念仏を意味するといわねばなりません。

そしてまた次の「選択本願の行」については、『唯信鈔文意』に「称名の本願は選択の正因たること悲願にあらわれたり」（真聖全二、六二五頁）とあり、その「正因」は別本（親鸞全集、和文篇、一九四頁）によりますと「正業」とも書かれていますので、それもまた私の称名念仏を指すことは明らかです。またそれが「選択本願の行」といわれるについては、すでに上に見たように、それは明らかに、私における第十八願の念仏を意味すると理解されます。そのことについては、その偈前の文に、「選択本願の行信」と説かれることによっても明白です。かくして、この細註の「浄土真実の行、選択本願の行」とは、いずれも私における往生成仏の行業としての、私の称名念仏を意味すると理解すべきであります。

かくして、この細註は、以下のこの「行文類」において明かされる真実行とは、基本的には、私における浄土の行業としての称名念仏を意味する、ということを指示していると領解されます。

その点、その標願は、真宗における行とは、主として仏の称名を意味し、その細註は、真宗における行が私の称名を意味するわけで、この「行文類」における行とは、仏と私の、両者を含むものとして捉えられているといいえましょう。

二 真実行の性格

1 大行と大信

「行文類」の本文についてうかがいます。そこではまず最初に、

謹んで往相の廻向を按ずるに大行あり、大信あり。大行とは、すなわち無碍光如来の名を称するなり。この行は、すなわち、これもろもろの善法を摂し、もろもろの徳本を具せり。極速円満す、真如一実の功徳宝海なり。故に大行と名づく。(真聖全二、五頁)

と明かします。

ここでは「往相の廻向を按ずるに、大行あり大信あり」と、「大行」「大信」を同列に並べます。これは前の「教文類」に、「往相の廻向について真実の教行信証あり」(真聖全二、二頁)といい、往相の廻向、私が浄土に往生成仏する仏道について、教行信証ありといったのをうけて、ここでは「大行あり」「大信あり」と、その仏道の中核について明らかに

するわけです。この行信とは、いずれも私の上に成りたつべき出来事です。これはさきほどもふれました偈前の文に、「これすなわち選択本願の行信なり」（真聖全二、四三頁）とあるところの「行信」にも対応するものです。ところでここでこの行信について、とくに「大」の字を付けたのはなぜかということですが、大とは最上ということを意味して、私の行と信、すなわち、私の念仏と信心とは、その世俗の生活の上に成りたつ出来事でありながらも、それはまた出世、如来の側に属しているということを表そうとするからです。すなわち、それはたんなる客体的な「もの」ではなくて、まさしく宗教的な事象としての「こと」である、それはすでに上において明かしたように、私の行為でありながら、そのままそっくり如来の行為であるからです。いま親鸞が、この行と信について、あえて「大」の字を付して、大行と呼び、大信といったのは、そういう理由によるものであるということです。

そしてまた、この「行文類」において、行を明かすにあたって、なぜここで「大信あり」といって信までをだしたのか、という問題がありますが、親鸞はしばしば行と信とを対に捉えて、「行信」といい、また時には「信行」といっております。このことは親鸞においては、すでに上にも明かしたように、称名念仏とは、それがまことの称名念仏であるかぎり、つねに必ず、その内実において信心体験をともなっているもの、そしてまた、その信心とは、それ自身単独で成立するものではなく、つねに必ず念仏に即して成りたち、念仏に即して相続されるものだという理解があったからです。

2　真実行の意義

次に、「大行とは、すなわち無碍光如来の名を称するなり」といいます。親鸞はまことに的確に、大行を定義して、真実行とは、「称無碍光如来名」だといいます。だから、ここをおさえるかぎり、大行とは私が仏の名号を称すること、私の称名念仏のことだと理解しなければなりません。

次にもうひとつ、ここではなぜ「称無碍光如来名」といって、「称阿弥陀仏名」といわなかったのかという問題です。この「無碍光」という仏の名前は、もとは『無量寿経』にあって、そこでは仏の光明を十二種の光として説明しております。その中のひとつに、この「無碍光」という名前があります。それについて、親鸞は、「詮ずるところは、無碍光仏とまふしまいらせさふらふことを本とせさせたまふべくさふらふ」（『親鸞聖人御消息集』真聖全二、七一一頁）と明かし、阿弥陀仏の光明については、いろいろな名前があるけれども、無碍光という光明を、基本として理解すべきだといっております。その点、親鸞においては、仏名については、それを光明として捉える場合には、「無碍光仏」「無碍光如来」

が基本になるものであったことが知られます。
それからもうひとつ、親鸞の門弟の蓮位という人が、同じ門弟の覚信房の往生について、その息子に宛て書いた手紙が『末燈鈔』の中に収められております。それによりますと、
おはりのとき南無阿弥陀仏、南無無碍光如来、南無不可思議光如来ととなえられて、

（真聖全二、六八〇頁）

そう称え、手を組んで静かに死んでいったとあります。そこで、当時の門弟や信者たちは、称名念仏を、このように称えていたということがわかります。死ぬときに、「南無無碍光如来」「南無不可思議光如来」と称えたというのですから、そのような称名念仏が、よくよく身についていたのだろうと思います。ここで親鸞が「無碍光如来の名」といったのは、そういう日常性に従ったものでしょう。
称名念仏について、親鸞があえてこういうように教えたのは、南無阿弥陀仏という梵音仏名の称唱が、意味不明瞭のままに呪術化するのを嫌ったからでありましょう。「南無阿弥陀仏」では、その仏名の意味がよくわからない。だから、親鸞は、「南無無碍光如来」「南無不可思議光如来」と称名するように教導したのでしょう。その本尊としても、多くこのような漢訳仏名を書いていることも周知のとおりです。このことはとても深い配慮です。法然までは、南無阿弥陀仏以外には語らなかったわけです。だから、親鸞がここで

「無碍光如来の名を称するなり」というのは、特別な深い思い入れがあったのだと思われます。

そして、さらに問題になることは、ここでは「無碍光如来の名を称するなり」といっているのですが、実際には「南無無碍光如来」と称えていることにも注意すべきです。すなわち、それは阿弥陀仏の名を称することなのですが、いまの私たちに引き寄せていうならば、「南無阿弥陀仏」と称せよとはいっていないのです。「阿弥陀仏」の名を称えよといっているのです。だから、ここでは南無すること、称するということの意味が独立して、たいへん重要な内容をもってまいります。

それはどういうことかともうしますと、南無と帰命は同じですから、仏に帰命する、南無するという意味が、ここでいう称するということの内容になりましょう。だから、称するということは、ただに口に称えるという単純なことではなくて、帰命、仏の命に帰るという意味を含みます。すなわち、そのことを究極的な真実として、私がその主体をかけて選びとる、そういう私の営みを、南無、帰命というわけです。だからその称名、行とは、たんに口に称えるという単純なことではなく、私が私の全主体をかけて、無碍光如来に帰命したてまつる、それを唯一絶対の真実として選びとる、そういう私の人生における基本的な選びの行為を行、称名といったのです。

鈴木大拙氏がこの「行文類」を英訳されるについて、この「行」をLivingと訳された。リビングというのは、生活とか、生きるという、人生生活の全体を指す言葉でしょう。それはたんにひとつの行為とか、ある特定の行動を意味するのではなくて、自己自身の全体の生きざまをひっさげて語る時に、リビングという言葉になる。それがここでいう「大行」です。私はこの発想に多くのことを教えられました。すなわち、ここで私が大行としての称名念仏をもうすということは、いままでの私のリビング、その生活スタイルが、その念仏行を基軸とする新しい生活スタイルに、変革されていかなければならない、ということです。親鸞は、真宗の仏道を生きるものは、信前であれ、信後であれ、日日ひたすらに称名念仏せよと教示します。ここで阿弥陀仏の名を称えなさいという、無碍光如来の名を称せよといいますが、その称するというのはそういうことであって、この人生における究極的な選びとりとしての、そしてまた、私の全存在、全主体をかけたリビングとしての帰命を意味する、そのように領解すべきだと思います。

そしてまた、親鸞は、この「称」という字を特別に解釈しています。すなわち、称とは「軽重を知るなり」（「行文類」真聖全二、一五頁）と理解しています。称とは、口に唱えるというような単純なものではありません。「称」の字は、また「もののほどをさだむることなり」（『一念多念文意』真聖全二、六一九頁）とも明かされます。だから称には、本来的に

「知る」「はかる」「さだめる」という意味があります。したがって、無碍光如来の名を称するということは、私の心における深い思いのなかで領解する、信知するということで、別な表現をするならば、念仏をもうしながら、「ただ念仏のみぞまこと」ということを、深く思いさだめていくことを意味します。この現実の私の日日は、味もそっけもないような、口先ばかりの念仏をもうしていますが、そのことを改めて痛みつつ、「ただ念仏のみぞまこと」というところに、立ち返り、立ち返りして、念仏しつつ生きていかなければならない、と思うことであります。すなわち、称名念仏とは、確かなる信心となり、そういう信心をともなってこそ、ということを教えているわけです。

そして親鸞は、続いてこの真実行を説明して、「この行は、すなわち、これもろもろの善法を摂し、もろもろの徳本を具せり。極速円満す、真如一実の功徳宝海なり。故に大行と名づく」といいます。「この行は」、この私の称名念仏という行為は、「すなわち、これもろもろの善法を摂し」、あらゆる善根、功徳を摂在して、「もろもろの徳本を具せり」、あらゆる功徳、利益の本を具足している。「極速円満す」、仏道の中では非常に速くすべてが成就して、私が仏に成っていくについては、これ以外に道はなくもっともすぐれている。「真如一実の功徳の宝海なり」。真如とは、まこと、真実。一実も同じことです。一というのは、大とか、すぐれているという意味をあらわします。それは真実、功徳の宝の海である。この称名念仏の行の中には、真実としての価値のすべてがこもっているというわけです。いずれも、この私の念仏は、私から仏に向かう念仏でありながら、それがそっくり仏から私に向かう、仏の念仏であるということを意味するものです。

しかもここで注意すべきことは、「この行は」といって、「この大行は」とはいいません。行と大行が区別されています。「この行は」何々である。「故に大行と名づく」といいます。はじめに「大行」とは「無碍光如来の名を称する」ことだと明かしておいて、次に、この行は何々である。だから大行というのだというわけです。上に見た「もろもろの善法」以下の文章がその理由です。それが究極的な真実という中味をもっているのだと、こういうことをいおうとするのです。そこで「大」の字を付す、ということになるのです。すなわち、この「行文類」で明かされるところの真実の「行」とは、どこまでも私の行でありま す。しかし、それはまた、そのまま私の行でありながら如来の行でもあります。それは仏の私に対する呼び声です。だからそれはまた、仏に呼ばれて「はい」と返辞をもうしあげているということでもあります。それが念仏の行にほかなりません。ここでいう「大行」とは、そういう意味をもっている言葉だということです。

3　真宗における仏道

今日では、真宗の仏道における唯一の行業としての称名念仏が、この教団の中からほとんど消えていきました。それは教団が、信前の称名念仏をきびしく禁止してきたからです。私はかつて若いころに、称名念仏を強調するといって、西本願寺当局から何度も呼びだされて弾劾されました。人人に念仏を勧めすぎるというわけです。しかし、真宗において、信前であろうと信後であろうと、その教義の根幹である行業を否定し、称名念仏を排してどうして真宗でありえましょうか。それはあたかも気の抜けたビールみたいなもので、それでは真宗にはなりません。親鸞は、

往生を不定におぼしめさんひとは、まづわが身の往生をおぼしめして、御念仏さふらふべし。（『親鸞聖人御消息集』真聖全二、六九七頁）

と明かし、また、

弥陀大悲の誓願を　ふかく信ぜんひとはみな
ねてもさめてもへだてなく　南無阿弥陀仏をとなふべし（『正像末和讃』真聖全二、五二二頁）

といって、信前、信後を通じ、もっぱらなる称名念仏を勧めているではありませんか。私たちは、このような親鸞の教言を、深く領解し、実践すべきでありましょう。

仏教の基本的な立場とは、人間が仏に成っていく道、ありのままなる現実の人間が、あ

るべき理想に向かって、人格成長、人間成熟をとげていく道を教えるものです。すなわち、人間の成仏道です。したがって、そこではつねに、その人間の現実に対する透徹した内観、反省と、その人間の理想をめぐるさまざまな思索がすすめられ、しかもまた、その現実から理想をめざして向上するための手段、方法としての仏道、その行業の実践について明かされます。かくして、仏教とは、その基本の教理によれば、まず仏陀の教えにしたがって、このありのままなる現実を直視、内観することにより、この人生と世界のあるべきまことの理想をめざして、正しい認識をもつことを前提とし、それにもとづいて、身、口、意の三業をただし、さらには、そういう生活をすすめ、それを一層内面化、主体化していくという実践道を教えるわけです。すなわち、仏教とは、この人生と世界に対する正しい見解、認識を前提として、そのような知見を自己の生活において主体化し、具現化していく道を教えるものです。

親鸞が明らかにした浄土真宗もまた、仏教として、凡夫が仏に成っていく行道を教えるものにほかなりません。その行道とは、そのような現実と理想についての、正しい認識、信知を前提として、ひとえに称名念仏を相続しつつ、その念仏を基軸とする新しい人生生活、まことのリビングを創造していくことにより、その信知を自己の人生において、主体化し、徹底化していき、そこに新たなる知見、究極的な「めざめ体験」、信心体験を開くことであり、またそのことに即して、自らが人格成長、人間成熟をとげていくことをいいます。

しかしながら、本願寺の伝統教学では、そういう人格成長、人間成熟についてはまったく語りません。私がかつて若いころに、真宗信心をうるならば人間は変わるといったところ、西本願寺当局から呼びだされて、お前の信心は自力の信心だ、信心を開発しても人間が変わるはずはないといって弾劾されたことがありました。仏法を学んで信心を開いたら人間が変わるというと、教団の中で困る人がでてくるから変るとはいわないのでしょう。だからもっぱら「信心正因」といって、信心とは死後の浄土往生のための正因（キップ）であって今生には関係ない。死後に浄土にいったら、その信心を正因として仏に成るというわけです。だが、真宗信心を開発しても、現実の自分の生きざまに何らの変化もないとすれば、真宗の教え、真宗信心とは、私たちの人生において、いったい何の意味があるのでしょうか。それらのすべてが後生、死後のためだという伝統教学の発想が、現代人の現実生活とまったく齟齬していることは明らかでしょう。親鸞は、信心の人について説明するのに、

念仏を信ずるは、すなわちすでに智慧をえて、仏になるべきみとなる。（『弥陀如来名号徳』真聖全二、七三五頁）

と明かし、また、

まことの仏に成るべき身に成れるなり。（『一念多念文意』左訓、真聖全二、六〇六頁）

かならず仏に成るべき身と成れるとなり。（『一念多念文意』左訓、真聖全二、六〇六頁）

仏に成るべき身と成るとなり。（『一念多念文意』左訓、真聖全二、六〇六頁）

などといって、信心の人は、すでにこの人生において、やがて仏の「さとり」をひらく身に成った人であるといい、明確に、信心にもとづく人格変容、人間成長を教言しているところです。

そこで親鸞は、そういう人間成就のための行を説明するについて、その行道とは、私が称名念仏することだと明確に指示しているわけです。このことは、すでにこの『真宗学シリーズ』において繰りかえして見たように、もともとインドにおける浄土教の生成において、社会の底辺に生きる不善作悪者なる在家者、そういう人人の仏道の中核として説かれた聞名思想にもとづき、それがインド、中国、日本の浄土教の流伝において、次第に純化、展開してきたものであって、それはより端的には、法然の教学を継承するものです。かくしてそれは、他の仏教諸宗派が語る行業に比較すると、きわめて単純であり、平易な行だといえますが、親鸞によれば、凡夫が仏に成っていく道は、この称名念仏一行にきわまるというわけです。

このように、仏名を称するということは、その称名念仏の反復、相続によって、やがては自己自身の内面において、その深層なる心の世界、すなわち霊性（スピリチュアリティー）の世界が次第に開発されていき、またそれにおいて、究極的な真実についての覚醒、「めざめ体験」をうることとなり、そこに人格成熟をとげていくことになるというのです。

そういう行道の構造を、いま試みに、宗教心理学的側面から説明いたしますならば、まず、その称名念仏行の修習の前提として、当然に、その念仏行に対する自己の主体をかけた選びという、決断、意志が要求されます。そしてその選びの内実としては、「よろづのこと、みなもて、そらごと、たわごと、まことあることなし」という、この世俗の全価値に対する徹底した相対化、「選び捨て」と、それに即するところの「ただ念仏のみぞまことにておはします」（『歎異抄』真聖全二、七九三頁）という、この称名念仏行、その根源としての超越的な阿弥陀仏に対する、徹底した「選び取り」ということです。まずはこのような、選び捨てと選び取りという、基本的な姿勢、人生態度の確立が大切です。そしてそのことを前提として、日日において、上において明かしたリビング念仏、そういう称名念仏行を反復、相続していくならば、そこには必然的に、その心理的な効果として、自己自身の存在相についての徹底した内観、凝視が深まっていき、やがては自執、自我の心の崩壊、自己自身の世俗的存在についての根源的な否定、その脱底、放棄が生まれてきます。そしてまた、そのことに即しつつ、自己自身の内奥に、新しい意識が育っていき、ついには、ある種の宗教的な境地、究極的な真実の現成、それについての超越的な覚醒体験をもつということになります。

またこのことを教義学的に説明しますならば、真実信心の開発を意味し、その内実についていえば、罪業深重、地獄一定の信知と、大悲無倦、往生一定の信知の、二種一具なる深信体験の成立です。そのことは、親鸞の言葉でいうならば、「信ずる心のいでくるは、智慧のおこるとしるべし」（『正像末和讃』左訓、親鸞全集、和讃篇一四五頁）と明かされる世界です。それは、先には心理学的にいうならばともうしましたが、単なる人間の心理の問題というよりも、もっとも深い次元における霊性（スピリチュアリティー）とでもいわれるべき、人間の生命の内奥、その深淵における出来事であり、それはもはや、人間的な分別思慮を超えたところの、ある種の神秘性をもったところの出世的、超越的な境地です。そしてまたそのことは、世俗的な二元的対立を脱却したところの、私と仏との絶対一元の真実なる世界、前に明かしたところの「こと」の世界への転入を意味します。すなわち、それは阿弥陀仏の大悲心が私の生命に貫徹し、私の身心の全体が、あげてその願海に摂取されるということでもあります。

かくして、真宗における行道においては、その称名念仏行とは、そういう究極的な宗教的体験、真実信心の開発に至るためのプロセスという意味をもちながら、しかもまた、そのまことの称名念仏行とは、本質的には、決して何かのための方法、手段ではなく、そのまま究極的な宗教的体験そのものを意味するもので、それは根本的には、親鸞が明かすように、称名は信心であり、信心は称名であって、その行と信とは相即し、一如であるといわねばならないわけです。そしてここにこそ、真宗における行の本質があるといいうるのです。真宗における称名念仏とは、そういう意味内容をもっているものであります。

4　阿弥陀仏と諸仏

親鸞においては、上において見たように、その標願に「諸仏称名の願」というところからすれば、真宗における称名念仏とは、「教位」の称名として、ひとえに私のための十方諸仏の称名ということですが、またその細註の「浄土真実の行、選択本願の行」という文からすれば、それは「行位」の称名として、私自身の往生浄土の行業としての称名にほかならないということです。とすると、その両者は、いかなる関係をもつものでありましょうか。そのことはまた、すでに上に見たように、第十七願を「教位」の願と見ることと、それを「行位」の願と見ることとの矛盾にも重なるところでありますが、それはいかに領解すべきことでありましょうか。

そのことをめぐる親鸞の領解はまことに明快です。親鸞は、その「行文類」と「真仏土文類」に、〈初期無量寿経〉の『大阿弥陀経』の文を引用するについて、いずれにおいても、その経名を、

仏説諸仏阿弥陀三耶三仏薩楼仏檀過度人道経（真聖全一、六頁、一二三頁）

と表記しておりますが、その正式な経名は、『仏説阿弥陀三耶三仏薩楼仏檀過度人道経』であって、そこには「諸仏」の二字はありません。この二字は誤記とは考えにくく、私の推定では、親鸞自身の加筆によるものであろうと思われます。また親鸞は、そのことにかかわって、『浄土和讃』（「大経讃」）に、その「諸仏」の語に左訓して、

弥陀を諸仏とまうす。過度人道のこころなり。（親鸞全集、和讃篇、三八頁）

と明かしております。この文によると、親鸞には、阿弥陀仏を諸仏の中の一仏と見る立場があったことがうかがわれます。かくして親鸞は、阿弥陀仏と諸仏、諸仏と阿弥陀仏とは、そのまま即一すると理解していたことが明らかでありま す。そしてまた、もっとも原形をとどめている『大阿弥陀経』の阿弥陀仏の果徳の文によりますと、

阿弥陀仏の光明と名とは、八方上下無窮無極無央数の諸仏の国に聞かしめたもう、諸天人民聞知せざることなし。聞知せんもの度脱《どだつ》せざるはなきなり。（中略）仏のたまわ

く。それ人民善男子善女人ありて、阿弥陀仏の声を聞きて、光明を称誉《しょうよ》し朝暮《ちょうぼ》につねにその光明の好《ごう》を称誉して、心を至して断絶せざれば、心の所願にありて、阿弥陀仏国に往生すと。（真聖全一、一四二頁）

と説いて、阿弥陀仏は、その名号と光明を十方世界の人人に聞知させている、したがって、日常不断に、その「阿弥陀仏の声を聞きて」その「光明を称誉する」ならば、必ず浄土に往生することができると明かしております。

親鸞は、この文を「真仏土文類」に引用していますが、ここでことに注意すべきことは、親鸞はこの「阿弥陀仏の声を聞く」という文の「声」の字に、「ミナ」と振り仮名を付しているということです。このことからすると、上に見たところの『大阿弥陀経』の経名が意味するように、この第十七願文において説かれている十方世界の諸仏とは、そのまま阿弥陀仏にほかならず、その諸仏の称名とは、阿弥陀仏の称名、阿弥陀仏の私に対する告名（なのり）の声、招喚（まねき）の声、そういう「声《ミナ》」にほかならないということです。ここでは、真宗の行道における称名念仏とは、ひとえに「教位」の称名念仏であることが明瞭です。

つまり、この私が阿弥陀仏の名号を称するということは、十方世界の諸仏が、いま現に私に向かって称名していてくださる、その諸仏の壮大なる称名念仏のコーラスの中に、私もまた参加して、いっしょに称名念仏させていただいているということです。そしてそのような称名とは、すでに上に見たように、諸仏とは阿弥陀仏にほかならないということからすれば、いま現に私がもうしている称名とは、そのまま阿弥陀仏の称名であって、阿弥陀仏が私に向かって、自己を告名されている、そして招喚されている、その「なのり」「まねき」の、「阿弥陀仏の声《ミナ》」にほかならないということでもあります。

かくして、その称名念仏とは、私から仏に向かう称名「行位」の称名でありつつ、それはまたそのままそっくり、阿弥陀仏から私に向かう仏の告名、招喚の声であって、それは私にとっては、まさしく聞かれるべき「教位」の称名念仏にほかなりません。

すなわち、日日において私がもうすところの称名念仏とは、私の浄土往生の行業としての「行位」の称名念仏でありつつ、それはそっくりそのまま、阿弥陀仏の私に対する称名、「教位」の称名であって、阿弥陀仏の私に対する、「なのり」「まねき」の声にほかならないということであります。すなわち、真宗におけるまことの称名念仏とは、まさしく「もの」ではなくて「こと」として、「行位」と「教位」は即一し、私にとってはひとえに聞かれるべきものであって、その称名は聞名に相即すべきこととなります。そしてそのような称名念仏こそが、真宗におけるまことの称名念仏といいうるものであります。

三　〈無量寿経〉の教説

1　経文の引用

親鸞は、まずこのように、真実の行業が称名念仏行であることを規定し、その称名行とは、諸仏さらにはまた阿弥陀仏の称名（教位）であると同時に、それはまた私における称名（行位）でもあると明かします。そしてそれに次いで、〈無量寿経〉などの経文を十三文ほど引用して、そのことをめぐって詳細に論証いたします。その引文は次のとおりです。

(1)『無量寿経』第十七願文

諸仏称名の願。『大経』に言わく。たとい我仏をえんに、十方世界の無量の諸仏、ことごとく咨嗟してわが名を称せずは、正覚を取らじと。（真聖全一、五頁）

(2)『無量寿経』「重誓偈」文

また言わく。われ仏道を成らんに至りて、名声十方に超えん。究竟して聞こゆるところなくは、誓う、正覚を成らじと。衆のために宝蔵を開きて、広く功徳の宝を施せん。常に大衆の中にして説法師子吼せんこと。（真聖全一、五頁）

(3)『無量寿経』第十七願成就文

願成就の文。『経』に言わく。十方恒砂の諸仏如来、みなともに無量寿仏の威神功徳不可思議なるを讃嘆したまう。（真聖全一、五～六頁）

(4)『無量寿経』「往覲偈」偈前の文

また言わく。無量寿仏の威神極りなし。十方世界無量無辺、不可思議の諸仏如来、かれを称嘆せざるはなしと。（真聖全一、六頁）

(5)『無量寿経』「往覲偈」文

また言わく。その仏の本願力、名を聞きて往生せんと欲えば、みなことごとくかの国に到りて、自から不退転に到ると。（真聖全一、六頁）

(6)『如来会』「重誓偈」文

『無量寿如来会』に言わく。今、如来に対して弘誓を発こせり。まさに無上菩提の因を証すべし。もし、もろもろの上願を満足せずば、十力無等尊を取らじと。心あるいは常行の施に堪えざらんものに、広く貧窮を済いてもろもろの苦を免かれしめ、世間を利益して安楽ならしめんと。（乃至）最勝丈夫修行しおわりて、かの貧窮にして伏蔵とならん、善法を円満して等倫なけん、大衆の中にして師子吼せんと。（真聖全一、六頁）

（7）『如来会』三輩往生の結文

また、言わく。阿難、この義利をもってのゆえに、無量無数、不可思議、無有等等、無辺世界の諸仏如来、みなともに無量寿仏の所有の功徳を称讃したまうと。（真聖全二、六頁）

（8）『大阿弥陀経』第四願文

『仏説諸仏阿弥陀三耶三仏薩楼仏檀過度人道経』に言わく。第四に願ずらく。それがし作仏せしめんとき、わが名字をもて、みな八方上下、無央数の仏国に聞こえしめん。みな諸仏、おのおの比丘僧大衆のなかにして、わが功徳、国土の善を説かしめん。諸天、人民、蜎飛《けんぴ》、蠕動《ねんどう》の類、わが名字を聞きて慈心せざるはなけん。歓喜踊躍せんもの、みなわが国に来生せしめん。この願をえていまし作仏せん。この願をえずばついに作仏せじと。（真聖全二、六頁）

（9）『平等覚経』第十七願文

『無量清浄平等覚経』の巻上に言わく。われ作仏せんとき、わが名をして、八方上下無数の仏国に聞かしめん。諸仏おのおの弟子衆のなかにして、わが功徳、国土の善を嘆ぜん。諸天、人民、蠕動の類、わが名字を聞きて、みなことごとく踊躍せんもの、わが国に来生せしめん。しからずはわれ作仏せじと。（真聖全二、七頁）

(10)『平等覚経』第十九願文

我れ作仏せん時、他方仏国の人民、前世に悪を為すに、我が名字を聞きて、正に返りて道を為し、我が国に来生せんと欲わん。寿終えて、みなまた三悪道にかえらざらしめて、すなわち我が国に生まれんこと、心の所願にあらん、しからずばわれ作仏せじと。（真聖全二、七頁）

(11)『平等覚経』文

阿闍世王太子および五百の長者子、無量清浄仏の二十四願を聞きて、皆大いに歓喜し踊躍して、心中にともに願じていわまく、われらまた作仏せん時、みな無量清浄仏の如くならしめんと。仏すなわちこれを知ろしめして、諸の比丘僧にのたまわく、この阿闍世王太子および五百の長者子、後無央数劫を去りてみなまさに作仏して無量清浄仏の如くなるべしと。仏ののたまわく、この阿闍世王太子五百長者子、菩薩の道をなしてこのかた無央数劫にみなおのおの四百億仏を供養しおわって、いままた来りて、我を供養せり。この阿闍世王太子および五百人ら、みな前世に迦葉仏の時、わがために弟子となれりき。いまみなまた会してここにともに相い値えるなり。すなわちもろもろの比丘僧、仏の言を聞きてみな心踊躍して歓喜せざるものなけんと。（真聖全二、七頁）

(12)『平等覚経』「往覲偈」文（六文）

かくの如きの人、仏の名を聞きて、快く安穏にして大利をえん。われらがたぐいこの徳をえん。もろもろのこの刹に好き所をえん。無量覚その決を授けん。われ前世に本願あり。一切人、法を説くを聞かば、みなことごとくわが国に来生せん。わが願ずるところみな具足せん。もろもろの国より来生せんものの、みなことごとくこの間に来到して、一生に不退転をえん。速やかに疾く超えて、すなわち安楽国の世界に到るべし。無量光明土に至って、無数の仏を供養せん。この功徳あるにあらざる人は、この経の名を聞くことをえず。ただ清浄に戒をたもてるものの、なおし還ってこの正法を聞く。悪と憍慢と蔽と懈怠のものは、もってこの法を信ずることかたし。宿世の時、仏を見たてまつれるものの、このんで世尊の教を聴聞せん。人の命まれにうべし。仏世にましませども甚だ値いがたし。信慧ありて致るべからず。もし聞見せば精進して求めよ。この法を聞きて忘れず、すなわち見て敬い得て大いに慶ばば、すなわちわれのよき親厚なり。ここをもっての故に道意を発せよ。たとい世界に満らん火にも、この中を過ぎて法を聞くことをえば、かならずまさに世尊となりて、一切生老死を度せんとすべしと。（真聖全二、七〜八頁）

(13)『悲華経』・『無量寿経』第十八願文相当文

『悲華経』、大施品の二巻に言わく。願わくは、われ阿耨多羅三藐三菩提を成りをわらんに、無量無辺阿僧祇の余仏の世界の所有の衆生、わが名を聞かんものの、もろもろの善本を修してわが界に生まれんと欲わん。願わくは、それ捨命の後、必定して生をえしめん。ただ五逆と聖人を誹謗せんと、正法を廃壊せんとを除かんと。（真聖全二、八頁）

いずれも〈無量寿経〉の文です。最後の文は『悲華経』の文ですが、この『悲華経』という経典は、大悲なる白蓮華の経という意味で、曇無讖《どんむせん》（三八五〜四三三）によって訳された経典ですが、その内容は、宝蔵如来のもとで無諍念王《むじょうねんおう》という菩薩が多くの誓願をおこして、ついに阿弥陀仏という仏になったということが説かれており、そこでは〈無量寿経〉の阿弥陀仏の本願とそっくりな願が明かされています。その誓願の数については研究者によって数え方が異なり、四十八願、五十一願、五十二願という各説がありますが、それもまた、阿弥陀仏について説くということで、〈無量寿経〉に準じて見ることができるでありましょう。なおこの経典は、その内容からすると、〈無量寿経〉以後に成立したものと考えられます。

そういう意味では、ここで引用される経文は、すべて阿弥陀仏に関するものですが、さらにその内容について詳しく検討いたしますと、その⑾の『平等覚経』の阿闍世王太子の聞法得益の文を除く以外の十二文については、諸仏による称揚、称名について明かしたものか、または、その諸仏の称揚、称名をめぐる私における聞名について勧めたものでありまして、詳しくいえば、上に引用した経文の中の、⑴⑵⑶⑷⑹⑺の六文は、諸仏の称名について明かし、あとの⑸⑻⑼⑽⑿⒀の六文は、私における、その諸仏の称名についての聞名を勧める文であります。ただしその⑿は、「往覲偈」の六文を連引して一文とされています。かくして、その十二文の中の、六文は諸仏の「称名」について、あとの六文は、私における「聞名」について明かしているということであります。

2　『無量寿経』第十七願文

すなわち、その諸仏の称名について明かす文については、その⑴の文は、『無量寿経』の第十七願文で、その文の意味するところは、阿弥陀仏が、あらゆる世界の諸仏たちをして阿弥陀仏の名号を称讃させ、その名号をすべての人人に伝えたいと願っている、ということです。すなわち、第十七願とは、すでに上に見たように、諸仏が私に向かって念仏往生の道を勧めるという、いわゆる「教位」に属する側面と、私の往生成仏の行業としての、私の称名念仏について選びとって明かすという、いわゆる「行位」に属する側面との両義が誓われているといいうるわけです。親鸞がこの第十七願名をあげるについて、「諸仏称名の願」「諸仏咨嗟の願」といい、また「往相正業の願」「選択称名の願」というところです。

3 『無量寿経』「重誓偈」文

そして次の(2)の文は、『無量寿経』の「重誓偈」の文で、阿弥陀仏は、つねに名号、名声として、称名となって私たちのところに届いている、ということを意味します。親鸞がこの文をここに引用するのは、阿弥陀仏は、つねに声として、名号として、すなわち、念仏者の日日の称名念仏として、いま現に私たちのところに届いているということを明かすものです。

4 『無量寿経』第十七願成就文

次の(3)の文は、『無量寿経』の第十七願成就文で、これは上の第十七願が成就して、いま現に、十方世界の無量の諸仏たちが、阿弥陀仏の名号を称揚しつつ、私たちに向かって教導し、念仏を勧励している、ということを明かします。この文章の中の「十方恒砂の諸仏如来」とは、親鸞の門弟においては、「信心の人」(『末燈鈔』真聖全二、六六六頁)のことだと理解され、親鸞もそれに讃意を表しております。だからこの文の意味は、かつての多くの念仏の先達が、そしていままた、私を取りまく多くの同信、同行の人たちが、私に向かって念仏の教えを勧められている、ということをあらわしております。

5　『無量寿経』「往覲偈」偈前の文

そして次の(4)の文は、『無量寿経』の「往覲偈」の偈前の文で、釈尊が、阿弥陀仏について讃歎しつつ、多くの諸仏もまた讃歎していることを語ったものです。

6　『如来会』「重誓偈」文

次の(6)の文は、『如来会』の「重誓偈」の文で、この文もまた、『無量寿経』の「重誓偈」の文と同じように、阿弥陀仏は名号、称名として、私たちに向かって働きかけている、ということを明かしたものです。

7　『如来会』三輩往生の結文

次の(7)の文は、『如来会』の三輩往生の結びの文で、十方世界の諸仏が阿弥陀仏の功徳を讃歎し、その名号、称名の声を、私に向かって伝えているということを説いたものです。

これらの文は、いずれも諸仏が阿弥陀仏の名号を讃歎し、称名しつつ、その仏名を十方世界の人人に向かって響流していることを明かしたものです。

以上の六文が、諸仏の私たちに対する称名念仏の勧励を説いた文です。

そして次に、その諸仏の称名は、私にとっては、ひとえに聞かれるべきもの、聞名すべきものであることを明かしたものが、次の六文です。

8 『無量寿経』「往覲偈」文

(5)の文は、『無量寿経』の「往覲偈」の文で、その意味は、阿弥陀仏には、聞名往生、聞名不退という本願があるから、その名号を聞いて往生したいと願うならば、誰でもが往生して、正定聚、不退転地に至ることができると明かしたものです。

9 『大阿弥陀経』第四願文

そして次の(8)の文は、〈初期無量寿経〉の『大阿弥陀経』の第四願文であり、次の(9)の文は『平等覚経』の第十七願文ですが、この両願は、〈後期無量寿経〉の『無量寿経』と『如来会』の第十七願文に相当するもので、ここでは阿弥陀仏が、十方の諸仏をして阿弥陀仏の名号を十方世界に響流せしめ、その名号を聞いて歓喜するものは、すべて浄土に往生せしめたいと願っていることを明かしたものです。この『大阿弥陀経』の第四願の文章は、ここでいう蜎飛とは、蜎とは屈曲する、たわむことで、体を屈曲して動くもの、飛とは空を飛ぶものを意味します。また蠕動とは、蠕とはうごめくことで、地を這う生きものを意味します。すなわち、あらゆる生きとし生けるものをいいます。だから、この願で誓っていることは、私が仏に成った時には、私の名号、その称名念仏が、十方世界に聞こえるであろう。そして生きとし生けるものにして、その名号、称名念仏を聞いて、深く喜び信心するものは、すべて浄土に往生するであろう。もしも生まれることができなかったならば、私は仏には成らないということで、これは聞名が中心になっている願です。

10　『平等覚経』第十七願文

次の(9)の『平等覚経』の第十七願文も、同じ内容で、これらの文は、いずれも阿弥陀仏は、名号として、称名念仏として、私たちに向かって到来しつつあるということ、すなわち、諸仏が私に向かって讃歎し称名しているということで、私の往生成仏の行業とは、ひとえにその名号、称名を聞くことにほかならないということを明かしているわけです。

11　『平等覚経』第十九願文

そして次の(10)の文は、『平等覚経』の第十九願文で、〈後期無量寿経〉の『無量寿経』

『如来会』の第十八願文に相当するものであり、まさしく聞名往生を誓ったものでありま す。ここでは、さまざまな悪業を犯かしたものも、阿弥陀仏の名号、その称名念仏を聞いて「正に返り」、罪を悔いて正道に立ちかえり、「道を為し」、正しい行為を修めて、その浄土に往生したいと願うならば、「寿終えて、みなまた三悪道にかえらざらしめて、すなわち我が国に生れんこと、心の所願にあらん、しからずばわれ作仏せじ」というわけです。ここには、いかなる悪業を犯かすものも、聞名するならば浄土に往生できるとあります。この思想が展開することにより、〈後期無量寿経〉の第十八願文になっていったわけです。ここでもまた親鸞は、真宗の行道が、悪人成仏の道、聞名往生の道であることを証明し、確認しているところです。

12　『平等覚経』「往観偈」文

次の⑿の文は、『平等覚経』の「往観偈」の文で、ここでは断片的に六文が引用されており、第一文は聞名の利益、第二文は聞法の利益、第三文は往生の利益、第四文は聞法の希有性、第五文は聞法の甚難性、第六文は聞法の利益について明かす文です。

13　『悲華経』文

そして最後の⒀の文は、『悲華経』の文ですが、この経典は、無諍念王という菩薩が誓願をおこして、ついに阿弥陀仏という仏になったということを説いたところの、〈無量寿経〉に重層する経典で、ここに引用される文は、『無量寿経』『如来会』の第十八願文に相当するもので、聞名往生について説いているところです。このような引文は、親鸞における浄土教領解が、いかに広範にわたり、徹底していたかをよく物語るものでありましょう。

14　『平等覚経』文

そしてあとの一文、⑾の文は、親鸞は『平等覚経』の阿闍世王太子の帰仏得益の文を引用します。この文は、上に見た称名、聞名には直接的には関係ありませんが、親鸞によれば、この阿闍世王太子は、父を殺害して王位を奪うという大逆罪を犯した者ですが、その太子が帰仏聞法したこともまた、この阿弥陀仏の名号を称名し聞名して、ついに得益したというように領解したことにより、ここに引用したものと思われます。

かくして親鸞は、ここに〈無量寿経〉などの十三文を引用するわけですが、阿闍世王太子の帰仏得益の文を別としますと、その中の六文は諸仏、すなわち阿弥陀仏の称名について明かしたもの、またあとの六文は私における聞名について明かしたものであって、「行文類」の冒頭における、このような経文の引用の意図からすれば、真宗における大行としての私の称名念仏とは、私が行ずる称名念仏行（行位）でありながら、その称名とは、そのまま諸仏、すなわち阿弥陀仏の称名であり、「阿弥陀仏の声」（教位）でもあって、それはひとえに私にとって聞かれるべきものであることを、開顕し、主張していることが明瞭であります。

そして親鸞は、以上の経文を引用したあとに、自己の領解を開陳して、

しかれば名を称するに、よく衆生の一切の無明《むみょう》を破し、よく衆生の一切の志願《しがん》を満てたまう。称名は則ちこれ最勝真妙の正業なり。正業は則ちこれ念仏なり、念仏は則ちこれ南無阿弥陀仏なり、南無阿弥陀仏は即ちこれ正念なりと、知るべしと。（真聖全二、八頁）

と説いております。すなわち、親鸞はここで、称名念仏こそが、私たちのいっさいの無明を破り、いっさいの志願を満たす行業であると主張したあと、その念仏とは、ついには「正念」であるというわけですが、親鸞の用例からしますと、正念とは「信心」を意味しますから、ここではその称名念仏とは、ついには信心に帰結して捉えられております。すなわち、ここでは称名とは聞名となるべきものであり、またその聞名とは、ついには信心

に帰結すべきであるというわけであります。このような「行文類」に関する領解は、いままでの伝統教学では、まったく見られないものですが、その経文引用の意図からすれば、ここでは真宗における仏道の構造の肝要を明示しているわけで、充分に注目すべきところであります。

15　阿弥陀仏の思想

以上見てきたように、〈無量寿経〉では、私が往生成仏する道とは、諸仏さらには阿弥陀仏の称名、その「仏の声を聞く」という、聞名の道であると説いているわけですが、どうしてそのように教説されたのでしょうか。そのことについていささか一瞥しておきます。

阿弥陀仏の思想は、釈尊の滅後四、五百年過ぎた紀元一世紀ごろに成立したといわれております。そしてそのような思想は、釈尊の舎利、遺骨を奉安した仏塔を中核とする、在家信者中心の教団を母胎として生成してきたものであろうと考えられています。そして阿弥陀仏という名称は、その原語でいうと、Amitābha（光明無量）、Amitāyus（寿命無量）ということですが、それはもとは釈尊の「さとり」、その「いのち」の功徳を讃えて語られたものであって、その功徳が空間的には無限の広がりをもち、それはまた時間的には無限の未来を貫くという意味において、光明は無量であり、寿命もまた無量であると語られたわけです。そしてそのような、釈尊の遺徳を讃える釈尊崇拝が、次第に昇華していくにしたがって、歴史的な実在としての釈尊像がだんだんと薄れていき、それにかわって、光明無量、寿命無量なる新しい仏としての、阿弥陀仏の思想が生まれてくることとなったわけで、偉大なる釈尊の永遠化、その「さとり」、その「いのち」の象徴化として、阿弥陀仏という仏が語られるようになったわけであります。

そこでその阿弥陀仏の象徴表現については、二種の立場が見られます。そのひとつは姿形、仏身としての象徴と、いまひとつは言語、仏名としての象徴です。そしてその仏身としての象徴の立場からは、その阿弥陀仏を値遇体験するための行道としては、観仏（見仏）の道が説かれることとなり、その仏名としての象徴の立場からは、その行道としては聞名の道が説かれたわけであります。

そして〈無量寿経〉においては、その阿弥陀仏を言語、名号と捉えて、主としては聞名にもとづく行道を明かします。そのことについては、その〈初期無量寿経〉においては、そのもっとも原形と考えられる『大阿弥陀経』によりますと、すでに上に見たように、親鸞によって引用されているところの第四願文においては、

それがし作仏せしめんとき、わが名字をもて、みな八方上下、無央数の仏国に聞こえしめん。みな諸仏、おのおの比丘僧大衆のなかにして、わが功徳、国土の善を説かし

めん。諸天、人民、蜎飛《けんぴ》、蠕動《ねんどう》の類、わが名字を聞きて慈心せざるはなけん。歓喜踊躍せんもの、みなわが国に来生せしめん。この願をえていまし作仏せん。この願をえずばついに作仏せじと。（真聖全一、一三七頁）

と明かして、阿弥陀仏はその名号を十方の世界に響流させ、もろもろの人民にしてその名号を聞いて慈心歓喜するもの、すなわち、信心歓喜するものは、すべて浄土に往生させようと願っています。そしてこのような思想は、また同じ〈初期無量寿経〉の『平等覚経』の第十七願文にも見られるところでありますが、親鸞は、その文もここに引用しております。

そしてこの〈初期無量寿経〉における浄土の行道について、その『大阿弥陀経』には、上に見た第四願文とは別に、第五願文における不善作悪者の道と、第六願文における一般在家者の道と、第七願文における出家者の道の、三種の行道が説かれておりますが、その第五願文は、

それがし作仏せん時、八方上下の諸の無央数の天・人民および蜎飛・蠕動の類をして、もし前世に悪をなすに、わが名字を聞きて、わが国に来生せんとおもわん者は、すなわち正に返りて自ら過を悔い、道のために善をなし、すなわち経戒を持して、願いてわが国に生まれんとおもいて断絶せずば、寿終りて、みな泥犁《ないり》、禽獣、薜荔《へいれい》にかえら

ざしめ、すなわち、わが国に生まれて心の所願にあらしめん。この願をえば、すなわち作仏し、この願をえざればついに作仏せず。（真聖全一、一三七頁）

と明かされるように、善根を修めることがなく、悪を犯かすことの多い者の行道について説くものですが、ここでは明確に聞名にもとづく道が示されております。

16　聞名不退の道

そしてこのような聞名往生の思想は、〈後期無量寿経〉においては、いっそう強調されて顕著となります。すなわち、その『無量寿経』においては、その四十八願の中で、十二種の願に聞名の功徳利益が誓われています。ただし、その第十八願文には聞名という語は見られませんが、その成就文によると、そこには聞名が説かれていますので、それを加えれば、十三種の願文に聞名による得益が明かされていることとなります。そしてまた『如来会』においても、四十八願中の十三種の願文に聞名が明かされており、また『サンスクリット本』においても、その四十七願中の十二種の願文にわたって、聞名の功徳利益が説かれています。そして、その利益の内実については、聞名すれば不退転地に至るといい、また聞名すれば浄土に往生をうるといい、また聞名すれば三昧をうるといい、そのほかに種種なる利益がめぐまれると説いているわけです。

そしてことにこの〈後期無量寿経〉では、『無量寿経』と『如来会』においては、浄土往生のための行道としては、第十八願文、第十九願文、第二十願文の三種の道が誓われていますが、それについてはいっさいの論証を省略して結論のみをいいますと、その〈初期無量寿経〉の『大阿弥陀経』の第五願文の不善作悪者の行道が、〈後期無量寿経〉の『無量寿経』『如来会』の第十八願文に、その第六願文の一般在家者の行道がその第二十願文に、その第七願文の出家者の行道がその第十九願文に展開していったと考えられます。かくしてこの『無量寿経』と『如来会』においては、その第十八願文と第二十願文は、ともに聞名の道が明かされていて、その内容においては、あまり相違がなくなっているところです。

そしてまた、もっとも後に成立したと考えられる『サンスクリット本』においては、その浄土の行道としては、第十八願文と第十九願文の二種の願文しか説かれていないわけですが、これもいっさいの論証を省略して結論のみをいいますと、その第十八願文は、上に見たところの『大阿弥陀経』の第七願文の出家者の行道の展開として説かれたものであり、その第十九願文は、『大阿弥陀経』の第五願文の不善作悪者の行道の展開として説かれたものであると考えられます。そしてこの『サンスクリット本』ではその第十八願文、第十九願文のいずれの行道についても、ともに聞名にもとづく道として明かされているところです。このように二種の行道が、ともに聞名の道として説かれていることは、充分に注目されるべきところであります。

なおまた、この聞名ということについては、それは基本的には、阿弥陀仏の「名字」「名号」を聞くことを意味しますが、それについては『大阿弥陀経』によれば、より具体的には、「阿弥陀仏の声を聞く」（真聖全一、一四二頁その他）ことであるといいます。そのことについては、また『平等覚経』においても同趣の文が見られます。そしてまた、そのように「阿弥陀仏の声を聞く」ということは、『大阿弥陀経』および『平等覚経』の流通分においても説かれているところです。このことからすると、ここでいうところの聞名の道、阿弥陀仏の名を聞くということは、すなわち、「阿弥陀仏の声を聞く」ことであることが明瞭です。

そしてそれについては、すでに上にもふれたように親鸞も注目しているところで、上に引用した『大阿弥陀経』の文を、その「真仏土文類」（真聖全二、一二二頁以下）に引用し、その阿弥陀仏の「声」に「ミナ」と振り仮名を付しております。そのことからすると、阿弥陀仏の名を聞く、その声を聞くということは、私がその日日において称名念仏することにもとづいて、その私の称名に即して、阿弥陀仏が私に向って、自らを告名し、招喚している、その「なのり」、その「まねき」の「声」を聞くことにほかならないわけであります。

ところで、この〈無量寿経〉では、そのような「阿弥陀仏の声を聞く」についてはどうすればよいか。その声を聞く方法、手段については、何ら説明するところはありません。そのことは、まったく新しい課題として残っているわけです。

四　浄土教伝統の領解

1　龍樹浄土教における開顕

親鸞は、十三文の経文を引用したあとに、伝統の七高僧と、そのほかの浄土教の諸師の文を引用し、その意趣を助顕いたします。

まずはじめに、龍樹の『十住毘婆沙論』を、長々と六文ほど引きます。そこに引用された龍樹の文の意趣を、簡単にまとめて明かしますと、龍樹は、在家者にして大乗の菩薩道を修めることは、まことに至難なことであるが、世間の道に、陸路を歩む難行の道と、水路を船ですすむ易行の道があるように、仏道にも容易な道があるといって、それは信方便易行なる、多くの諸仏、菩薩の本願にもとづくところの、聞名して不退転地に至り、聞名して浄土に往生をうる道であると明かします。すなわち、その仏道については、『十住毘婆沙論』第九の「易行品」においては、善徳仏等の十方十仏、阿弥陀仏等の現在百七仏、毘婆尸仏等の過未八仏、徳勝仏等の東方八仏、過去未来現在の三世諸仏、および善意菩薩等の百四十三菩薩などの、きわめて多くの諸仏、諸菩薩の本願にもとづく菩薩道を明かしております。

そしてまた、その第五「釈願品」によれば、

仏名を聞けば必定に入るとは、仏に本願あり、若し我が名を聞けばすなわち必定に入る。仏を見るが如く、聞くこともまた是の如し。（大正二六、三三一頁）

仏名を聞けば往生をうるとは、若し人信解力多くして諸の善根を成就し、業障礙已に尽きなば、是の如きの人は仏名を聞くことをうる。またこの諸仏の本願の因縁によりすなわち往生をうる。（大正二六、三三二頁）

などと説いて、聞名によって不退転地に証入し、あるいはまた往生することができるというのは、ひとえに諸仏において聞名不退、聞名往生の本願があるからであるといいます。すなわち、この信方便易行としての聞名不退の行道は、ひとえに諸仏の本願に支持されてこそ、よく成立するものであるというわけです。

龍樹は、〈無量寿経〉やその他の経典に教示されている、この聞名不退、聞名往生の思

想を継承して、新しい在家者のための菩薩道として、この信方便なる易行道を開説したわけです。そして龍樹は、その易行道の具体的な内容について、その聞名という事態、「こと」の成立のための象徴行為として、新しく礼拝（身）、称名（口）、憶念（意）の三業奉行の道を設定し、主張いたしました。すなわち、このような礼拝、称名、憶念という三業にわたる象徴行為を、その日日の生活において、よく実践していくならば、やがてまことの聞名という事態、そういう宗教的な体験をえて、よく不退転地に至ることができるというのです。

なお、ここでいう象徴行為とは、その象徴については、この世俗を超えた究極的な真実について、それを世俗のただ中において、言語や形相などをもって表現し、指示することをいいますが、またその象徴とは、この世俗のただ中に住む私たちが、この世俗を超えたところの究極的な真実に出遇い、それを体験するためには、それを志向するところの絶えざる宗教的な行為を、その日日の生活の中で継続的に実践していくことが必要であって、そのような宗教的な営為を象徴行為ともいうわけです。いま龍樹は、その聞名にもとづく不退転地に至るための象徴行為として、このような礼拝、称名、憶念なる三業の奉行を新しく設定し、創唱したわけです。

そのことは、この『十住毘婆沙論』第十「除業品」によると、上の「易行品」の所明を

うけて、

問うて曰わく、ただ阿弥陀仏等の諸仏を憶念し、および余の菩薩を念じて阿惟越致をうる。さらに余の方便ありや。答えて曰わく、阿惟越致地を求めるは、ただ憶念、称名、礼敬のみに非ず、また諸仏の所において、懺悔、勧請、随喜、廻向すべし。（大正二六、四五頁）

と明かすところにもうかがわれるところであって、ここでは「易行品」に明かすところの信方便易行を、憶念、称名、礼敬なる三業奉行の道として捉えるとともに、それ以外の懺悔、勧請、随喜、廻向の行業によっても、よく不退転地に至りうると語っております。

かくして龍樹においては、その聞名不退の道とは、具体的には、礼拝、称名、憶念の三業を奉行していくことであり、そのような象徴行為としての三業の実践が、より徹底され深化されていくならば、そこにまことの聞名という宗教的体験、すなわち、「阿弥陀仏の声を聞く」という事態、「こと」が成立、成就することとなるわけであります。そしてそのような、まことの聞名体験の成就においてこそ、

若し人、善根をうえて疑えばすなわち華開けず、信心清浄なるものは華開けてすなわち仏を見たてまつる。（『十住毘婆沙論』「易行品」大正二六、四三頁）

と明かされるように、信心を開発して見仏し、不退転地を証得することになるというわけ

です。このような、礼拝、称名、憶念という三業奉行ならば、いかなる凡愚の人人にとっても、容易に修習することができるところであって、それはまさしく易行道といわれるにふさわしい、在家者の菩薩道であったわけです。

ところで、この聞名不退の道をめぐって、龍樹はその具体的な行業として礼拝、称名、憶念の三業を明示したわけですが、そのことは何を根拠として主張したのでしょうか。〈後期無量寿経〉によりますと、仏道のための善根として、「起立塔像」（『無量寿経』真聖全一、二五頁）が説かれておりますので、当時にはすでに仏像に対する礼拝は一般化していたようです。それに対して、称名の思想は特色があって注意すべきでありましょう。龍樹は、その「易行品」において、その称名行は『宝月童子所問経』によったといいますが、現存の漢訳『大乗宝月童子問法経』には称名思想は見あたりません。またそれと関連のあるチベット語訳の『聖宝月童子所問大乗経』には、称名思想が見られるものの、これについては後世に付加された思想であろうともいわれているところです。また〈無量寿経〉においては、その称名思想は、〈初期無量寿経〉において、わずかながら見られますが、〈後期無量寿経〉においては、それに相当する文はなくなっております。かくして原始浄土教において、明確に称名思想が存在したかどうかについては、いささか疑問も残るところです。その点、浄土教理史上において、きわめて明確に称名行が主唱されるようになったのは、この龍樹の易行道の開顕に始まるともいいうるわけであります。

そこで龍樹におけるそのような理解の思想的背景をめぐっても、いろいろと思念されるところですが、いずれにしても、龍樹が『宝月童子所問経』によったというかぎり、その原本には、そういうことが明かされていたものといわざるをえないわけであり、このような三業奉行の行道とは、結論的には、龍樹自身が独創的に案出、創唱したものであろうと思うことです。

かくして龍樹浄土教における行道とは、いかなる凡愚の民衆にとっても、容易に修習することのできる道としての在家者の菩薩道であって、それは聞名にもとづく礼拝、称名、憶念の三業実践の道にして、その三業の徹底深化において、その聞名の成就としての信心を開発し、そして見仏するという宗教的体験を獲得し、それによって現生において一定の「さとり」の境地である初地、不退転地（菩薩道五十二段階中の第四十一位）に至るということでありました。

そして親鸞は、この「行文類」において、このような龍樹の『十住毘婆沙論』の教説にもとづいて、真宗における仏道とは、ひとえに阿弥陀仏の名号を称しながら、それがそのまま十方諸仏の称名、さらにはまた阿弥陀仏の称名として、いま現にこの私に向かって告名し、招喚している「仏の声」だと聞いていくことであり、そのことはより具体的には、私の日日において、阿弥陀仏を礼拝し、その名号を称え、それを憶念するという三業を実践していくことだと領解しているわけであります。そのことは、親鸞が、龍樹の教導を讃えて、

不退のくらいすみやかに　　えんとおもはんひとはみな
恭敬の心に執持して　　弥陀の名号称すべし（『高僧和讃』真聖全二、五〇二頁）

と明かすところに明瞭であります。ここで「恭敬の心」というのは、「易行品」に説かれるもので、憶念と礼拝を意味して、三業の奉行を教示しているわけです。ここには親鸞が、龍樹における行道を的確に領解し、継承していることが知られます。かくして浄土教における〈無量寿経〉にもとづくところの、聞名の行道とは、この龍樹浄土教の教示によって、はじめて明確に確立されたというべきでありましょう。そしてこのような三業奉行の行道は、その後、中国の浄土教として展開してきましたが、そこでは礼拝行は特定の状況が成立しないかぎり困難であるところから、いっぱんの在家者にとっては、もっぱら称名念仏一行が重視されることとなり、以来それは、称名念仏の道として捉えられ伝統され、それはまた、日本の浄土教においても、法然によって専修念仏の道として主張されて、今日に至っているところであります。しかしながら、浄土真宗における行道とは、基本的には、このように礼拝、称名、憶念の三業の実践行であることは、よくよく認識、領解されるべ

きことであります。

なお私見によりますと、今後の社会状況の変化、ないしはこの浄土教の国際的な伝道の現場においては、そういう三業奉行について、称名行の実践が困難な場合には、その代りに、憶念、瞑想を中心に捉えて、メディテーションを中核とする聞名体験、仏と私の一体観の成立をめざすということが、新しく考えられてもよかろうと思うことであります。

2　天親・曇鸞・道綽・善導の浄土教

そして親鸞は、それに続いて天親の『浄土論』の文を三文ほど引用しております。この天親の『浄土論』は、「起観生信心」の道を明かすもので、ここに引用している「仏の本願力を観ずるに、遇いて空しく過ぐるものなし。よくすみやかに功徳の大宝海を満足せしむ」（真聖全一、二七〇頁）という文は、明らかに、阿弥陀仏に対する観仏の行を教示しているわけですが、親鸞は、この文を称名念仏を明かす文と理解して、ここに引用しているわけです。そのことは『入出二門偈』における解釈（真聖全二、四八一頁）に明らかですし、また親鸞はこの文を『一念多念文意』に引用して、「これは多念の証文なり」（真聖全二、六一九頁）とも語っています。かくして、いまここでもこの文を、念仏往生の道を明かす文として引証しているわけです。

そして次に、中国における浄土教の祖師の曇鸞、道綽、善導の三師の文を引証いたします。ここではまず、曇鸞の『往生論註』の文を四文ほど引きます。その中で、曇鸞は、私たちの称名念仏のあり方について、『浄土論』の「彼の如来の光明智相のごとく、彼の名義のごとくし、実のごとく修行し相応せんと欲うがゆえにと」（真聖全一、二七一頁）という文を註解するについて、そのような「如実修行」とは、「体如にして行ずれば、すなわちこれ不行なり。不行にして行ずるを如実修行と名づく」（真聖全一、三三四頁）と説明しております。その意味するところは、私の称名が真実の称名となるということは、「行而不行、不行而行」ということであって、私の称名が私の称名でなくなって、仏の称名となり、また仏の称名が仏の称名でなくなって、私の称名となるような称名をいう、ということをあらわすものでありましょう。そしてそのことは、上に見た〈無量寿経〉の文に重ねていえば、その私から仏への称名が、そのまま仏から私への称名として、まさしく私における聞名となることを物語るものでありましょう。その意味においては、この文は明らかに称名即聞名、聞名即信心ということを明かしているとも理解できましょう。

そしてまた、続いて道綽の『安楽集』の文を四文ほど引用します。その中で、曇鸞の『讃阿弥陀仏偈』の文によって、

もし阿弥陀の徳号を聞きて、歓喜讃仰し心帰依すれば、下一念に至るまで大利を得、

すなわち功徳の宝を具足すとなす。たとい大千世界に満てらん火をも、またただちに過ぎて仏の名を聞くべし。阿弥陀を聞かば、また退せず、（真聖全一、四二二頁）

と明かします。この文は、『無量寿経』の流通分、弥勒菩薩付属の文にもとづくものですが、親鸞は、この付属の文の一念とは、一声の称名念仏だと解釈しております。それでここでは、称名念仏について、それがたとえ一声の称名であろうとも、多大な功徳があることを明かすわけですが、また聞名についても、聞名すれば不退転地に至ることができると語っているところです。ここでもまた、真宗における行道が、称名であるとともに、また聞名の道でもあるということを教示しているところであります。

そして次いで、善導の文を十文ほど引用いたします。親鸞は、その『往生礼讃』の、

弥陀の智願海は、深広にして涯底なし。名を聞きて往生せんとおもえば、みなことごとく彼の国にいたる。（中略）たとい大千に満てらん火にも、ただちに過ぎて仏の名を聞け、名を聞きて歓喜し讃ずれば、みなまさに彼に生ずることをうべし。（真聖全一、六五八〜六六一頁）

という文を引いております。ここでもまた、『無量寿経』の流通分の文によって、聞名往生の道について明かします。すなわち、阿弥陀仏の智慧にもとづく本願は、大海のように広く深く、そしてその辺涯もありません。だから、阿弥陀仏の名号を聞いて往生を願うも

のは、みなすべて浄土に生まれることができます。たとえこの大千世界に大火が満ちるとしても、その中をまっしぐらに突き進んでこそ仏の名号を聞きなさい。その仏名を聞いて信心歓喜するならば、すべて浄土に往生することができます、と語っております。親鸞は、この「行文類」では、もっぱら念仏往生について明かすわけですが、また同時に、このように、聞名往生ということも繰りかえして主張しているところです。そのことはすでに上に見たように、この「行文類」の主題が、真宗における行道とは、ひとえに称名念仏行であるということを明かすわけですが、親鸞によれば、すでにその冒頭の〈無量寿経〉の諸文の引用に明らかなように、その私の称名は、そのまま諸仏の称名、さらにはまた、阿弥陀仏の称名であるといい、それは私にとっては、ひとえに聞かれるべきものであって、その称名とは、また同時に、聞名であるべきだというわけであります。そのことは、すでに上において、いろいろと論証したように、この「行文類」の中心のテーマであります。

そして親鸞は、このように、インド、中国の伝統五祖の文を引用したあとに、それらをまとめて自己領解の文をおきます。すなわち、

しかれば、南無の言は帰命なり。帰の言は至なり。また帰説《えち》なり、説の字は悦《えち》の音、また帰説《せい》なり。説の字は税の音、悦税二の音は告なり、述なり、人の意を宣述なり。命の言は、業なり、招引なり、使なり、教なり、道なり、信なり、計なり、召すなり。

これをもって帰命は本願招喚之勅命なり。発願回向といふは、如来すでに発願して衆生の行を回施したまふの心なり。即是其行といふは、すなわち選択本願これなり。必得往生といふは、不退の位に至ることを獲ることと彰すなり。経には即得といへり。釈には必定といへり。即の言は、願力を聞くによりて報土の真因決定する時剋の極促を光闡するなり。必の言は審なり、然なり、分極なり。金剛心成就の皃《かおばせ》なり。(真聖全二、二二頁)

という文です。この文は直前に引用した善導の「玄義分」の文について、親鸞が独自に解釈を付加したものですが、ここでは私の称名行について、そこで「南無」「帰命」と称するのは、阿弥陀仏による「本願招喚の勅命」を意味し、また「阿弥陀仏」と称するのは、阿弥陀仏の「選択本願」のことだと明かします。いずれも阿弥陀仏の側に立った称名行の理解です。しかしながら、親鸞にはまた、その『尊号真像銘文』においても、この善導の「玄義分」の文を註解しておりますが、そこでは「南無」「帰命」とは、「釈迦、弥陀の二尊の勅命にしたがひてめしにかなふ」(真聖全二、五八八頁)ことだといい、またその「阿弥陀仏」については、「安養浄土の正定の業因なり」(真聖全二、五八八頁)といい、それについてはさらにまた、「正定の業因は、すなわちこれ仏名をとなふる也」(真聖全二、五九六頁)と明かしております。ここでは「南無」と称し、「阿弥陀仏」と称することも、ともに私の行為として捉えているわけです。かくして、親鸞における称名念仏行に対する領解については、この「行文類」の称名釈においては、仏の側に立ったところの称名の理解ですが、また同時に、その反対の、私の側に立った理解も存在するわけです。そのことはすでに上において種々に検討したように、親鸞における称名念仏には、まさしく「こと」として、仏の立場からの称名（教位）と、私の立場からの称名（行位）の両面があり、私における称名念仏とは、本来において、そういう主客一如の称名念仏であると領解すべきでありました。

そして親鸞は、ここでその称名念仏の利益を明かして、『無量寿経』の第十八願成就文によっては「即得」（往生）といい、龍樹の『十住毘婆沙論』「易行品」によっては「必定」（即入）といいます。そしてその「即」という語は、「報土の真因決定する時剋の極速」のことだといい、その「必」という語を註しては、「審なり、然なり、分極なり」といいます。いずれも真実信心の開発による救済の内実について明かしたもので、前者（即）は、その救済成立の時間について、その極速、一念の時間をめぐって語ったものであり、後者（必）は、その救済の成立の実態について、それが明確なる迷悟、「まよい」と「さとり」の分極、境界、分岐点だということを明かしたものだといいます。かくしてここでは、真宗における称名念仏の利益というものは、その信心の開発に即して、一念という極速の時間に、迷と悟とが分極する、すなわち、「まよい」を超えて仏の「さとり」に入る、その一分（菩薩道の第四十一位の初地、不退転地まで）を身にうることである、と教示しているわけであります。そのことからすれば、ここでいう称名とは、その内容としては、私における聞名体験の成立、そしてそのことが信心に即一するということを、前提として領解していることは明瞭でありましょう。かくして、親鸞はここで、真宗における称名念仏とは、それがまことの称名であるならば、すなわち、上に見たような、この「行文類」の論理からすれば、それが私から仏への称名のままに、仏から私への称名として、聞かれてくるようになること、称名が聞名となること、そしてそこにまことの信心体験が開発して、救済が成就してくるということを主張しているわけです。

しかしながら、東西本願寺の伝統教学は、古来これを六字釈と称して、基本的には、六字の名号について解釈したものだと理解してきました。真宗における仏道、その行を、まったく主客二元論的、客観的、抽象的な立場から、形ある物体、実体としての「もの」、すなわち、客体的な六字なる名号（言葉）として捉えてきました。この文章を六字釈と称する理由です。だが、すでに上において明かしたように、親鸞における行とは、そうではなくて、主客一元論的、主体的な立場から、形を超えた事象、動態としての「こと」、すなわち、私における称名念仏をいうわけであります。いまここで親鸞が、「即得」といい、

「必定」といって、真宗の仏道の現実における利益、その救済について明かすのは、この文章が、称名釈として、まさしく私における「こと」としての、主体的、経験的な称名念仏行について明かしたものであるからこそ、そういいえたのです。もしもこの文章が、たんに客体的な「もの」としての、六字の名号について解釈したものであるならば、このような「即得」「必定」などといって、その利益、救済の内容について語ることはできなかったでありましょう。親鸞における行の理解が、どこまでも主客一元論的、経験的な、「こと」としての事象、動態なる称名行であることが明白でありましょう。かくして、もしもこの文章をあえて名づけて呼ぶとするならば、六字釈というべきではなく、称名釈と呼ぶべきであります。

3　伝統諸師の浄土教

そして親鸞は続いて、中国および韓国の浄土教の諸師十一人の文章を引用します。すなわち、中国唐代の浄土教徒の法照、韓国新羅の法相系の憬興《きょうごう》、中国南宋の浄土教徒の宗《しゅう》暁《ぎょう》、中国天台宗の慶文、中国の律宗に属する元照《がんじょう》、中国宋代の天台宗の慈雲遵式、中国南宋の人で元照の弟子であった戒度、同じく元照の弟子の律宗の用欽、中国三論宗の祖師である嘉祥、中国唐代の法相宗の法位、同じく唐代の禅宗の飛錫《ひしゃく》の十一人です。いずれも浄土教に帰依して念仏した浄土教の先達です。いまはこの十一人の諸師の文章を引用して、称名念仏の行道について讃歎いたします。

4　源信・法然の浄土教

そして次に、日本の源信の『往生要集』の文を四文ほど引用しますが、その中で、「極重の悪人、他の方便なし、ただ仏を称念して極楽に生ずることをう」（真聖全一、八八二頁）という文を引いて、称名念仏の道を勧励しております。

そして次いで、法然の『選択本願念仏集』の、はじめの標宗の文を引用して、「選択本願念仏集、源空集。いはく南無阿弥陀仏、往生の業は念仏を本となす」（真聖全一、九二九頁）といい、さらにその結びの一文の一節、いわゆる次の三選の文を引用しております。

夫れ速やかに生死を離れむと欲はば、二種の勝法の中に、しばらく聖道門を閣《さしお》きて選んで浄土門に入れ。浄土門に入らむと欲はば、正雑二行の中に、しばらく諸の雑行を抛《なげう》ちて選んでまさに正行に帰すべし。正行を修せむと欲はば、正助二業の中に、なお助業を傍《かたわ》らにして選んでまさに正定を専らすべし。正定の業とは、すなはち、これ仏の名を称するなり。称名は必ず生をう、仏の本願に依るがゆえにと。已上。（真聖全一、九九〇頁）

この文は、まさしく称名念仏にもとづく「選び」の生き方、そういう人生態度を教示したものです。選ぶということには、選び捨てるということと、選び取るということがあります。何が虚妄であって何が真実であるか、そういう明晰な眼にもとづく選びです。宗教というものは、つねにそういう厳しい選びにおいて成立してくるところの、まことの自立の生き方を教示するものだと思います。

親鸞における選びの思想は、「唯」という語において象徴されます。「ただ念仏のみ」「ただ念仏して」「ただ信心をもって」という主張です。ここでいう念仏と信心とは、親鸞においては、本質的には即一するものであって、選んで念仏に生きるということは、またそのまま、選んで信心に生きていくことにほかなりませんでした。親鸞の仏道においては、この選びにもとづく念仏の論理、信心の論理がすべてでした。念仏をもうすことのほかに、私たち真宗者がこの世に生き、この世に尽くす道はありません。私が親鸞の教えを学んで、念仏をもうして生きるとは、私がひとえに浄土の方向を向いて、その姿勢を大切にしつつ、この現実社会のただ中で日暮らししていくことにほかなりません。そういう基本的な生きざまを教えたものが念仏の教えであって、そのほかに何かが必要だというから嘘になる。「ただ念仏」「ただ信心」です。それ以外に何かが必要であると考えるようになると、必ず世俗の価値、体制の論理に妥協し、重層してしまいます。

この現実のただ中において、ただ念仏、ただ信心のみという選びに生きるということは、現実生活においては本質的に矛盾します。「ただ念仏のみぞまこと」という選び取りは、「よろずのこと、みなもて、そらごと、たわごと、まことあることなきに」（『歎異抄』真聖全二、七九二〜七九三頁）と、この世俗のすべての価値を選び捨てるということに即してこそ成立するものです。しかしながら、私たちの日常生活は、その「そらごと」なる世俗のただ中に沈んで生きています。その点、ただ念仏、ただ信心という立場は、私の日常生活を省みるかぎり、本質的に矛盾するといわざるをえません。私たちは、日日の現実生活のただ中において、その世俗のすべてを「そらごと、たわごと」と捨てるべきでありながら、しかもまた、その「そらごと」なる世俗のただ中に、妻子をかかえたり、世俗のしがらみにつながれて、あくせくと生きていくほかはありません。まったくの矛盾です。とすれば、その中で、どうしたら「念仏まこと」という事態、立脚地が成りたってくるのか。そのことは私たち念仏者一人ひとりにおける、生涯にわたる根本の命題であります。そういう捨つべきものと取るべきもの、その真と俗の矛盾のはざまに佇んで、ひとえに念仏をもうしつつ、はるかなる浄土を見失うことなく、何が真で何が偽であるかを見定めつつ、いちずに真なるものを求めて、さまざまに試行錯誤しながら生きていくのです。私たちが親鸞に学びつつ、自分の人生を生きるとは、そういう根本命題をかかえて生きていくことにほかなりません。

そして親鸞は、その源信と法然の引文を結ぶについて、曇鸞の『往生論註』の「同一に念仏して別の道なきが故に」（真聖全一、三二五頁）という文を引きます。ここには法然の没後に、その門弟たちが、その念仏行の理解をめぐって、さまざまに対立、分裂していったことに対する、親鸞の深い悲しみと、それをめぐる熱い願いが想われてまいります。

五　真実行の要義

1　念仏の利益

そして親鸞は、真実行の要義について、念仏と信心、行と信との関係をめぐって明かします。そこではまず念仏の利益について次のように論じます。

しかれば真実の行信をうれば、心に歓喜おおきがゆえに、これを歓喜地となづく。（中略）ここをもって龍樹大士は即時入必定といえり。曇鸞大師は入正定聚之数といえり。あおいでこれをたのむべし、もっぱらこれを行ずべきなり。（真聖全二、一三三頁）

ところで、ここで注意すべきことは、真宗においては、念仏の利益といっても、念仏それ自身の利益ということではなく、その称名念仏において信心が開発することにより、その信心における利益ということです。ここで親鸞が、あえて「しかれば真実の行信をうれば」と明かしている理由です。すなわち、その念仏、信心の利益として、正定聚、入必定、不退転地、歓喜地（菩薩道の第四十一位）に至ることができるというのです。このことは、直前に見たところの称名釈における、必定の「必」の字を解釈して「分極なり」といい、それが迷悟の分岐点として、信心をうれば、すでに仏の「さとり」の一部を身に証することができる、ということに重なるものです。

親鸞においては、この正定聚、不退転地とは、明確に念仏、信心の利益として、今生における現身にうるところの利益でありました。しかしながら、法然までの浄土教においては、それは基本的には、死後来世における浄土往生の後の利益として捉えられていたものですが、それが親鸞に至ると、明確に現世における利益として領解されたわけです。なぜそのように捉えられたのか、そのことについては伝統教学では何ら明確には答えてはおりません。その問題をめぐっては、次の「信文類」のところで、改めて解説いたしましょう。

なおまた、伝統教学においては、この正定聚、不退転地の益とは、存覚がその『浄土真要鈔』（真聖全三、一二三四頁）において、また蓮如がその『蓮如上人御一代記聞書』（真聖全三、五八二頁）において、ともにそれは「密益」だといって、そのことは仏法における価値、法徳の付与を意味するもので、現実の人生生活には、何ら具体的に現れるものではないと語ったところから、それは現実的な利益ではないと主張しています。信心を開発しても、その現実の人生生活には何らの具体的な利益はないというわけです。すなわち、信心を獲得して、正定聚、不退転地に至っても、人生は何ら変ることはないというのです。

しかしながら、親鸞は、この正定聚、不退転地について、すでに上にも見たように、それを説明して、「必ず仏に成るべき身と成れるとなり」「仏に成るべき身と成るとなり」（『一念多念文意』真聖全二、六〇六頁）などと明かし、そのほかのところでも、しばしばそのことについて主張しております。すなわち、信心においてめぐまれる利益としての正定聚、不退転地とは、明らかに、菩薩道の第四十一位として、必ず仏に成ることに定ったところの、新しい「身に成る」、人格変容、人間成熟ということをいうわけです。親鸞は、その信心においてただちに仏に成るという、「成仏」ということは語りませんでしたが、やがて成仏することのできる「身」（人格）にまでは、この現生において、「成る」ことができると語っているわけで、ここには真宗信心にもとづくところの、確かなる人間成長、人格成熟、まことの念仏主体の自立を説いているところです。このことについては充分に注目すべきでありましょう。ただし、伝統教学からは、そういうことをいうと、自力の信心だといって徹底して弾圧されました。信心とは、たんに死後の浄土往生のための正因、キップだというわけです。これが本願寺の信心理解です。

2　念仏と信心

まことに知んぬ、徳号の慈父ましまさずば、能生の因かけなん。光明の悲母ましまさずば、所生の縁そむきなん。能所の因縁和合すべしといえども、信心の業識にあらずば、光明土にいたることなし。真実信の業識、これすなわち内因となす。光明名の父母、これすなわち外縁となす。内外の因縁和合して、報土の真身を得証す。かるがゆえに宗師、光明名号をもって十方を摂化したまう。ただ信心をして求念せしむとのたまえり。また念仏成仏これ真宗といえり。また真宗遇いがたしといえるをや。知るべし。（真聖全二、三三〜三四頁）

そして親鸞は次いで、念仏と信心の関係をめぐって、ここでは前文と後文の二重の論理を展開いたします。すなわち、その前文では、徳号の慈父を因とし、光明の悲母を縁として、そのような因と縁によってこそ、よく私の浄土往生が成立するというわけです。そして後文では、さらにその名号と光明、父と母とを外縁とし、それにおいて成立するところの信心を内因として、そのような内外の因縁によってこそ、よく浄土に往生して、仏の「さとり」をうることができるというのです。

その前文は、その徳号とは阿弥陀仏の名号のことですが、親鸞においては、すでに上に見たように名号とは称名を意味します。真宗の教義を「こと」、主体的な経験として捉えるならば、そういうことになりましょう。そしてまた光明も、それを私における具体的な「こと」として捉えるかぎり、それは親鸞が「聞光」（『浄土和讃』真聖全二、四八七頁）と明かすところで知られるように、それは私に届いている教法にほかなりません。かくしてこの前文は、より具体的にいいますならば、徳号とは称名のこと、光明とは教法、さらにはそれを学ぶという聞法を意味します。すなわち、この前文とは、私が日日不断に称名念仏し、心を傾けて聞法に励むならば、その因と縁とによって、まさしく信心を開発して、浄土に往生することができるということを明かしたものです。そのことは「正信念仏偈」に「光明名号顕因縁」というところにも重なるところであって、それは念仏往生の道を教示したものです。そして後文は、そのような名号と光明、称名と聞法を外なる縁とし、それにもとづいて成立する真実信心を内なる因として、そのような因と縁とが和合してこそ、よく浄土に往生して、まことの仏の「さとり」、真身をうることになるということを明かしたものです。そしてこの後文は、前文の念仏往生に対して、信心往生の道を教示しているることがうかがわれます。その点、この文は、前文と後文の二重の構造をもって、真宗における仏道とは、念仏往生、念仏成仏の道であるとともに、それはまた、信心往生、信心成仏の道でもあることを、主張していることが明瞭であります。

そしてそのことは、この「行文類」において明かされる真宗の仏道が、ひとえに念仏成仏の道として、その称名念仏が、私から仏に向かう私（行位）の称名でありながら、それがまた、そっくりそのまま仏から私に届く仏（教位）の称名であって、それはまさしく称名即聞名の道であることを論じながら、さらにまた、そのことは聞名即信心として、やがては阿弥陀仏についての「めざめ体験」を成立せしめることを含んでいることを物語るものであり、次に「信文類」を明かして、その聞名即信心について論究するための、重要な伏線として語られていることがうかがわれます。

なおここで信心を明かすについて、「信心の業識」「真実信の業識」ということについては、充分に注目されるべきところでしょう。この「業識」については、いろいろと論じられるところで、『大乗起信論』によれば阿頼耶識と理解されておりますが、いまここでは結論的には、生命存在の根源、その人格の根本主体を意味すると捉えるべきでありましょう。すなわち、真宗信心とは、その称名、聞名において、私がその心意識のもっとも深いところでの霊性（スピリチュアリティー）において、究極的、出世的な真実にふれる、それを経験するという出来事をいうわけですが、ここでいう信心の「業識」とは、そのような真実信心の成立にかかわる、もっとも根源的な人格主体をいったものと領解すべきでありましょう。すなわち、真実信心を開発するということは、新しい人格主体を確立して、その人生生活を確かに自立して生きていくことを意味するわけです。

3　一念と多念

おおよそ往相廻向の行信について、行にすなわち一念あり、また信に一念あり。行の一念というは、謂く称名の偏数について、選択易行の至極を顕開す。（真聖全二、三四頁）

親鸞は、次いで称名念仏について、一念と多念ということを明かします。親鸞は、この一念と多念については、行、称名についていう場合と、信、信心についていう場合があると捉えます。そしていまここでは、その称名をめぐる行の一念と多念について明かすわけです。当時の法然門下における念仏理解については、称名念仏は、一念、一声でよいというう名号を中心に考える一念義と、称名念仏は多いほどがよい、多念、多声がよいという称唱を中心に考える多念義に分裂して、お互に対立し、論争しておりました。しかしながら、親鸞はそれについて、すでに上に見たように、私から仏への称名は、そのまま仏から私への称名として、ついには聞名、そしてまた、それにもとづくところの信心になるべきだと領解したわけです。かくして親鸞は、その『一念多念文意』において、

浄土真宗のならひには念仏往生とまふすなり。またく一念往生、多念往生とまふすことなし。（真聖全二、六一九頁）

と明かしているところです。すなわち。日日に称名念仏を相続しながらも、その称名念仏において、いっそう深くその「阿弥陀仏の声」、その「なのり」、その「まねき」の声を聞いていくべきものであったわけです。

六　真実行の讃歎

そして親鸞は、以上の註解を結んで、次のように明かします。

これすなわち真実の行をあらわす明証なり。まことにしんぬ、選択摂取の本願、超世希有の勝行、円融真妙の正法、至極無碍の大行なり。知るべし。（真聖全二、三五頁）

「これすなわち真実の行をあらわす明証なり」と説き、この称名念仏行が、「超世希有の勝行、円融真妙の正法、至極無碍の大行」であると主張いたします。

かくして、真宗における行業、行道とは、上に見たように、ひとえに称名念仏をもうしつつ、またそこに「阿弥陀仏の声を聞く」という聞名の道であるということです。その点、この「行文類」とは、真宗の仏道とは、まさしくそういう称名、聞名の道であるということを開顕、確立し、そのことを主張しているわけであります。すなわち、法然の教え、浄土宗では、称名念仏は説きますが、そこに「阿弥陀仏の声を聞く」ということは、まったく語りません。ここに親鸞と法然、浄土真宗と浄土宗における仏道についての明確な相違があるわけで、ともに同じ浄土教として念仏成仏の道を説きながら、浄土宗では称名にもとづく見仏（来迎）による往生を語り、浄土真宗では聞名にもとづく信心による往生を明かすということを、充分に承知、認識すべきでありましょう。

七　他力の意義

他力というは、如来の本願力なり。（後略）（真聖全二、三五〜三八頁）

そして親鸞は、さらにこの真実行の別義、この称名念仏行がそれ自身の特性としてもっている、特異なる性格としての他力と一乗海の意義について明かします。ことに親鸞は、その他力の意義について語るのに、「如来の本願力なり」といいます。この他力、本願力とは、浄土教において、このことを最初に語った曇鸞や道綽の理解には、多分に阿弥陀仏がもつところの特異な威力、通力としての威力信仰、頼他思想の意味をもって捉えられており、現代の社会においても、多くはそのような発想をもって受けとめられているようですが、それは他力の本義とは明確に相違しております。この他力の意義については、親鸞の本義としての真実信心にもとづく「こと」なる動態、経験的な事象として捉えるならば、それはその原語のパラタントラ（paratantra）が意味するように、もともとは「縁起」、「依他」の意味をもっております。ここでいう縁起、依他とは、私が日常的に何かの行動をおこしてその結果を身にうるという場合、そのことは因縁生起、縁起として、私の行為、努力によってこそよく成立するものではあるとしても、つねに自己の我執、煩悩を問いつづける仏教の立場からすれば、その縁起とは、私の行為の価値以前に、何よりも他者の行為に依ってこそ、よく成立せしめられたと理解すべきであります。ここに「依他」ひとえに他に依りてこそ、という発想が生まれてきます。そしてそのような依他の思想が、より徹底した時、「他力」（パラタントラ）という思想が生まれてきたということです。

かくして、いまここでいうところの他力、本願力とは、私が何らの行為、努力もせずして、他者からの一方的な働きかけを受けとるという、まったく二元論的な発想にもとづく、威力、通力信仰をいうものではなくて、私のそれなりの行為、努力をともないつつも、その自我、我執の否定において、私の心の深いところで感得されてくるところの、まったく一元論的な、他者からの働きかけについて、深く「めざめ」ていくことをいったわけで、それはたんなる「もの」としての、抽象的な物体、そのパワーについて説明したものでははありません。それはまさしく仏教が教示するところの因縁生起、その縁起という構造について語ったもので、経験的な事象における、主客一如なる「こと」としての論理について明かしたものにほかなりません。そしていまは、真宗における称名念仏行が、すでに上においてしばしば明かしたように、それが私から仏に向かう私の行為でありながら、それがそのまま、仏から私に向かう仏の行為であるということを表象しているわけであります。親鸞が、それについて、「他力というは、如来の本願力なり」といったゆえんでもあります。

その点、このような仏教の根本原理、その他力の原語としての縁起、依他（パラタントラ）の思想を無視して、何らかの超自然的な不可思議なる威力、通力の存在を予想して、それを他力と考えるならば、それはもはや仏教でもなく、また浄土真宗でもありません。このことは他力、自力ということを語る場合には、よくよく留意すべきところであります。

八　一乗海の意義

一乗海というは、一乗は大乗なり。大乗は仏乗なり。一乗をうるは、阿耨多羅三藐三菩提をうるなり。阿耨菩提はすなわちこれ涅槃界なり。（後略）（真聖全二、三八～四二

頁)

そして親鸞は、いまひとつ、この真実行の別義、称名念仏行の特性について一乗海ということを語ります。この一乗とは、原語ではエカ　ヤーナ（eka yāna)、一つの乗りものといわれ、この仏道に入るならば、あらゆる人人は、誰でもが同じ道を進んで、必ず平等に仏の「さとり」をうることができる、という意味において一乗と呼ばれるもので、それはまたマハーヤーナ（mahāyāna)、大きな乗りものということを意味して、大乗仏教ともいわれました。親鸞は、それについて、

しかれば、これらの覚悟は、みなもって安養浄刹の大利、仏願難思の至徳なり。海というは、久遠よりこのかた、凡聖所修の雑修雑善の川水を転じ、逆謗闡提恒沙無明の海水を転じて、本願大悲智慧真実恒沙万徳の大宝海水となる、これを海のごときにたとうるなり。まことに知んぬ。経に説きて、煩悩の氷とけて功徳の水となるとのたまえるがごとし。（真聖全二、三九頁）

と明かしております。このこともまた、親鸞の本義として、真実信心にもとづく「こと」なる動態、経験的な事象として捉えるならば、この一乗、大乗とは、一切平等、一切一味なることを意味して、私の現実存在は、まったく他者によりてこそ、よくあらしめられているということであります。その意味においては、私が生きるということは、何よりもま

ず、他者のためにこそ生きるべきであります。それこそが、私たちが人間として生きることの、基本的な姿勢でなければなりません。私自身の現実はそうなっていない、つねに自己中心的な我執、我欲にとざされて生きていることへの深い慚愧をいだきつつ、改めてそのことを痛感するところです。それはあたかも、美しく咲く多くの花々が、それぞれ独自の大小さまざまな形、そしてまたいろいろな彩りをもって美しく咲き匂い、またおのおのが甘い蜜までも用意して昆虫を誘い、それによって受粉してもらいつつ、それぞれの生命を次世代につないでいくようなものでしょう。私たちもまた、それぞれが自分の可能性の中において、世の人人、他者のためにこそ、精一杯に働くことにおいて、よく自分の生命を、次世代につないでいくことができ、そういうことにおいてこそ、この地球が、そしてまたこの人類が、よく未来に向かって繁栄し、向上していくわけでありましょう。いまここで真宗念仏の特性として語られる、一乗海、本願一乗海ということは、空間的には、絶対個なる唯一の中に、一切世界の全体が、そのまま一即一切として相即するという、仏教の根本意趣をよくよく物語るものであります。

その意味において、私はいつも、幼ない頃から深い真宗信心に生きた両親によって育てられた、宮沢賢治の思想に共感をおぼえ、多くのことを教えられることです。彼の作品である『農民芸術概論綱要』の序論に、世界がぜんたい幸福にならないうちは個人の幸福はありえない。自我の意識は個人から集団社会宇宙と次第に進化する。この方向は古い聖者の踏み、また教えた道ではないか。新たな時代は世界が一つの意識になり、生物となる方向にある。正しく強く生きるとは、銀河系を自らの中に意識して、これに応じて行くことである。われらは世界のまことの幸福を索ねよう。求道すでに道である。

と述べているものは、まさしくそういう一乗海、大乗仏教の根本原理を深く体解した文章でありましょう。そしてまた、彼の死後に発見された手帳に記されていたという、あの有名な「雨ニモマケズ、風ニモマケズ」の詩も、まさしく大乗仏教の菩薩道を、自分自身の生きざまとしていたことを、よくよく物語るものでありましょう。

私は、現代において、仏教を学び、親鸞を学んで、その真宗念仏の教える生きていくということは、あえて理想主義的にいうならば、この宮沢賢治が「世界がぜんたい幸福にならないうちは個人の幸福はありえない」「正しく強く生きるとは、銀河系を自らの中に意識して、これに応じて行くことである」と明かしたところの行道を念じ、そのような願心をいだいて生きていくことであると思うことです。すなわち、真宗の念仏成仏の道とは、自利利他一如なる仏道であって、賢治の言葉に重ねていうならば、「世界がぜんたい成仏しないうちは個人（私）の成仏はありえない」ということだと思います。私はいま親鸞が、この「行文類」において、念仏成仏の道を明かすにあたって、ことに一乗海について詳細に解釈して讃歎するのは、真宗において本願念仏の仏道を生きるとは、成仏をめざしつつ、しかもまた、そのことが永遠に未完であるというような、そういうひとすじの大乗の菩薩道を生きていくことを教示したものだと領解するところであります。

九　「正信念仏偈」

そして最後に「正信念仏偈」がおかれますが、それについては、その偈前の文を含めて、改めてうかがうこととといたします。

以上が「行文類」のおよその内容です。

第五章　真実信の本義（「信文類」）

一　「信文類」の組織

1　「信文類」の組織図

この「信文類」のおよその組織は、次のとおりです。

- 別序
  - 題号
  - 本文
    - 真実信の両義 ―― 夫以
    - 迷執への批判 ―― 然末
    - 信別開の意義 ―― 爰愚
- 標挙 ―― 至心信楽の願 ―― 正定聚の機
- 題号・撰号

- 本文
  - 正文
    - 真実信の性格
      - 真実信の意義
        - 真実信の意義 — 謹按
        - 真実信の願名 — 斯心
        - 真実信の特性 — 然常
      - 真実信の根拠
        - 経典の文 — 至心
        - 伝統三祖の文 — 論註
      - 念仏と信心 — 爾者
    - 真実信の要義
      - 本願文の三心
        - 三信心の字訓 — 問如
        - 三信心の意義
          - 至心の意義 — 又問
          - 信楽の意義 — 次言
          - 欲生の意義 — 次言
        - 三心と一心 — 信知
      - 真実信の相状
        - 菩提心の意義 — 然就
        - 真実信の開発 — 夫按
        - 聞名と信心 — 然経
        - 真実信の相続 — 宗師
      - 真実信の讃歎 — 故知

- 真実信の利益
  - 真宗救済の意義――言横
  - 真仏弟子の意義――言真
- 廻心体験の成立――夫仏
- 悪人成仏の道――夫拠
- 尾題

この「信文類」には、はじめに「別序」がおかれております。ところで、この「信文類」にかぎって、なぜ特別に序文がおかれたのでしょうか。

いま私が思いますことは、すでに上の「行文類」において見たように、親鸞は、真宗の仏道を明かすについて、真宗の行業とは私における称名念仏行であると指定し、その念仏行をめぐって、それが真実の念仏か虚仮の念仏であるかを厳しく問うたわけです。そしてその念仏が、真実の念仏であるといいうるためには、その念仏が、ひとえにその内実において、究極的な「めざめ体験」としての、信心をもったところの念仏でなければならないと主張いたしました。すなわち、真実の念仏行とは、確かに信心を具足することにおいてこそ、はじめてまことの念仏行といいうるのであって、念仏は信心に即一し、行は信と相即するものでなければならなかったのです。親鸞が、念仏と信心をそのように理解するところ、真宗の仏道を、伝統の仏道の構造にしたがって、教行証の三法組織において説くならば、その必然として、その行については、改めて信を別開し、それを具足するものとして、別に語るべきこととなりましょう。

かくして親鸞は、そういう理由によって、ここに「行文類」につづいて、特別に「信文類」をおき、その真実なる念仏行の内実としての信心について、さらに詳しく明かしたわけであります。そしてそういう意味において、この「信文類」の冒頭に、ことにこのような序文、「別序」を書いたものであろうと思われます。

そこで次に、その「信文類」の本文について見ますと、それを大きく区分しますと、はじめに標挙として、第十八願名の「至心信楽の願」を掲げ、その細註として「正定聚の機」と示します。そして次いで、真実信の意義について明かし、十二種の選んだ語句をもって信心について讃歎いたします。そして第十八願の五種の願名を示し、さらに真実信の特性について論述します。そして次いで、真実信の根拠として、〈無量寿経〉の経文を七文ほど引用いたします。そしてさらに、曇鸞、善導、源信の三師の釈文を引用し、それらを承けて念仏と信心の本質的性格について明かします。

その後に、真実信の要義について論述しますが、そこではまず、第十八願、本願文の三心と天親の『浄土論』の一心の関係について問い、次いでその三信心の字訓について明かし、また次いで、その三信心の意義、法義について詳細に語ります。そしてそれを結んで本願文の三心が一心に帰結し、その信心が称名念仏行と、信行即一することを明かします。そしてその後に、法然浄土教の大きな課題であったところの菩提心について論究し、また真実なる信心体験の成立、開発をめぐって、その時間性と心相性、およびその成立構造についで説明し、さらにその真実信心の相続の相状について明かします。そして信心と念仏が即一することを語って、真実信心を讃歎いたします。

その後に、この真実信心がもたらすところの利益について、真宗における救済の意義について論じ、またその延長線上において、真実信心の人とは釈迦仏の真の仏弟子であって、さまざまな救済の利益をうることになると主張いたします。

そして最後に、『大般涅槃経』の阿闍世の聞法、得益の文を長々と引用しておりますが、このことはひとつには、真実信心における廻心体験の成立構造について教示するものであり、いまひとつには、この真宗の仏道が、いかなる悪人をも摂取して成仏せしめるところの、悪人成仏、万民救済の道であることを明示しております。

以上が、この「信文類」のおよその内容であります。

二　「別序」の意趣

1　真実信の両義

「別序」は、大きくは、真実信の両義、迷執への批判、信別開の意義というように、三段に区切ることができます。その真実信の両義とは次のとおりです。

それおもんみれば、信楽を獲得することは、如来選択の願心より発起す。真心を開闡することは、大聖矜哀の善巧より顕彰せり。（真聖全二、四七頁）

はじめの真実信の両義については、ここではその信心のことを定義して、「信楽」といい、「真心」といいます。この信楽とは、もとは『無量寿経』の第十八願、本願文に見られる用語で、その『サンスクリット本』の原語のところにかえして見ると、prasannacittā と説かれていて、それはチッタ（citta）、心が、プラサーダ（prasāda）、すなわち、澄浄となり、喜悦をもつことを意味します。ここで信楽の原語が、心が澄浄になることだというのは、それが三昧（samādhi）に重なることを意味し、心の眼が開いて、新しく智慧が育ち、いままで見えなかったものが見えてくることをあらわします。親鸞が、この信心を「無上智慧の信心」（『唯信鈔文意』真聖全二、六二四頁）といい、また「信心の智慧」（『正像末和讃』真聖全二、五二〇頁）と明かし、それに左訓して、「信ずる心のいでくるは智慧のおこるとしるべし」（親鸞全集、和讃篇、一四五頁）と語っているのは、そのことをよくあらわしております。その点、信心をうるとは、仏道における一定（菩薩道五十二段階中の第四十一位初地）までの、仏の「さとり」をうるということであります。

そしてまた、親鸞は、その信心のことを真心ともいいます。この真心とは、もとは善導の「序分義」（真聖全一、四八五頁）に見られるものですが、親鸞は、信心のことを、しばしば真心と語っております。そしてまた、それを「まことの心」（『尊号真像銘文』真聖全二、五九〇頁）、「まことのこころ」（『末燈鈔』真聖全二、六九二頁）ともいいます。すなわち、ここでいうところの「真心」といい、「まことの心」とは、私の心のことではありません。私の心とは、どこまでも虚妄にして不実なる、欺瞞邪偽の心というほかはありません。したがって、ここでいう真心、まことの心とは、仏、阿弥陀仏の心のことです。しかし、いま親鸞は、その私の信心を、真心、まことの心というわけです。このことは、まったく親鸞自身の自己領解によって表象した言葉です。親鸞が信心を説明するについて、

信はうたがひなきこころなり。すなわちこれ真実の信心なり。虚仮はなれたるこころなり。虚はむなしといふ、仮はかりなるといふことなり、虚は実ならぬをいふ、仮は

真ならぬをいふなり。（『唯信鈔文意』真聖全二、六三九頁）

というのも、そのことに重なる理解でしょう。信心とは、虚仮不実を離れたところの心、真実なる心だというわけです。すなわち、親鸞は、真宗信心とは、私の心のことであって、私における心澄浄なる心、「信楽」のことであるといい、またそれは仏の心のことであって、阿弥陀仏の真実なる心、「真心」のことであるともいうのです。ここでは信心を明すについて、ひとつには伝統の経典にもとづいて、それを私の心としての「信楽」といい、いまひとつには、自己自身の領解によって、それを阿弥陀仏の心としての「真心」だというわけです。かくしてこのことは、これから、この「信文類」において明かそうとするところの、真宗信心の基本的な性格とは、このような私における「信楽」であり、仏における「真心」であること、すなわち、真宗における信心とは、私の心でありながら、仏の心でもあり、仏の心でありながら、それはそのまま、私の心でもあるということです。そしてそのことは、すでに上に見たところの真宗における行が、私から仏に向かう私の称名念仏の行であるままに、それはそっくりそのまま、仏から私に向かう仏の告名、招喚の声でもあるということに重なるものであって、真宗信心とは、私における仏についての無疑、信知の私の心であるままに、それはそっくりそのまま、仏における私についての連帯同事、大悲摂取の仏の真実の心にほかならないということです。

そういう意味においては、親鸞における信心とは、たんなる観念的、抽象的な「もの」(名詞)ではなくて、まったく主客二元的、主体的な動態、「こと」(動詞)としての信心を意味して、それは自己自身の心、その根本的な生命、人格主体が、世俗的なありようを転じて、出世の世界に属する事態になること、そういう境地をいうわけで、一般に考えられるところの、私が何かに対して信じるという、主客二元的、対象的な信とは、まったく次元を異にするものであることが明瞭です。そのことは、以下の「信文類」を読んでいく中で、次第に明瞭になってきましょうが、まず最初に、このことについて、よくよく領解しておいていただきたいところです。親鸞における信心とは、決して何かに向かって、主客二元的、対象的に依憑し、信順するということではありません。そうではなくて、まったく主体的な動態、事象なる「こと」として、私の心の眼が開かれて新しい智慧をうること、私の心、その生命、人格主体が、その虚妄を転じて真実に向かって転成していくことをいうのです。

2　迷執への批判

しかるに末代の道俗、近世の宗師、自性《じしょう》唯心《ゆいしん》に沈みて浄土の真証を貶《へん》す、定散の自心に迷いて金剛の真信に昏《くら》し。(真聖全二、四七頁)

次の「しかるに」以下の文は、真宗念仏の正義について、当時の一般仏教界の人々が、種々に非難し、中傷していること、また同じ浄土教の人人が、その念仏義を誤解し、偏執していることに対して、弁明し、反論の意図をもって記されたものです。

はじめの「末代の道俗、近世の宗師、自性唯心に沈みて浄土の真証を貶す」とは、当時の聖道教からの非難に応答したもので、自性唯心に沈むとは、自性とは、自らの本性は真実であり、仏であると考えること、唯心とは、すべての現象はそういう本性の心によって顕現すると主張することで、そのような、自己の現実相に対する深い省察、内観の欠落した、主観的観念の世界に沈没することをいいます。そして浄土の真証を貶すとは、浄土教が指示するところの、まことの仏の「さとり」、彼岸の境地を、非難し、誹謗することをいいます。

そしてまた、次の「定散の自心に迷う」とは、これは同じ浄土教徒による念仏義に対する誤解について批判したものです。その内実については、法然の門下において、念仏の理解をめぐって、混乱対立したことを指します。ことにその門下の中で、弁長（一一六二～一二三八）、長西（一一八四～一二六六）らは、多念義の立場に立って、称名念仏は、できるかぎり多く称えることがよいと主張しました。彼らは、そのように行業を重視する考えをもつところの必然として、念仏以外の行業も是認することとなり、念仏行に対するその他の諸行も、その仏道として承認していくこととなりました。

そしてまた、幸西（一一六三〜一二四七）、証空（一一七七〜一二四七）らは、一念義の立場に立って、称名念仏は少なくてもよいと主張し、幸西は、念仏よりも、阿弥陀仏の本願を信じることが大切で、一念の念仏のところで、阿弥陀仏と不離一体となることが肝要であるといいます。また証空は、阿弥陀仏の十劫成仏のところで、往生正覚同時一体として、私たち衆生はすでに往生しているのだから、それについて一念領解の心がおこればそれでよいと主張したわけです。ここではいずれも念仏行が軽視されて、阿弥陀仏の本願が、きわめて観念的に理解されております。

いま親鸞が、「定散の自心に迷う」というのは、このような多念義系の念仏理解と、一念義系の念仏理解を指しているわけです。したがってまた、まことの念仏とは、そのまま信心を具足し、念仏と信心とは即一するものであるにもかかわらず、それに対する誤った念仏理解に対して、「金剛の真信に昏し」というわけです。

3　信別開の意義

ここに愚禿釈の親鸞、諸仏如来の真説に信順して、論家・釈家の宗義を披閲す。広く三経の光沢を蒙りて、ことに一心の華文を開く。しばらく疑問を至してついに明証を出す。まことに仏恩の深重なるを念じて、人倫の哢言を恥ぢず。浄邦を欣う徒衆、穢域を厭う庶類、取捨を加うといえども、毀謗を生ずることなかれとなり。（真聖全二、四七頁）

次に、「ここに愚禿釈の親鸞」以下の文章は、この「信文類」を開説する意趣について述べたものです。はじめの「諸仏如来の真説に信順して」とは、釈迦如来の教説と、十方諸仏の勧信の言葉にしたがってということです。次の文は「広く三経の光沢を蒙りて」といいますが、ここでは、その中でもことに〈無量寿経〉にもとづいて、ということを意味するわけでしょう。上の「行文類」では、真宗の行道、念仏成仏の道を〈無量寿経〉の教示によって主張しましたが、この「信文類」においても、その念仏に即一する信心を明かすについて、もっぱら〈無量寿経〉により、それが説くところのまことの称名とは、そのまま聞名であること、そしてまた、それはそのまま、真実信心にほかならないこと、すなわち、真宗の仏道とは、称名・聞名・信心の道であるということを明示するわけです。

そして次に、「論家、釈家の宗義を披閲す」とは、いまここでは、以下の「信文類」の引文を見ますと、その論家とは天親を指し、釈家とは曇鸞、善導、源信を意味するとうかがわれます。親鸞は、この「信文類」において、念仏に即する信心を明かすについては、もっぱらこの天親と曇鸞、そして善導、源信によるわけです。

次の文に、「ことに一心の華文を開く」というのは、一心の華文とは、いまの天親の『浄土論』の冒頭に、「世尊我一心、帰命尽十方無碍光如来、願生安楽国」とあり、この文は、以下の「信文類」の本文において、真実の信心を意味するものとして、種々に解釈しております。そこでこの「一心」の語に深い意味があるとみたところから、この『浄土論』を讃えて、一心の華文と呼んだわけです。しかし、次下の引文のところでは、この『浄土論』は引きません。すべて『往生論註』の文を引くことによって、その意義に重ねて明かすわけです。

親鸞は、この後の「信文類」の最初の引文のところで、『往生論註』の文を引用しますが、その文は、『浄土論』の「世尊我一心」の文章の、「我一心」について解説した文です。その内容については、結論的にいいますと、まことの称名念仏とは、「如実修行相応」(『往生論註』真聖全一、三二四頁)の念仏でなければならない、そしてそのような称名念仏を我一心というと明かすわけです。ところで、この「如実修行相応」という文の意味は、上の「行文類」のところでも説明したように、まことの念仏とは「行而不行、不行而行(行じて行ぜず、行ぜずして行ず)」(『往生論註』真聖全一、三三四頁)ということで、私の称名念仏行とは、私が行じながら私の行ではなく、私が行じないままに私の行となるという、そういう内実をもっていることを意味します。すなわち、そのことは、私におけるまことの称名とは、私の称名でありながら、それがそっくりそのまま、阿弥陀仏の称名であることを意味し、私の称名が仏の称名、仏の呼び声だと思いあたる、そのように聞こえてくるような、そういう聞名、念仏をいうわけです。そして、親鸞においては、念仏をもうしつつ、そのように思いあたってくる心、そのような聞名となる心こそが、そのまま、「めざめ体験」としての真実信心を意味するわけです。親鸞が、この曇鸞の教説を讃えて、「如実修行相応は、信心ひとつにさだめたり」（『高僧和讃』真聖全二、五〇七頁）と明かすところです。かくして親鸞は、この論家、釈家、すなわち天親、曇鸞の教説にしたがって、上に明かした「行文類」のまことの念仏とは、つねに信心を具足していることを明示し、以下の「信文類」は、その念仏に即するところの信心の内実について、詳細に開顕しようとするわけです。

そして親鸞は、さらに「しばらく疑問を至してついに明証を出す」といいますが、この疑問を至すとは、問答形式によって明かすということです。親鸞は、この『教行証文類』において、いずれも本願文の三心をめぐり、三箇所にわたって問答形式をもって説明いたします。そのひとつは、「信文類」（真聖全二、五九頁）の本願文の三心と、『浄土論』の一心の関係について明かすところで、ここでは二種の問答をしております。そしてまた「化身土文類」（真聖全二、一四七頁）の、本願文の三心と、『観無量寿経』の三心の関係について明かすところ、そしてもうひとつ「化身土文類」（真聖全二、一五六頁）の、本願文の三心と、『観無量寿経』の三心と、『阿弥陀経』の一心の関係について明かすところです。いずれも、真宗信心を解明するについて、問答形式をもって説いております。いまの「疑問を至して」とは、これらの問答を意味します。

そして以下、「まことに仏恩の深重なるを念じて、人倫の哢言を恥ぢず」とは、法然と、その念仏の教法に対して、厳しい非難がある中で、法然を継いで、この書を著わすわけですから、このことは親鸞にとっては、当然の心の構えでしょう。親鸞が、その真宗念仏の仏道を主張するについては、その生涯を通して、さまざまな弾圧があり、いろいろな非難、中傷があって、親鸞は、つねに孤立し、孤独であったろうことが深くしのばれます。しかしまた、親鸞は、「浄邦を欣う徒衆、穢域を厭う庶類、取捨を加うといえども、毀謗を生ずることなかれとなり」といいます。この迷妄の境界をいとうて、浄土を欣求する人々よ、この私の見解、主張については、いろいろと取捨、賛否があろうとも、如来の本願の教法については、決して誹謗してはならないというわけです。親鸞が、この「信文類」を開顕するについての、大きな自信と、強い決意のほどがしのばれてまいります。

以上で「別序」がおわります。

三　真実信の性格

1　標挙の文

「信文類」では、まず巻頭に、

至心信楽の願―正定聚の機

という第十八願の願名と機名を掲げます。それはこの「信文類」の中核が、この第十八願文にあり、その本願文の意趣を展開することにおいて、この「信文類」が成立していることを示すものです。この第十八願の願名は、それ以外には、親鸞は、「信文類」の以下の本文の中で、「念仏往生の願」「選択本願」「本願三心の願」「往相信心の願」とも呼んでおります。また『浄土文類聚鈔』でも、同じように、「念仏往生の願」「至心信楽の願」「往相信心の願」（真聖全二、四四五頁）とも明かしています。そのほかには、「本願信心の願」（「信文類」真聖全二、六二頁）とか、「信楽の悲願」（『浄土三経往生文類』（広本）、真聖全二、五五一頁、『如来二種廻向文』真聖全二、七三〇頁）などとも明かしております。

ところで、親鸞は、この「信文類」の冒頭に、第十八願名を掲げるについて、ことに選んで「至心信楽の願」という願名を記しておりますが、このことは、親鸞が、第十九願名を「至心発願の願」といい、第二十願名を「至心廻向の願」と名づけたことに関係すると思われます。それは親鸞は、念仏成仏の道について、第十八願の至心信楽の道、第十九願の至心発願の道、第二十願の至心廻向の道の、三種の行道があると理解し、第十八願の道こそが真実の道であって、あとの第十九願の道、第二十願の道は、人人をその真実の道まで誘導し、調熟するための、方便の道であると捉えていたからです。そこでこの第十八願の仏道、至心信楽の道、すなわち、念仏信心の道については、この「信文類」で明かしますが、あとの第十九願と第二十願の方便の道については、後の「化身土文類」において明かしております。その第十九願の至心発願の行道とは、さまざまな行業とともに修める雑行雑修の念仏の道であって、それは私から仏へという、一方的なる私の発願心にもとづく雑行の道であり、また第二十願の至心廻向の行道とは、称名念仏の一行を選んで専修しながらも、なお自執、自力の心が残っている自力念仏の道であって、それもまた、私から仏へという、一方的なる私の廻向心にもとづく道です。いずれも、まことの信心体験が生まれてこないような不実なる念仏の仏道です。いまはそういう第十九願の「発願」の道と、第二十願の「廻向」の道に対して、この第十八願の行道が、まさしく真実なる信心の道であることを明かそうとして、ことにこの「至心信楽の願」という願名を選んで掲げたことが知られます。

親鸞はまた、この「信文類」のはじめに、「至心信楽の願」と願名を掲げた下に、少し小さい字で細註して、「正定聚の機」と書いております。この正定聚とは、仏教が説く三聚の一つです。三聚とは、聚とは仲間のことで、仏道を行ずる人人について、その根機、性格を、正定聚、邪定聚、不定聚の三種に分類したもので、必ず仏の「さとり」に至ることが正しく定まっているものを正定聚といい、「さとり」をうることができないで、迷界に転落することに定まっているものを邪定聚といい、そのいずれにも定まっていないものを不定聚といいます。それは『長阿含経』『阿毘達磨倶舎論』『大智度論』などの、多くの経論に説かれており、また『無量寿経』（真聖全一、二四頁）にも明かされております。

それについての親鸞の理解は、正定聚とは、第十八願の信心をともなった念仏成仏の道を生きるもののことで、それはまさしく成仏に決定したものをいいます。邪定聚とは、第十九願の修諸功徳なる、雑行念仏の道を歩むもののことで、それは方便化土に往生することに決定したものをいいます。そして不定聚とは、第二十願の植諸徳本なる、自力念仏の道を進むもののことで、その道はやがては真実報土に往生成仏するであろうという、果遂の道であるところから不定聚というわけです。

2 真実信の意義

謹んで往相の廻向を按ずるに大信あり。大信心は、すなわちこれ長生不死《ちょうせいふし》の神方《しんぼう》、忻浄厭穢《ごんじょうえんね》の妙術、選択廻向の直心、利他深広の信楽、金剛不壊《こんごうふえ》の真心、易往無人《いおうむにん》の浄信、心光摂護の一心、希有《けう》最勝の大信、世間難信の捷径《せちけい》、証大涅槃の真因、極速円融の白道、真如一実の信海なり。この心、すなわちこれ念仏往生の願よりいでたり。この大願を選択本願と名づく、また本願三心の願と名づく、また至心信楽の願と名づく、また往相信心の願と名づくべきなり。（真聖全二、四八頁）

それではこれから「信文類」の本文に入ります。親鸞は、まずはじめに、

謹んで往相の廻向を按ずるに大信あり。

と明かします。このことについては、上の「行文類」のはじめに、

謹んで往相の廻向を按ずるに、大行あり、大信あり。（真聖全二、五頁）

と示して、以下その大行について定義し、その内容について語ります。そこでいまは、その「行文類」をうけて、仏道としての「大信」について明かすわけです。その意味において、この「行文類」と「信文類」、大行と大信、行と信、念仏と信心とは、有機的に深く関連していることが知られます。そのことについては、すでに上において、念仏を行ずる

ことによってこそ、よく信心が開発し、成立するものであって、まことの念仏の内実とは信心であり、念仏と信心、行と信とは即一し、一如であると明かしたところです。

そして親鸞は、すでに上に見たような真実信の定義を前提として、次にその信心の功徳をめぐって、上の文のように、十二種の選んだ語句をもって讃歎いたします。

その第一の「長生不死の神方」とは、元照の『観無量寿経疏』（大正三七、二七九頁）の「信は、これ疑を除き障りを捨てるの神方、長生不死の要術なり」という文、および親鸞が「信文類」（真聖全二、七九頁）に引用するところの王日休の『龍舒浄土文』に「往生の径術、脱苦の神方なり」（『大正大蔵経』にはない）と明かされる文があり、いまはそれによって造語したと考えられます。この長生不死とは、不生不滅なる永遠を意味し、真実、涅槃をあらわします。また神方とは、最上にすぐれた方法をいいます。

第二の「忻浄厭穢の妙術」とは、善導の「序分義」に「穢を厭い浄を忻う」（真聖全一、四八六頁）といい、また源信の『往生要集』に「厭離穢土、欣求浄土」（真聖全一、七二九頁）という文などによったものと考えられます。その忻浄とは、浄土を欣求すること、厭穢とは、この穢土、娑婆世界を厭離することをいい、妙術とは、すぐれた手段ということを意味します。

第三の「選択廻向の直心」とは、法然の『選択本願念仏集』に、『大阿弥陀経』および

『平等覚経』の文を引いて、「心中所欲の願を選択せしむ」（真聖全一、九四一頁）といい、また善導の『法事讃』に「直心をもって実に行ずれば、仏迎来したまう」（真聖全一、五六四頁）と明かす文などによると思われます。その選択廻向とは、阿弥陀仏の衆生に対する選択と廻向を意味し、直心とは正直心のことで、「まことの心」、仏心をあらわします。

第四の「利他深広の信楽」とは、道綽の『安楽集』に、浄土願生の理由を明かすについて、「ただ疾く自利利他を成じ、利物深広ならんと欲す」（真聖全一、四三二頁）とある文によったものと思われます。この利物深広とは、深くして広い、いっさいの衆生を摂取するところの真実利他の働きのことで、利他深広の信楽とは、この信心が、利他の働きをもっていること、すなわち、自ら仏となり、また他の人人をも仏になさしめようとする、願作仏心、度衆生心の、自利利他なる働きをもった信心であることを意味します。

第五の「金剛不壊の真心」とは、善導の「散善義」に、「この心深信せること金剛のごとくなるによって」（真聖全一、五三八頁）とある文などによったものかと思われます。この金剛不壊とは、信心が堅固にして、内なる煩悩、外なる障害に破壊されないことをいいます。

第六の「易往無人の浄信」とは、『無量寿経』の「往き易くして人なし」（真聖全一、三一頁）という文によったものと思われます。この易往無人とは、この念仏成仏の道が、きわめて往き易くして、しかもまた、まことに困難な仏道であることを明かすもので、ここでいう易にして難、難にして易ということの内容については、のちに真実信の特性について語るところで、改めて詳述しましょう。

第七の「心光摂護の一心」とは、善導の『観念法門』の「彼の仏心の光つねに是の人を照らして摂護して捨てたまわず」（真聖全一、六二八頁）という文によったものと思われます。この心光摂護とは、心光とは、仏心よりでる光明のことで、摂取の慈悲を象徴するものであり、調熟の智慧を象徴するところの、仏身よりでる色光に対するものです。摂護とは、阿弥陀仏の摂取と、諸仏の護念をあらわすものです。

第八の「希有最勝の大信」とは、善導の「散善義」において、念仏の人を讃えて、「人中の希有人なり、人中の最勝人なり」（真聖全一、五五八頁）と明かす文によったものと思われます。この希有人、最勝人とは、世にも希なる勝れた人ということで、釈尊が、『観無量寿経』において、念仏者を讃歎して、「この人はこれ人中の芬陀利華《ふんだりけ》（puṇḍarīka 白蓮華）（真聖全一、六六頁）といわれたことをうけて、善導がそのように語った言葉です。ここでいう希有最勝の大信とは、この信心が、この世界において、究極的な最上の価値をもったものであるということを意味します。

第九の「世間難信の捷径《せちけい》」とは、元照の『阿弥陀経疏』に、「これすなわち、具縛の凡愚、屠沽の下類、刹那に超越する成仏の法なり。一切世間甚難信というべきなり」（大正三七、三六三頁）と明かす文、および宗暁の『楽邦文類』に、「八万四千の法門、この捷径にしくはなし」（大正四七、一七九頁）と説く文によったものでしょう。この世間難信の捷径とは、この信心が、浄土、涅槃に至るための、世間の道理を超えたところの、最勝にして希有なる捷径、すなわち近道である、ということを意味します。

第十の「証大涅槃の真因」とは、道綽の『安楽集』の「金剛無礙、証大涅槃」（真聖全一、四三一頁）という文によったものと思われます。この証大涅槃とは、無上の仏果を証得することで、真因とは、それについてのまことの正因のことです。

第十一の「極速円融の白道」とは、この極速円融とは、親鸞自身が造語したものと思われて、上に見たところの、「行文類」の一乗海の意義を明かすところには、「円融満足、極速無碍」（真聖全二、四一頁）といい、また『浄土文類聚鈔』にも「極速円融の真詮」（真聖全二、四四五頁）とも明かしております。その極速とは、きわめて速いこと、円融とは、すべてを欠けることなく具足することで、極速円融とは、不可思議の功徳を速やかに円満、成就することをいいます。

そして最後の第十二の「真如一実の信海」とは、この真如一実とは、親鸞の独自な用語例であり、上に見た「行文類」にも、念仏の大行の功徳を讃えるについて、「真如一実の功徳宝海なり」（真聖全二、五頁）と明かしております。そしてその意味は、『一念多念文意』には、「一実真如とまふすは、無上大涅槃なり。涅槃すなわち法性なり。法性すなわち如来なり」（真聖全二、六一六頁）と語っております。すなわち、真如一実とは、究極的な真実の世界である、法性真如、諸法一実をあらわします。かくして、ここではこの信心が、そのまま究極的な真実、真如の世界に連なるものである、ということを意味しているわけです。ことにこの第十二の真如一実の信海という一句は、上の十一句を結んで、私たち念仏者が、現実社会の中で生きるべきまことの道を教示するものです。そしてまたこの句は、上に見たように、「行文類」の冒頭において、大行としての称名念仏行を讃えて「真如一実の功徳宝海」と明かす文に対応して、ここでは大信としての真実信心を讃えて、「真如一実の信海なり」と語るわけです。かくして、この「行文類」と「信文類」の両句は、見事に呼応しており、ここには大行と大信、念仏と信心の功徳が、同一の功徳内容として説示されていることが明瞭です。すなわち、親鸞は、ここでもまた、この大行と大信、念仏と信心とは、即一して一如なる関係にあることをよく明示しているわけであります。

3　真実信の特性

しかるに常没の凡愚、流転の群生、無上妙果の成じがたきにあらず、真実の信楽まことにうること難し。なにをもってのゆえに、いまし如来の加威力《かいりき》によるがゆえなり。

ひろく大悲広慧の力によるがゆえなり。（真聖全二、四八頁）

そして次に、真実信の特性、この信心がもっているところの、特異なる性格について明かします。この「常没の凡愚」とは、つねに迷いの世界に沈没している私たち愚かなる凡夫のこと、そして、「流転の群生」とは、過去世より今日に至るまで、苦しみの世界を流れ転じつづけてきた私たちのこと。そういう迷える私たちにとって、最高、最勝の仏の「さとり」をうることは、決して難しいことではない。仏になることは易しいことである。しかしながら、その仏道において、真実の信心を獲得することは、まことに至難なことである、というのです。仏道を成就することは易しい、しかし、それを成就するための信心をうることは難しい、というわけです。すなわち、真宗の本願念仏の仏道は、易にして難であるというのです。上に見たところの、「易往無人の浄信」という文に重なる発想です。

どうしてそのように、易にして難であるかについて、親鸞は、「如来の加威力」によるからである、「大悲広慧の力」によるからであるといいます。ここで如来の加威力というのは、阿弥陀仏のすぐれた働きのことです。また大悲広慧の力とは、阿弥陀仏の智慧と慈悲の働きをいいます。どちらも仏力のことです。そして信心とは、その智慧、慈悲、仏力にもとづいてこそ、よく成立するものであるところ、それをうることはまことに難しいというのです。

親鸞におけるこのような内容をもった文章は、「化身土文類」に、

大信心海は、はなはだもって入りがたし、仏力より発起するがゆえに。真実の楽邦、はなはだもって往き易し、願力によって即生するがゆえなり。（真聖全二、一五七頁）

と明かすところにも見られます。ここでは、信心を発起することは難しい。しかしながら、浄土に往生することは易しい、それは阿弥陀仏の仏力、願力にもとづくからであるというのです。

また『浄土文類聚鈔』にも似たような文章があります。すなわち、

しかるに薄地の凡夫、底下の群生、浄信獲がたく極果証しがたきなり。なにをもってのゆえに、往相の廻向によらざるがゆえに、疑網に纏縛せらるるがゆえに。いまし如来の加威力によるがゆえに、博く大悲広慧の力によるがゆえに。清浄真実の信心をえば、この心顛倒せず、この心虚偽ならず。まことに知んぬ、無上妙果の成じがたきにあらず、真実の浄信まことにうることかたし。（真聖全二、四四五頁）

という文です。ここでは、信心を獲得することも、また仏果を成就することも、ともに難しいといいます。そしてその理由について、それは阿弥陀仏の往相廻向によらないからであり、疑いの網にしばられるからであるといい、また、それが阿弥陀仏の加被力によるか

らであり、大悲広慧の力によるからであるといいます。そしてさらに、真実の信心をうれば、この心は顛倒せず、虚偽ではなく、したがって、無上の仏果を成就することは易しく、その信心をうることはまことに難しいというのです。

　ところで、これらの文章の意味するところは、いったいいかなるものでしょうか。私の領解するところを示しますと、ここで私たちのための念仏成仏の仏道が、易往の道であるということは、すでに明かしたように、それがもともと、在家者の仏道の中でも、もっとも底辺の民衆である、不善作悪者のために説かれた悪人成仏の道であるからです。したがって、この本願念仏の道は、いかなる罪業を犯したものでも、また何ひとつとして善業を修めることのできないものでも、すべてひとしく成仏できる道でした。その意味からすれば、この道こそ、私たちにとってはもっとも往き易い仏道です。しかしながら、その本願念仏の道を成就するについては、何よりも、信心を開発、獲得しなければなりませんが、親鸞は、その信心をうることは、私たちにとっては、何よりも至難なことであるというのです。親鸞は、そのことを、これらの文のほかにもいろいろと語っております。すなわち、「信文類」には、

　しかるに無始よりこのかた、一切群生海、無明海に流転し、諸有輪に沈迷し、衆苦輪に繫縛せられて、清浄の信楽なし、法爾として真実の信楽なし。ここをもって無上功

徳値遇しがたく、最勝の浄信獲得しがたし。（真聖全一、六二頁）

と説き、また「正信念仏偈」にも、

弥陀仏の本願念仏は、邪見憍慢悪衆生、信楽受持することはなはだもって難し、難の中の難これに過ぎたるはなし。（真聖全一、四四頁）

などと説いております。これらの文も、信心がはなはだ難発、難開であることを明かしたものです。そして親鸞は、そのことは上の文が示すように、ひとえにこの信心が阿弥陀仏の大慈大悲、仏力によって成立するものであるから難しいというわけです。

そのことは、もっと分かりやすくいえば、真実の信心とは、自分自身でつくりだすものではなくて、仏からの廻向、仏からたまわるものであるから、まことに難しいというのです。世間の常識からいえば、自分で作るものなら難しく、他人からいただくものなら易しいということですが、ここでは反対の論理になっているのです。実は、ここに真実信心の特異な性格、特性があるのです。すなわち、信心とは、仏の大悲に「めざめ」ること、その大悲廻向の仏心、真心を私が受けとることですが、それについては、何よりも私の心が「からっぽ」にならないと、その仏の真心は受けとれません。しかしながら、私の心には、いつも我執、我慢の心がいっぱいに満ちていて、そのような仏心、大悲の心を受けとり、それに「めざめ」ていくことができません。信心をひらくとは、何よりもそういう私の我執の心を捨てていく、その私の心を「からっぽ」にする、そして仏の大悲、その真心について、深く「めざめ」ていくことが肝要です。しかしながら、そういう私の心を「からっぽ」にすること、そのことがまことに困難であるところから、信心をうることは至難であるといったわけです。

しかしながら、私たちがひたすらに仏法を学び、もっぱら称名念仏しつつ、徹底して自己を問いつづけていくならば、やがては必ず、その我執が捨てられて、自己自身の実相について深く「めざめ」てくることとなります。私たちの人生は、一寸先きはまったく闇黒です。何がおきてくるか分かりません。そしてまた、私の人生においては、最終的にたよるべきものは何ひとつとしてありません。たよるべき愛情も財産も、すべてが色あせていき、消滅していくものです。そしてまた、自分自身さえもが、ついには潰《つい》えていくのです。これが私たちの人生のまことの姿です。そういう私の現実存在が、全分虚妄であることに思いあたり、そのことについて深く「めざめ」ていくならば、その時、その「めざめ」に即して、真実に出遇うことができるわけです。それはあたかも光と陰のようなものです。陰が生まれてくるのは光に遇うからです。光に遇えば必ず陰が生まれてきます。その意味においては、真実信心、その虚妄と真実の即一体験としての「めざめ体験」というものは、この私がどこまでも虚妄、無明であるところ、その体験とは、私の内から生起したものではなく、あくまでも外から到来したもの、他から所与されたものというほかはありません。親鸞が上の文において、この信心について「如来の加威力」とか、「大悲広慧の力」といって、そこに仏力を語るものはそのことを意味します。したがって、ここでこのように仏力を語るとしても、そのことは上の「行文類」の「他力の意義」のところでも述べたように、それはたんなる他者からの威力、パワーを意味するものではありません。このような信心体験、「めざめ体験」がもつところの、光と陰なる絶対矛盾的自己同一という論理構造における真実性の現成を、平面的に他からの所与として、象徴的に表現してそのように明かしたものにほかなりません。そして上に見たところの、成仏は易しいけれども、信心を開発することは、まことに至難であるということも、そのような真実信心がもっているところの、絶対矛盾的自己同一の構造における、我執の崩壊に即して真実が現成するということ、その我執の崩壊の困難性を表象しているわけです。

かくして真宗における信心とは、そういう真実と虚妄、光と陰の、絶対矛盾的自己同一の構造をもったところの「めざめ体験」を意味するわけで、ここにこそ、真宗信心の特性があるといいえましょう。

四　〈無量寿経〉の教説

1　経文の引用

そして親鸞は、次いで〈無量寿経〉の文を七文ほど連引いたします。

(1)　『無量寿経』第十八願文
至心信楽の本願の文。『大経』に言わく。たとい我仏をえたらんに、十方の衆生、心をいたし信楽して我が国に生まれんとおもうて、乃至十念せん。もし生まれずば正覚をとらじと。ただ五逆と誹謗正法をのぞくと。（真聖全二、四八〜四九頁）

(2)　『如来会』第十八願文
『無量寿如来会』に言わく。もしわれ無上覚を証得せんとき、余仏の刹の中のもろもろの有情類、わが名を聞きおわりて、所有の善根、心心に廻向せしむ、我が国に生まれんと願じて乃至十念せん。もし生まれずば菩提をとらじと。ただ無間悪業をつくり、正法およびもろもろの聖人を誹謗せんをばのぞくと。（真聖全二、四九頁）

(3)　『無量寿経』第十八願成就文

本願成就の文。『経』に言わく。あらゆる衆生、その名号を聞きて信心歓喜せんこと乃至一念せん。至心に廻向せしめたまえり。彼の国に生まれんと願ぜば、すなわち往生をえ不退転に住せん。ただ五逆と誹謗正法とをばのぞくと。（真聖全二、四九頁）

(4)『如来会』第十八願成就文

『無量寿如来会』に言わく。他方の仏国の所有の有情、無量寿如来の名号を聞きて、よく一念の浄信をおこして歓喜せしめ。所有の善根廻向したまえるを愛楽して、無量寿国に生ぜんと願ぜば、願にしたがいてみな生まれ、不退転乃至無上正等菩提をえん。五無間、誹謗正法、および謗聖者をのぞくと。（真聖全二、四九頁）

(5)『無量寿経』「往観偈」文

また言わく。法を聞きてよく忘れず、見て敬い得ておおきに慶ばば、すなわちわが善き親友なり。このゆえにまさに意を発すべしと。（真聖全二、四九頁）

(6)『如来会』胎化得失の文

また言わく。かくのごときらの類は、大威徳のひとなり。よく広大仏法の異門に生ぜんと。（真聖全二、四九頁）

(7)『如来会』「正法難聞偈」文

また言わく。如来の功徳は仏のみ自ら知ろしめせり。ただ世尊ましまして、よく開示したまう。天・龍・夜叉およばざるところなり。二乗おのずから名言をたつ。もしもろもろの有情まさに作仏して、行、普賢にこえ、彼岸にのぼりて、一仏の功徳を敷演せん、時多劫の不思議をこえん。この中間において身は滅度すとも、仏の勝慧はよくはかることなけん。このゆえに信聞およびもろもろの善友の摂受を具足して、かくのごときの深妙の法を聞くことをえば、まさにもろもろの聖尊に重愛せらるることをうべし。如来の勝智、徧虚空の所説の義言は、ただ仏のみさとりたまえり。このゆえにひろく諸智士を聞きて、わが教、如実の言を信ずべし。人趣の身うることはなはだかたし。如来の出世にもうあうこともまたかたし。信慧おおきときまさにいましえん。このゆえに修せんもの精進すべし。かくのごときの妙法すでに聴聞せば、つねに諸仏をして喜びを生ぜしめたてまつるなり。（真聖全二、四九〜五〇頁）

上の「行文類」では、まず最初に真宗における行とは、称名念仏のことであると規定した上で、その冒頭に〈無量寿経〉などの経文を十三文ほど連引しております。そしてその私の称名とは、もともとは十方世界の諸仏の称名であって、その十方諸仏の称名のコーラスの中に加ってこそ成りたつもので、私の称名とは、そのまま諸仏の称名として聞かれるべきものであり、しかもまた、その〈初期無量寿経〉の『大阿弥陀経』によれば、その諸仏とは阿弥陀仏を意味するものであるところ、私の称名とは、私から仏に向かう私の称名

（行位）であるまま、それは仏から私に向かう告名（なのり）、招喚（まねき）の「阿弥陀仏の声」（教位）に、ほかならないと明かします。かくして、この「行文類」で明かすところの私における称名は、そのまま阿弥陀仏の称名であって、それは私にとっては、ひとえに「阿弥陀仏の声」として聞かれるべきものであり、称名はそのまま聞名となるべきものでありました。「行文類」における〈無量寿経〉などの経文の引用の意趣は、そのことが主題として教示されているわけであります。

そしてそのことを承けて、この「信文類」では、またその冒頭に〈無量寿経〉の文を七文ほど連引して、そのような浄土の行業としての称名とは、ひとえに私にとって聞かれるべきもの、聞名となってこそ、まことの行業、称名念仏行になるといい、ここにこそ〈無量寿経〉が教示するところの行道が、まさしく成立するというわけです。すなわち、上に引用した七文の意趣がそれであります。

2　『無量寿経』第十八願文

引用した七文は、何れも〈無量寿経〉の文ですが、その中の(1)『無量寿経』第十八願文は、阿弥陀仏の意志、誓願の中でも、もっとも中核をなす願文で、それはすでに上において見たように、「念仏往生の願」といわれ、また「往相信心の願」ともいわれるように、私がまことの念仏、信心を身にうることによって、よく阿弥陀仏に救済され、浄土に往生し成仏する行道を誓願したもので、真宗の仏道は、ここに鮮明に教示されているわけです。そしてこの第十八願文の意味するところは、「たとい我仏をえたらんに」、もし私が仏に成ったならば、あらゆる生きとし生けるものが、「至心」に、ここでは親鸞は、「心をいたし」と読んでいますが、心をいたすとは、私の心が究極までに至りとどくことで、真実、至誠の心を意味します。そして「信楽」とは、すでに上の「別序」のところでもいったことですが、親鸞は、この信楽を明かすのに、「信心の智慧」(『正像末和讃』真聖全二、五二〇頁)、「智慧の信心」(『唯信鈔文意』真聖全二、六二四頁)といい、またそれについて「信ずる心のいでくるは智慧のおこるとしるべし」(『正像末和讃』左訓、親鸞全集、和讃篇、一四五頁)などと語るように、それは世俗の迷妄をすてて、まことの明知、「めざめ体験」をひらくことをいいます。そして「欲生」、「我が国に生まれんとおもうて」とは、阿弥陀仏の浄土に生まれたいと願って、ということです。

そして次の「乃至十念せん」とは、ここでいう十念の「念」とは、もとの『サンスクリット本』によると、チッタ(citta)とあって、心意、心念を意味します。だから十念とは、十回の心念をあらわします。しかしながら、親鸞は、この念とは、心念と称念、信心と称名の両方の意味に捉え、いまここでいう十念とは、法然をうけて称名念仏のことであると理解しています。またその「乃至」とは、親鸞が、「かみしもと、おほきすくなき、ちかきとおき、ひさしきおも、みなおさむることばなり」（『唯信鈔文意』真聖全二、六五三頁）と明かすとおりです。その数量の多少、時間の長短などのすべてを収めて、多くても少なくてもよいということで、その生涯を通じてひたすらに称名念仏し、信心を相続せよということです。そして「もし生まれずば正覚をとらじと」とは、衆生の一人ひとりについて、衆生が浄土に往生することができなかったら、私は仏の「さとり」をひらかない、ということです。すなわち、私の浄土往生と、阿弥陀仏の正覚成仏は、同時に成立するということで、阿弥陀仏は、自分の正覚、その「いのち」を賭けて、私たち衆生一人ひとりの救済、成仏を誓願されているわけです。かくして、ここでは、私たちの浄土往生の道として、至心、信楽、欲生の三種の心、三心を語り、またその生涯を通じて称名念仏し、信心を相続すべきことを明かしているわけで、そのことによって、ひとしく浄土に往生し成仏することができるというわけです。

そしてその後に、「ただ五逆と誹謗正法をのぞくと」とあります。この文章は但し書きであって、ただし五逆を犯したものと、誹謗正法のものは除外するというのです。その五逆とは、五逆罪のことで、一般的には、殺父、殺母、殺阿羅漢（仏教の聖者を殺すこと）、出仏身血（釈尊を傷つけること）、破和合僧（仏教教団を破壊すること）の五種の極悪の罪業をいいます。また「誹謗正法」とは、「誹」とは直接的にそしること、「謗」とは陰口をいって間接的にそしることをいい、正しい仏法について、いろいろと悪くいい、それを否定することをいいます。しかしながら、この文章については、阿弥陀仏の慈悲は、無限の深さと広さをもっていて、いかなる悪人をも、必ず救済するというところからすれば、矛盾するのではないかということになります。かくして、この文章には大きな問題がひそみ、その理解をめぐっては、すでに中国の浄土教においても、きわめて重視され、いろいろと議論されてきたところです。

親鸞もまた、この「信文類」のおわりのところで、種々に論究しておりますので、そこのところで改めて考えることといたしますが、それについて、結論的にいいますと、その『尊号真像銘文』に、

「唯除五逆誹謗正法」といふは、唯除といふはただのぞくといふことば也、五逆のつみびとをきらい、誹謗のおもきとがをしらせむと也。このふたつのつみのおもきことをしめして、十方一切の衆生みなもれず往生すべしとしらせむとなり。（真聖全二、五七八頁）

と明かすところです。この五逆の罪と謗法の罪とは、世法と仏法についての最大の罪悪ですが、この本願文において、除くと説かれる文章は、そのような罪業がいかに重罪である

かを戒めて、たとえそのような罪業を犯すものであっても、すべてもらさずに、救済され、浄土に往生することができるということを、知らせる意趣の文章であるというわけです。

以上が、第十八願、本願文の内容ですが、その中で、ことに問題となるのは、私たちの浄土往生の道について、至心と信楽と欲生の三種の心をおこし、乃至十念といわれるところの称名念仏をせよと説かれていることです。この三種の心については、親鸞は「本願の三信心」（『唯信鈔文意』真聖全二、六五〇頁その他）ともいっていますが、それについては、後に至って詳細に説明しています。そしてまた、乃至十念の称名行については、この信心と称名の関係が問題になりますが、そのことについては、すでに上の「行文類」のところで、信心と称名との関係をめぐって、その行信が即一し、相即することを種々に述べたところです。

3　『如来会』第十八願文

親鸞は、続いて、(2)『如来会』第十八願文を引用します。それは、内容的には、上の『無量寿経』の第十八願文によく重なるものです。

はじめに「もしわれ無上覚を証得せんとき」とは、もし私が最上の仏の「さとり」をひらいたとき、「余仏の刹《せつ》」とは、この刹とは、土地、国土を意味します。あらゆるすべての世界のことです。「有情」とは、サットバ（sattva）の訳で、旧訳《くやく》では「衆生」と訳されましたが、新訳では有情と訳されたもので、生きとし生けるものということです。そしてここでは「わが名を聞きおわりて」と聞名が説かれます。この聞名のことは、前引の『無量寿経』の第十八願文には見えませんが、後に引用するところの、その第十八願成就文や、この『如来会』の第十八願文とその成就文、および『サンスクリット本』の第十九願文（第十八願相当文）と第十八願成就文相当文にも説かれていますので、もとの原本には説かれていたものと思われます。

この聞名については、親鸞が、この本願の行道として、きわめて重要視したところで、その詳細については後において考察しますが、まことの称名念仏とは、そのまま聞名となり、それはまたそのまま、信心に即一するものでありました。かくして、ここで「わが名を聞きおわりて」とは、真実信心を開発して、ということを意味いたします。

ここで『無量寿経』の第十八願文を引用したのち、続いてその成就文を引かないで、あえてこの『如来会』の第十八願文を続いて引用したのは、その『無量寿経』の第十八願文には見えないけれども、その信心の成立の根拠としては、当然に「聞名」ということがあって、その聞名にもとづいてこそ、信心が開発されるということを、明確化するためであったと考えられます。そしてそれに続く「所有の善根、心心に廻向せしむ」とは、その原意では、「心心に廻向して」と読むべきで、自分が修習したさまざまな善根を浄土に廻向して、それを往生のための功徳、要件とするということでしょう。しかし、親鸞がここで、あえて「廻向せしむ」と訓点をつけていることは、充分に注意すべきことです。ここでいう「しむ」とは、使役または尊敬の意味をあらわす助動詞ですが、この廻向の語をめぐっては、後に引用する『無量寿経』の第十八願成就文では、「廻向せしめたまへり」（真聖全一、四九頁）と訓じ、また『如来会』の第十八願成就文では、「廻向したまえるを愛楽して」（真聖全一、四九頁）と訓じています。かくして親鸞のそれらの読み方からしますと、この「しむ」とは、明らかに使役ではなくて尊敬の意味をあらわすもので、そのことを阿弥陀仏の行為として捉えていることが知られます。かくして、ここでいう「所有の善根、心心に廻向せしむ」とは、その主語は、逆転して阿弥陀仏となるわけで、この文は、阿弥陀仏が自分の所有するすべての善根、功徳を、そのまま私に廻向、廻施してくださる、ということを意味することとなります。すなわち、上に述べたところの聞名に即する信心の開発が、ひとえに阿弥陀仏の真心、仏心の廻向、その働きかけにおいて成立することを示すわけです。

かくして、その故にこそ、私が浄土に往生したいと願って、その生涯をかけて称名念仏するならば、必ず浄土に往生し、成仏することができるというわけです。そしてここでもまた、そのことが成就しなかったならば、私は仏の「さとり」、「菩提」をとらないといい、私の浄土往生と、阿弥陀仏の菩提成仏は、同時に成立するものであると誓っております。そしてその次の、「ただ無間悪業をつくり、正法およびもろもろの聖人を誹謗せんをばのぞくと」という文は、前の『無量寿経』の「ただ五逆と誹謗正法をのぞくと」という文に、そのまま重なる文章です。

4 『無量寿経』第十八願成就文

次いで、(3)『無量寿経』第十八願成就文です。この成就文とは、すでに法然が、その『選択本願念仏集』（真聖全一、九四六頁）においてそう呼ぶわけですが、前引の第十八願について、釈尊がとくに再び、法蔵菩薩の第十八願について語り、それに対する勧信を説く文をいいます。この釈尊の教言は、阿弥陀仏の本願が成立した、成就したことを告げるという意味があるというところから、それを成就文といったわけです。したがって、その内容は第十八願文にまったく重なるわけですが、ただ願文では、法蔵菩薩、阿弥陀仏が主語になって、「我が国に生まれたくおもえ」と語られるところが、この成就文では、釈尊が主語となって、「彼の国に生まれんと願ぜよ」となっています。

そこで、その本文の意味については、はじめの「諸有」とは、その「有」とは、生命をもつもの、衆生のことをいうわけで、それについては、いろいろな数え方があるところから、それらを合わせて諸有といったわけで、十方世界の衆生ということです。次の「その名号を聞きて」とは、ここで「その」というのは、その文の前に説かれる、第十七願文の十方諸仏が称える称名を指すわけですが、親鸞によれば、すでに上に見たように、その諸仏の称名とは、私の称名でありながら、それまた、阿弥陀仏の私に対する告名、招喚の声にほかなりません。かくして、私の称名とは、そのまま阿弥陀仏の私に対する「なのり」、「まねき」の声と聞こえてくるような称名、すなわち、聞名として真実信心をともなった、称名念仏とならねばなりません。すなわち、私が仏に向かってもうす称名が、そのまま仏の呼び声と聞こえてくる、そのように私において確かに体験されること、すなわち、称名が聞名になる、そのようになることを「その名号を聞きて」というわけです。

次の「信心歓喜せんこと」とは、上に見た『無量寿経』の第十八願文の「信楽」に相当するもので、その『サンスクリット本』によると、その原形の原語は、チッタ　プラサーダ（citta prasāda）で、心が澄浄となり、喜悦することを意味します。そこでいまはそれを「信楽」といい、また「信心歓喜」と訳しているわけで、「信楽」の信を「信心」に、その楽を「歓喜」と明かしたわけです。

次の「乃至一念せん」とは、この一念とは、法然は、一声の称名念仏のことだと理解しましたが、親鸞は、すでに上の「行文類」で見たように、「行にすなわち一念あり。また信に一念あり」（真聖全二、三四頁）といって、この一念を、称名、行の意味と、信心、心の意味の両義に捉えます。また親鸞は、その信の一念については、さらにそれを心相を明かすものと見て、「一念というは、信心二心なきがゆえに一念という。これを一心と名づく」（「信文類」真聖全二、七二頁）ともいいます。そしてまた、それは時間について明かすものとも見て、「一念は、これ信楽開発の時剋の極促を顕わし、広大難思の慶心を彰わすなり」（「信文類」真聖全二、七一頁）と語り、信心が成立する極促の時間について示すものだともいっています。そしてその「乃至」とは、すでに上の第十八願文のところで述べたように、数量の多少、時間の長短などすべてを収める言葉です。かくしてここでいう「乃至一念せん」とは、親鸞の理解においては、乃至がつくかぎり、この一念とは心相についていったものではなく、信心開発の時間を意味し、そのような信心が、さらに多念の信心として、その後の日常生活において、時時に反復され、相続されていくことを予想して、「乃至」と説かれたものと捉えております。したがって、いまは信心の開発にかかわる極促の時間の意味に理解します。

そして「至心に廻向せしめたまえり」とは、上の『如来会』の第十八願文のところで、いろいろと見たように、尊敬の意味をあらわして、主語が逆転して、阿弥陀仏の私に対する働きかけとして捉えられています。

次の「すなわち往生をえ不退転に住せん」とは、この不退転とは、その原語は、アーヴィニヴァルタニーヤ（avinivartanīya）といって、阿鞞跋致《あびばっち》、阿惟越致《あゆいおっち》などと音写し、不退転とも、無退とも訳して、菩薩道の階位における、五十二段階中の第四十一位、初地を意味し、そこに至れば、もはや迷界に退転しないという地位をいい、それはまた、必ず仏の「さとり」に至る地位ということから、必定とか、正定聚ともいいます。そしてそのことは、浄土教本来の理解においては、もともとは死後浄土においてうる利益であって、法然も基本的には、浄土を「安楽不退のくに」（『西方指南抄』真聖全四、一一九頁）と呼んで、来世、浄土に往生してうる利益だと理解しています。しかしながら、親鸞は、不退転とは、信心によって、この現身においてうる利益だと理解いたしました。そこで「すなわち往生をえ」とは、その現生の利益である不退転の前におかれる文である以上、ここでいう往生とは、またこの現生においてうるところの利益といわざるをえないでしょう。事実、親鸞は、すでに上にも見たように、「行文類」の称名釈においては、「必得往生というは、不退の位に至ることを獲ることを彰わすなり。経には即得と言えり」（真聖全二、二二頁）と明かしています。かくしてここでいう「即得往生」とは、不退転の位に至ることであって、それは真実信心の人が、この現生においてうる利益だということであります。

そして、その次の「唯除」の文は、上の第十八願文で見たものと同じです。

5 『如来会』第十八願成就文

次は、(4)『如来会』第十八願成就文です。このように、「信文類」において、第十八願文とその成就文を引用するについて、それぞれについて、『無量寿経』と『如来会』とをセットにして引用することは注意されます。上の「行文類」では、『無量寿経』の第十七願文とその成就文を引用したあと、『如来会』の別の文を引きますが、その願文と成就文は引用しません。その点、経文の引用のスタイルが少々異っております。親鸞は、ことにこの『如来会』の第十八願文とその成就文については、深く注目したことがうかがわれます。そのことは、その第十八願文には、『無量寿経』には見えないところの「聞名」(聞我名)が説かれ、またその成就文では「聞名」(聞名号)と、それにもとづく「一念の浄信」(信心)を明かしていることによるものと思われます。

そこで本文の「他方の仏国の所有の有情」とは、多くの世界に住む衆生たちのことをいいます。ここでいう「所有」とは、上に見た「諸有」と同じことです。次の「無量寿如来の名号を聞きて」とは、上の『無量寿経』の成就文と同じように、私における称名にもとづく聞名を意味します。ここで注意されるべきことは、『如来会』の原文(真聖全一、二〇三頁）では、その「名号を聞きて」の後に、「乃至」とある語が省略されているということです。それはなぜか。親鸞の意趣は表明されておりませんが、この文は、同じ「信文類」において、そのほかに二か所（真聖全二、六二頁、七一頁）に引用され、また『浄土三経往生文類』（真聖全二、五四四頁、五五二頁）にも引用されますが、そのいずれにおいても、この「乃至」の語は省略されていますので、そこには何らかの意図があってそうされていると思われます。そこでそれについての私の理解をいいますならば、上に見た『無量寿経』の成就文においては、「信心歓喜せんこと乃至一念せん」とあって、ここでいう「乃至」とは、時間の問題として、一念に対する多念を予想しており、信心開発の一念なる信心が、その後の生活において、多念なる信心として、反復され、相続されていくことを示しているわけです。

そこで親鸞が、この文における乃至の語を省略して、ただちに「よく一念の浄信をおこし」というのは、乃至がつかないかぎり、それは信心における時間をあらわすものではなくて、上にも見たように、その信心の心相について、無二心、一心なる信心を意味することとなり、一心なる浄信ということを明かすものと思われます。また「歓喜せしめ」とは、それが私の信心についていうかぎり、阿弥陀仏による使役の意味をもって、それがひとえに如来の働きかけ、廻向によることを示すものでしょう。

そして「所有の善根廻向したまえるを愛楽して、無量寿国に生ぜんと願ぜば」とは、上の『無量寿経』の成就文の「至心に廻向せしめたまえり」の文に重なることが明らかで、阿弥陀仏の働きかけを深く信知して、浄土に生まれんと願ずるならばということです。ここでいう「愛楽」とは、親鸞は、『浄土三経往生文類』の引文においては、「歓喜愛楽せむ」（真聖全二、五四四頁、五五二頁）と続けて読んでいますので、上の「歓喜」とつらなって「歓喜愛楽」としての、信心の内実を明かすものでしょう。そして「願にしたがいてみな生まれ」とは、上の『無量寿経』の成就文の「すなわち往生をえ」に重なって、現生における往生を意味し、「不退転乃至無上正等菩提をえん」とは、同じく、現生においては不退転位に住し、来世においては無上最高の仏果、仏の「さとり」をうることができるということをあらわします。また「五無間、誹謗正法、および謗聖者をのぞくと」とは、上の第十八願文に重なるものです。

以上で、第十八願成就文についての説明をおわります。

上においてもいささかふれましたが、親鸞は、この第十八願文とその成就文にかぎって、正依の『無量寿経』とともに、異訳の『如来会』の第十八願文とその成就文を引用いたします。このことは、他の「文類」とは、その引用のスタイルを異にしていますが、それは上にも指摘したように、この本願念仏の行道が、ことには「聞名」にもとづく行道であるということ、すなわち、その念仏往生の道が、また聞名往生の道であることを明らかにするために、そしてまた、その本願念仏の仏道が、ことには一念なる「浄信」、信心の道でもあるということ、すなわち、その聞名往生の道が、また信心往生の道であること、そしてまた、『無量寿経』の本願文に明かされる「至心、信楽、欲生」なる三心、三信心が、ついには一念、一心の信心に帰結することを、明らかにするために引用されたものでしょう。そしてまた、その本願の仏道が、称名、聞名、信心の道であり、またその行道の利益が、「即得往生」「随願皆生」として、現生における往生を明かしているということも、これらの文によって明示されたところであります。

6　『無量寿経』「往観偈」文

次は、(5)『無量寿経』「往観偈」の文です。この文は、後に同じ「信文類」の真仏弟子の釈（真聖全二、七五頁）にも、もう一度引いています。そしてまた親鸞は、この文によって、

他力の信心うるひとを　　うやまひおほきによろこべば
すなはちわが親友ぞと　　教主世尊はほめたまふ（『正像末和讃』真聖全二、五二二頁）

という和讃を作成しております。この「法を聞きてよく忘れず」の「よく忘れず」とは、

上の「和讃」が示すように、信心を開発することを意味します。「見て敬い得ておおきに慶」ぶという文は、これは「正信念仏偈」に、よく似た文章があります。「獲信見敬大慶喜」（真聖全二、四四頁）という言葉です。ここでは信心を獲るということは、心に「忘れず」ということであり、それはまた「見て敬い得ておおきに慶」ぶということだというのです。阿弥陀仏を心に思うて忘れず、そしてそれを見るというのですが、それは心の眼をひらいて見るということでしょう。そして「得て」とは、如来の生命をいただいてということ、そして「おおきに慶」ぶならば、「すなわちわが善き親友」だというのです。これは釈尊の言葉です。釈尊は、私たちを親友であるといわれるのです。これは親鸞が、「親鸞は弟子一人ももたずさふらう」（『歎異抄』真聖全二、七七六頁）といって、念仏するものは、すべて如来の弟子だといった論理と、深くつながる問題でしょう。これは信心の利益を明かした文章です。

7　『如来会』胎化得失の文・「正法難聞偈」文

そして次は、(6)『如来会』胎化得失の文と、(7)『如来会』「正法難聞偈」の文です。「かくのごときらの類は、大威徳のひとなり。よく広大仏法の異門に生ぜんと」。ここでいう「かくのごときらの類」とは、前の文をうけるもので信心の人という意味です。「大威徳のひと」とは、優れた徳を身にえた人ということ。「仏法の異門」とは、優れた門、最上の世界という意味で、もっとも特異なる優れた浄土に生まれるであろうということです。

また次に「また言わく」といって、同じ『如来会』の「正法難聞偈」の文を引いています。これは偈文です。「如来の功徳は仏のみ自ら知ろしめせり」とは、阿弥陀仏のことは阿弥陀仏だけがよく知っている。「ただ世尊ましまして」、釈尊があらわれて、「よく開示したまう」、開き示されました。「天、龍、夜叉《やしゃ》」、天とか龍とか夜叉とは、いずれも仏教が説くところの仏法を守護する神々のことで、いろいろな神話的な世界で語られた超越界の存在です。そういう神々はとても「およばざるところなり」、阿弥陀仏の功徳はわからない、釈尊のみがよく知っておられるところである。「二乗おのずから」、二乗というのは、ここでは小乗と大乗のこと、それらを学んでいる声聞や菩薩たちでも、「おのずから名言をたつ」、「名言」とは、言葉によっていろいろと説明すること。「たつ」とは、そういうことができないということです。「もしもろもろの有情」、もしも生きとし生けるものが仏に成って、「行、普賢にこえ」、普賢とは普賢菩薩のことで大乗仏教の代表的な菩薩ですが、たとえそういう菩薩に超え、それよりも優れて、「彼岸にのぼり」、彼岸とは、向こう岸、仏の世界に至って、「一仏の功徳を敷演せん」、一仏とは阿弥陀仏のことで、その功徳を敷演、説明するということです。「時多劫の不思議」、劫というのは永い時間のことですから、永い間をかけて説明しても、「この中間において」、その途中で、「身は滅度すとも」、仏の生命が絶えるほどの時間をかけても、「仏の勝慧」、阿弥陀仏の勝れた智慧、その働き、そのことを「よくはかることなけん」、阿弥陀仏の功徳を説明することはできません。「このゆえに信聞」、信聞とは信じ聞く、信受聞法することです。そして「もろもろの善友の摂受」、摂受というのは、守護されることで多くの善友に守られること。そういう利益を「具足して」、「かくのごときの深妙の法を聞くことをえば」、不思議なご縁によって仏法を聞信し、また善友に導かれ守護されて、その尊い功徳をもった阿弥陀仏の教えを聞くことができたならば、「もろもろの聖尊に重愛せらるる」、妙なる尊者としての諸仏たちに大切にされ愛護される。阿弥陀仏の教えを聞いたら、その名号を聞いたら、そういう利益がめぐまれる。「如来の勝智、偏虚空の所説の義言」、阿弥陀仏の勝れた智慧、偏虚空とは、あらゆる世界に遍き届くことで、そういう「所説の義言」、義言というのは教えの言葉のことです。それは「ただ仏のみさとりたまえり」、仏だけが分かっている。「このゆえにひろく諸智士」、この「諸智士」とは、原文では「諸智土」となっています。「士」とは人のことです。智慧ある人ということです。しかし、諸智土とは浄土のことです。親鸞は、『愚禿鈔』（真聖全二、四六二頁）や、「真仏土文類」（真聖全二、一四一頁）などにもそう書いていますす。それで親鸞によれば、すぐれた智慧の浄土のことを聞いてということになります。

その浄土のことを聞いて、「わが教、如実の言を信ずべし」、「わが」とは釈尊のことです。「人趣」とは人間の世界のことで、「身にうることはなはだかたし」、人間の世界に生まれることはなかなか難しいことだ。まして「如来の出世」、釈尊がこの世にでて仏法を語られた、その教えに「もうあうことまたかたし」、それはさらに難しいことだというわけです。そういうたいへん困難な時代の中で、「信慧おおきときまさにいましえん」。信慧とは念仏にもとづく信心の智慧のこと、多きときとは、何度も何度も生まれかわってきて、いまちょうど因縁が結ばれて、如来の出世、仏法が栄えるときに出遇った。「まさにいましえん」というのは、いままさしく、その仏法に出遇って信心をうることができるのである。「このゆえに修せんもの精進すべし」、仏法を学ぶものはよくよく精進すべきである。

そして「かくのごときの妙法」、上に明かした阿弥陀仏の教え、その妙法、「すでに聴聞せば」、すでにその教えを聞くならば、すなわち、その仏名を聞くならば、「つねに諸仏をして」、ここのところは「令」の字が書いてあって、親鸞は「シメタテマツルナリト」と仮名を付しているのですが、原文では「念」という字です。しかし、親鸞は、「諸仏をして喜びを生ぜしめたてまつるなり」と読んで、阿弥陀仏の教えを聞法し、そして聞名するならば、聖尊、諸仏に深く愛護されるということ、そしてまた、諸仏がとても慶喜してくださるということを、明かしているわけです。いずれも信心の利益を説き、そしてまた、聞法、聞名、信心を勧励している文章です。

以上が、冒頭に引用された『無量寿経』と『如来会』の七文のおよその意味です。

8　聞名と信心

かくして、ここに引用された『無量寿経』および『如来会』の、第十八願文とその成就文によりますと、真宗における行道とは、その日日において、もっぱら称名念仏しつつ、その私の称名が、そのまま諸仏、そしてまた阿弥陀仏の称名として聞かれるべきこと、すなわち、称名が聞名となるところ、その聞名が徹底されるならば、そこに「信心歓喜」、「一念の浄信」としての真実信心が成立し、すでにしてこの現身において、正定聚、不退転地の利益をうることができるということでありましょう。親鸞は、そのことを明確に教示するために、これらの経文を、この「信文類」の冒頭に引用したわけでありました。

なおまた、そのような真宗における行道が、聞名にもとづく信心開発の道であることは、〈無量寿経〉の流通分において、きわめて明確にうかがうことができます。すなわち、その『サンスクリット本』では、

アジタよ、見よ、アミターバ如来・応供・正等覚者の名を聞くであろう生ける者たちが、いかほどよい利得を得た者であるかを。また、かの如来に対して、そしてこの法

門に対して、たとえ一たびでも心の澄浄（ekacittprasādam）を得るであろう生ける者たちは、下劣な信解をもつ者とはならないであろう。（藤田宏達訳『梵文和訳・無量寿経・阿弥陀経』一四七頁）

と説かれておりますが、それに相当する漢訳の〈無量寿経〉の文を検しますと、その〈初期無量寿経〉（二十四願経）の、『大阿弥陀経』では、

阿弥陀仏の声を聞きて、慈心歓喜して、一時に踊躍し、心意浄潔にして、（真聖全一、一八二頁）

と明かし、また『平等覚経』では、

無量清浄仏の声を聞き、慈心歓喜して、一時に踊躍し、心意清浄にして、（真聖全一、一三一頁）

と説き、その〈後期無量寿経〉（四十八願経）の『無量寿経』では、

彼の仏の名号を聞くことをえて、歓喜踊躍して乃至一念せんことあらん。まさに知るべし、この人は大利をうるとなす。すなわち、これ無上の功徳を具足するなり。（真聖全一、四六頁）

と示し、また『如来会』では、

もし彼の仏の名を聞くことありて、よく一念喜愛の心を生ぜば、まさに上の如き如来

所説の功徳を獲、心に下劣なく貢高ならずば、善根を成就してことごとくみな増上す。

（真聖全一、二一二頁）

と明かし、また別系統の流れにおいて成立したと考えられる、三十六願経の『荘厳経』によりますと、そこでは、

無量寿仏の名号を聞くことをえて、一念の信心を発して帰依し瞻礼せん。まさに知るべし。この人はこれ小乗にあらず、わが法の中において第一の弟子と名づくることをうる。（真聖全一、二四〇頁）

と説いております。ここでいう「慈心歓喜して、一時に踊躍して、心意浄潔」（『大阿弥陀経』）、「慈心歓喜して、一時に踊躍し、心意清浄」（『平等覚経』）、「歓喜踊躍して乃至一念」（『無量寿経』）、「一念喜愛の心」（『如来会』）、「一念の信心」（『荘厳経』）とは、その『サンスクリット本』の文で明らかなように、いずれも心の澄浄（citta prasāda）としての真実信心を意味していることは明瞭であります。

そしてまた、ここで注意されることは、それらのいずれにおいても、そのような澄浄なる心、真実信心とは、「阿弥陀仏の声」、ないしはその「名号」を「聞く」ことによってこそ、よく成立すると説かれていることです。すなわち、真宗における真実信心とは、まったく一元的主体的な澄浄なる心の状態を意味し、そのことは、ひとえに「阿弥陀仏の声」、

その「名号」を「聞く」ことによってこそ、成立するものであるというわけです。このことは、上に見たところの、『無量寿経』と『如来会』の第十八願文とその成就文においてもうかがわれるところで、以下において真宗信心について学ぶ場合、充分に留意すべきところであります。

五　浄土教伝統の教示

次いで親鸞は、浄土教の歴史の中の、中国の曇鸞（四七六〜五四二？）、善導（六一三〜六八二）、そして日本の源信（九四二〜一〇一七）の三師の文を引用します。上の「行文類」では、経文引用のあと、その称名念仏の行道の思想とその歴史を明確にするために、インド、中国、日本の三国にわたる伝統の七祖の文を引用し、さらにそれを補助するために、多くの諸師の文までも引用しましたが、この「信文類」では、わずかにこの三師の文のみを引用します。

このことは、上の「行文類」においては、浄土真実の行道とは、ひとえに念仏往生の道であって、その行業は、明らかに称名念仏行であり、しかもまた、それが他の仏道に対しては、もっとも勝れて易なる行業であることを、証明し確認するために、多くの先達の主張、その教示を引証して、浄土念仏の歴史を跡づけたわけです。しかし、この「信文類」では、その称名念仏行が、確かに真実の念仏行になるためには、すでに上において見たように、その私の称名が仏の称名として、すなわち、阿弥陀仏の私に対する告名（なのり）、招喚（まねき）の声として、確かに聞こえてくるようになる、称名が聞名体験となってこそ、はじめてまことの称名念仏行となると明かすわけです。そしてまた、そのような聞名体験、すなわち、その称名念仏において、阿弥陀仏の声を確かに聞いたという究極的な体験を、そのまま真実信心というわけです。かくして、そのような聞名という体験と、それにおいて開発する信心体験とは、まったく即一するわけですが、親鸞においては、後においで見るように、その聞名体験、信心体験がもっているところの論理構造とは、私自身の現実相としての虚妄なる煩悩性、罪業性についての「めざめ」と、そのためにこそ、この現実の私に向かって到来し、働きかけつつある仏の「さとり」、その真実なる摂取性、大悲性についての「めざめ」という、絶対的に矛盾対立する二種の「めざめ」が、相即して同時に成立するということでありました。

親鸞がいまここに引用するところの、曇鸞、善導、源信の文章は、いずれもその聞名、信心体験の内実が、そういう虚妄性と真実性、罪業性と大悲性という、絶対的に矛盾対立する両者が、即一して体験されるという構造をもっていることを証明するものであります。

すなわち、先ず曇鸞の『往生論註』と『讃阿弥陀仏偈』の文を引用しますが、その『往生論註』の文は、「二知三信の文」であって、その二知とは、阿弥陀仏が実相身《じっそうしん》にして為《い》物身《もつしん》であることを、信知すべきことを明かすものです。そしていまはいっさいの論証を省略して結論のみをいいますと、（その詳細については拙著『教行証文類講義』第五巻、七二頁以下参照のこと）、実相身とは私の罪業性、為物身とは仏の大悲性を意味するものであって、その二者について知るという二知とは、その両者を絶対矛盾的自己同一的に信知することにほかなりません。そしてその『讃阿弥陀仏偈』の文は、それにかかわる聞名と信心について明かすわけです。

また次には、善導の『観無量寿経疏』の「定善義」と「序分義」と「散善義」、そして『般舟讃』と『往生礼讃』（『集諸経礼懺儀』）の文を引用しますが、そこには「散善義」と『往生礼讃』の二種深信の文が明かされており、それらはいずれも、私における深信、信知が、私（機）の罪業性と阿弥陀仏（法）の大悲性を、絶対矛盾的自己同一として知ることを教示しているものです。

そしてまた、次に源信の『往生要集』の文を二文引用します。そのはじめの文は、正修念仏門の文で菩提心の功徳について明かし、あとの文も、同じ正修念仏門の文ですが、この文の意味するところは、私はいつも仏に背き、仏から逃げているけれども、仏はつねに、この私を照らし、摂めとっていてくださるということで、ここでもまた、私の罪業性と仏の大悲性とが、絶対矛盾的自己同一的に捉えられ、明かされているわけです。

かくして、この「信文類」に引用されるところの、この浄土三師の文は、いずれも浄土教における信心とは、私における虚妄性、罪業性と、阿弥陀仏における真実性、大悲性についての「めざめ」、信知という、絶対矛盾的自己同一なる構造をもっていることを、明示、教言するものであります。そしてまた親鸞は、これらの引文のあとに、本願文の至心、信楽、欲生の三信心をめぐって詳細に解説しますが、その三信心の意義、法義をめぐって解釈するについては、その三信心いずれにおいても、私についての信知と、仏、法についての信知の、二種を語ります。そして親鸞は、その三信心のいずれにおいても、私についての信知をめぐっては、徹底してその虚妄性、罪業性を問い、また仏についての信知をめぐっては、徹底してその真実性、大悲性を明かし、その両者は、厳しく矛盾対立するとともに、それがまた同時に即一するということを、阿弥陀仏の大悲廻施という象徴表現をもって明らかにしています。このことについては、またのちに、三信心の意義を明かすところで、改めて説明いたしましょう。

そしてまた親鸞は、その後において、信心の開発、その成立をめぐって「聞名」について明かしますが、その聞名ということの「聞」の構造をめぐっても、同じように、私と仏についての二種の信知、聞知を語ります。ここには親鸞における聞名体験、信心体験というものが、同じように絶対矛盾的自己同一の構造をもって成立するということを、ものの見事に教示しているところです。

かくして、この浄土の三師の引文は、それら本願文の三信心の意義、法義について細かく註解し、そしてまた、その聞名体験における「聞」の成立構造を解説するための伏線として、それらがいずれも、その内実としては、私の虚妄性と仏の真実性の、矛盾的即一の構造をもっていることを、明示するためのものであったことが、よくよくうかがわれるところであります。

六　念仏と信心

しかれば、もしは行もしは信、一事として阿弥陀如来の清浄願心の廻向成就したまうところにあらざることあることなし。因なくして他の因のあるにはあらざるなりと。知るべし。（真聖全二、五八頁）

そして次いで、上の『無量寿経』の本願文などの経文と、伝統三師の釈文の引用を結んで、念仏と信心、行と信の本質的な性格について、そのいずれもが、確かに私自身の主体的な営みにおいて成立するものでありながら、それはまた、その全体が、ひとえに阿弥陀仏によって、廻向されたものにほかならないことを明かします。

ただし、ここでいう廻向成就とは、すでに上に見たように、その念仏行と信心体験とが、絶対矛盾的自己同一の構造をもって成立していることを象徴表現したもので、その念仏についても信心についても、私にとっては、本来的には成りたつはずのないものが、成りたっているという、その無にして有なる成立構造を、阿弥陀仏によって廻向成就されたものだといっただけです。「ない」はずのものが「ある」ということは、形式論理からすれば、他から「もらった」ものだというほかはありません。仏からの廻向とはそういうことを意味します。いまも真宗における念仏と信心、行と信とがもっているところの、無にして有、有にして無なる、絶対矛盾的自己同一の論理を、このように説明したものにほかなりません。

すなわち、そのことはすでに上において見たように、真宗におけるまことの念仏と信心、行と信とは、何れもまったく主体的な事象、動態としての、主客一如なる「こと」にかかわる話であって、それは私の念仏、信心、行信でありながら、それはまた、そっくりそのまま、阿弥陀仏の念仏、信心、行信でもあるわけです。かくして、いまここでその行信を明かすについて、「廻向成就したまうところ」と説くものは、まさしくそのことについて象徴表現したものであります。

七　本願文の三心

1　本願三信心の字訓

次に、この「信文類」の中核部分をなす、本願文の至心、信楽、欲生の三心の信心をめぐる解説に入ります。

問う。如来の本願すでに至心信楽欲生のちかいをおこしたまえり、何をもってのゆえに論主一心というや。答う。愚鈍の衆生、解了やすからしめんがために、弥陀如来、三心をおこしたまうといえども、涅槃の真因はただ信心をもってす。このゆえに論主三を合して一となせるか。

わたくしに三心の字訓をうかがうに、三すなわち一なるべし。そのこころいかんとなれば、至心というは、至とは、すなわち、これ真なり、実なり、誠なり。心とは、すなわち、これ種なり、実なり。信楽というは、信とは、すなわち、これ真なり、実なり、誠なり、満なり、極なり、成なり、用なり、重なり、審なり、験なり、宣なり、忠なり。楽とは、すなわち、これ欲なり、願なり、愛なり、悦なり、歓なり、喜なり、賀なり、慶なり。欲生というは、欲とは、すなわち、これ願なり、楽なり、覚なり、知なり。生とは、すなわち、これ成なり、作なり、為なり、興なり。あきらかにしりぬ、至心すなわち、これ真実誠種の心なるがゆえに、疑蓋まじわることなきなり。信楽すなわち、これ真実誠満の心なり。極成用重の心なり。審験宣忠の心なり。欲願愛悦の心なり。歓喜賀慶の心なるがゆえに、疑蓋まじわることなきなり。欲生すなわち、これ願楽覚知の心なり。成作為興の心なり。大悲廻向の心なるがゆえに、疑蓋まじわることなきなり。

いま三心の字訓を按ずるに、真実の心にして虚仮まじわることなし。正直の心にして邪偽まじわることなし。まことに知んぬ、疑蓋間雑なきがゆえに、これを信楽と名づく。信楽すなわち、これ一心なり、一心すなわち、これ真実信心なり。このゆえに論主はじめに一心といえるなり。しるべし。(真聖全二、五九頁)

ここでは問答形式をもってその論述を展開します。そして親鸞は、この「信文類」では、本願の三心の字訓とその意義、法義について、二種の問答をおこないますが、いずれもその本文に対して序文をおきます。

先ずはじめの序文では、問いをおこして、『無量寿経』によると、阿弥陀仏の本願では、信心を明かすについて、至心、信楽、欲生の三心を説いているが、天親の『浄土論』では、「我れ一心に尽十方無碍光如来に帰命したてまつる」（真聖全一、二六九頁）といって、一心の信心を明かしているのは、なぜかと問い、それに答えて、阿弥陀仏は、その本願文において、三種の信心を説いているけれども、天親は、それを愚かな凡夫のために、より具体的に説明するべく、三心を合して一心と説いたのだといいます。

そして親鸞は、この問答によって、第一の問答では、本願文の至心、信楽、欲生の三心の字訓、すなわち、それらの表現文字の意味について考察し、次の第二の問答では、それら三心の意義、すなわち、それら三心がもっている教義的な意味について考察します。

そこで、先ず上に示した、第一の問答の字訓を明かす文について見ていきます。その文章の意味は次のとおりです。

私なりに、この本願三心の字訓について考えてみますと、その三心とは、すなわち、一心に帰結するものでしょう。どうしてそういいうるかというと、「至心」というのは、その「至」とは、すなわち、真であり、実であり、誠です。そして「心」とは、すなわち、種であり、実です。また「信楽」というのは、その「信」とは、すなわち、真であり、実であり、誠であり、満であり、極であり、成であり、用であり、重であり、審であり、験であり、宣であり、忠です。そしてその「楽」とは、すなわち、欲であり、願であり、愛であり、悦であり、歓であり、喜であり、賀であり、慶です。また「欲生」というのは、その「欲」とは、すなわち、願であり、楽であり、覚であり、知です。そしてその「生」とは、すなわち、成であり、作であり、為であり、興です。

そこで明らかに知ることができます。至心とは、すなわち、真と実と誠とを宿すところの因種としての心です。そのゆえに、その心とは、仏道をさまたげるところの、愚痴、無明なる疑心がなくなった心の状態です。また信楽とは、すなわち、真と実と誠とが満ちた心であり、すぐれた成長とさまざまな力用を生みだす心であり、現実の人生生活にあきらかな証験をもたらす心であり、平安と満足のあふれた心であり、歓喜と至福に満ちた心です。そのゆえに、その心とは、仏道をさまたげるところの、愚痴、無明なる疑心がなくなった心の状態です。また欲生とは、すなわち、浄土への願生と深い覚知の心であり、自己成仏と他者作仏の心であり、それはまた、如来からの大悲廻向の心でもあります。そのゆえに、その心とは、仏道をさまたげるところの愚痴、無明なる疑心がなくなった心の状態です。

そして最後に、上の三心の字訓を結ぶ文をおきます。その文章の意味は、次のとおりです。

いま、この三心の字訓について考えてみますと、その三心とは、いずれも真実の心であって、少しも虚妄、うそがまじわってはおりません。また、いずれも正直の心であって、少しも邪偽、いつわりがまじわってはおりません。そこでよくよく知られることは、そこには愚痴、無明なる疑心がありませんから、これを信楽と名づけるのです。信楽とは、すなわち、これ一心です。また一心とは、すなわち、これ真実の信心です。そういうことから、天親が、その『浄土論』の最初に、「一心」といわれたのです。よくよく知るべきです。

以上が、本願の三心をめぐる字訓についての問答です。そしてこの文から知られることは、本願の三心、至心、信楽、欲生の三心のいずれもが、より深い意味のところでは、ともに愚痴、無明なる疑蓋がまじわることのない心、真実信心をあらわしているということです。

ここで、これら本願の至心、信楽、欲生の三種の信心を明かすについて、それがいずれも「疑蓋まじわることなし」といいますが、それについては、上の字訓を明かすところで、「仏道をさまたげるところの、愚痴、無明なる疑心がなくなった心の状態」のことだといいましたが、その疑蓋ということについて、もう少し詳しく説明します。この疑蓋という言葉については、天台宗の開祖である中国の智顗《ちぎ》（五三八～五九七）が、仏道修学の初心者のために、仏教における基本的な用語について解説した、『法界次第初門』に、その疑蓋

について、

蓋とは、覆蓋をもって義となす。よく行者の清浄の善心を覆蓋して開発することをえず。故に名づけて蓋となす。（中略）疑蓋とは、痴の心をもって理を求め、猶予して決せず、これを名づけて疑となす。もし定等の法を修道するに、無明暗鈍にして真偽をわかたず、猶予を生ずるによって、心に決断なきは、みな疑というなり。世間の通疑と一にあらず。まさしく論ずれば障道の疑なり。すなわち、これ見諦において断ずるところなり。（大正四六、六六八頁）

と明かしています。すなわち、この疑蓋とは、愚痴、無明の心をいだいて仏法を学ぶところから、その道理の真偽が分からないままに、仏道にまどうことをいい、そういう疑とは、世間一般でいう疑心とは違うというのです。そしてそのような疑とは、仏道修習の上からいえば、見諦（小乗仏教では預流果、大乗仏教では初地）の階位に至ってこそ断ぜられる煩悩だというのです。これが疑蓋ということの基本の意味です。

親鸞は、少年時代に天台宗に入門したわけですから、この初心者のためのテキストである『法界次第初門』は、よくよく親んで、何度も学習したことだろうと思われます。事実、この『法界次第初門』の別の文章を、「化身土文類」にも引用しているところです。かくして、ここで本願の三心の至心、信楽、欲生とは、そのいずれも、まったく疑蓋がまじわらない心のことだと明かすについては、親鸞における信心を理解する場合には、充分に注目すべきことでしょう。ことにここでいう疑蓋とは、「世間の通疑と一にあらず」といって、世間一般でいう疑いの意味とは異っていると明かしていることは、よくよく注意すべきであります。もともと仏教においては、疑を語るについて、仏道上における教学的な意味での疑（vicikitsā）と、一般的、広義的な意味での疑惑（saṃśaya・kāṅkṣā）とを、いちおう区別しております。そのことは、また疑の反対概念としての信という語についても、仏教における信には、第一義的な意味での、心の澄浄を意味する一元的、主体的な信（prasāda）と、第二義的な意味での、世間一般にも通ずるところの、二元的、対象的な信（śraddhā その他）があることにも、よく重なるものでしょう。

そしてまた、その疑蓋がなくなるとは、その仏道において、一定の段階（菩薩道の五十二段階の第四十一位の初地）までの、という条件はつくとしても、そこでは明確に、愚痴をはなれ、無明を転じて、新しい明知、智慧がひらかれてくるということが、成りたつということでありました。そしてそのことが、まことの真宗信心の内実なのです。その点、真宗における真実信心とは、その深層の意識において、愚痴、無明が転じられて、新しい明知、智慧がひらけてくるということで、それはたんなる二元的、対象的な、「たのむ」とか、「もらう」というレベルの話ではありません。それとはまったく別な、出世的な一元的、主体的な自立としての信をいい、本願文に説くところの原語でいえば、チッタ　プラサーダとしての、心澄浄なる究極的な「めざめ体験」を意味するものです。だからこそ、真宗においては、そのような信心をうるならば、ただちに初地に至って、正定聚、不退転地の益、さらには即得往生の利益がめぐまれてくるというわけです。

親鸞が、かつて法然までは、来世浄土往生の利益として理解されていた正定聚、不退転の益を、今生における信心の利益として領解したのは、その信心の意義を、この『法界次第初門』の教示にもとづいて、捉えたからにほかなりません。

たしかに親鸞は、その真実信心を明かすについて、信心をうれば、無明の闇が晴れるといい、また愚痴の心をはなれ、智慧がひらかれてくると明かしているところです。すなわち、

摂取の心光つねに照護したまう、すでによく無明の闇を破す。（「正信念仏偈」真聖全二、四四頁）

信心をえたる人おば、無碍光仏の心光つねにてらし、まもりたまふゆへに、無明のやみはれ、生死のながきよ、すでにあかつきになりぬとしるべしと也。（『尊号真像銘文』真聖全二、六〇一〜六〇二頁）

念仏を信ずるは、すなわちすでに智慧をえて、仏になるべきみとなるは、これを愚痴

をはなるることとしるべきなり。（『弥陀如来名号徳』真聖全二、七三五頁）もとは無明の酒にえひて、貪欲、瞋恚、愚痴の三毒をのみ、このみめしあふてさふらひつるに、仏のちかひをききはじめしより、無明のえひもやうやうすこしづつさめ、三毒をもすこしづつこのまずして、阿弥陀仏のくすりをつねにこのみめす身となりておはしましあふてさふらふぞかし。（『末燈鈔』真聖全二、六九〇頁）

などと説いて、信心をうれば、愚痴、無明の闇が破れていくと明かすところです。その点、親鸞においては、信心を開発するとは、明確に、愚痴、無明が転じられていくということでありました。

かくして、この本願文の三心は、それぞれが疑蓋がまじわらないということからすれば、三心は、その三心のいずれにも帰一するといいえますが、基本的には、その結文が明かすように、中間の信楽の一心に帰結するものでありましょう。ただし、親鸞は、またこの本願文の至心、信楽、欲生の三心を、『唯信鈔文意』では、「本願の三信心」（真聖全二、六五〇頁）、「大経の三信心」（真聖全二、六五一頁）、「他力の三信心」（真聖全二、六五一頁）、「真実の三信心」（真聖全二、六五二頁）などとも呼んで、それぞれを信心と理解しております。そのことからすれば、この本願文の三心は、三種の信心ということで、至心、信楽、欲生の、いずれにも帰一するものである、ともいいうるわけでありましょう。

以上、本願三心をめぐる字訓の註解をおわります。

2　本願三信心の意義

（1）至心の意義

親鸞は、続いて第二問答をおこない、本願の三心の意義、その法義について詳細に解説いたします。

また問う。字訓のごとき、論主のこころ三をもて一とせる義、その理しかるべしといえども、愚悪の衆生のために、阿弥陀如来すでに三心の願をおこしたまえり。いかんが思念せんや。

答う。仏意はかりがたし。しかりといえども、ひそかにこの心を推するに、一切の群生海、無始よりこのかた乃至今日今時にいたるまで、穢悪汚染にして清浄の心なし。虚仮《こけ》諂偽《てんぎ》にして真実の心なし。ここをもって如来、一切苦悩の衆生海を悲憫して、不可思議兆載永劫において、菩薩の行を行じたまいしとき、三業の所修、一念一刹那も清浄ならざることなし、真心ならざることなし。如来、清浄の真心をもって、円融無碍不可思議不可称不可説の至徳を成就したまえり。如来の至心をもって、諸有の一切煩悩悪業邪智の群生海に廻施したまえり。すなわち、これ利他の真心をあらわす。ゆえに疑蓋まじわることなし。この至心は、すなわち、これ至徳の尊号をその体となせるなり。（真聖全二、五九〜六〇頁）

そして先ず至心の意義について明かします。それについては、はじめに親鸞自身の至心をめぐる領解を表白します。そしてそれに続いて、『無量寿経』および『如来会』や『涅槃経』の文、そして善導の「散善義」の文を引用して、この至心の意義について補説します。そこでその至心をめぐる親鸞の領解について見ます。その文章の意味は、次のとおりです。

阿弥陀仏は、真宗の信心を説くについて、開いて三心と明かされますが、その阿弥陀仏の意趣についてはよく分かりません。しかしながら、ひそかにおしはかってみますと、この至心とは、あらゆる生きとし生けるものは、無始以来今日この時に至るまで、煩悩やそれによる罪業に汚されていて、清浄な心はありません。またうそいつわりを語ったり、こびへつらったりして、真実の心はまったくありません。そこで法蔵菩薩は、阿弥陀仏になるための修行をされましたが、その時には、その身口意の三業にわたる行為は、すべて一念、一刹那も、それが清浄でなかったことはなく、また真実でなかったことはありませんでした。かくして、阿弥陀仏は、清浄にして真実なる心をもって、あらゆる「まよい」と

「さとり」、煩悩と菩提が即一するところの、不可称、不可説、不可思議なる、無上の功徳、価値と能力とを完成されました。そしてそのような阿弥陀仏の至心、真実の心を、あらゆる煩悩と悪業と邪智に苦悩する私たちに与えられました。

かくして、これが阿弥陀仏からたまわったところの真実心、至心です。そのゆえに、この私における至心（信心）には、疑蓋がまじわることがありません。したがって、そのような真実心、至心をうるならば、すでに無明をはなれて、明知をひらくことができるわけです。そしてまた、このような至心とは、無上の功徳、価値と能力を宿した尊号、すなわち、私における日日の称名念仏を、本体、基軸としてこそ、よく成りたってくるものです。以上が、至心をめぐる親鸞の領解の文章の意味です。

ここで注意すべきことは、「至徳の尊号をその体とせるなり」という文章における、尊号、名号の意味です。すでに上の第一章の「序章」において明かしたように、親鸞においては、仏の名号と私の称名は即一するものであって、ここでいう尊号、名号とは、まったく主体的、経験的な動態、「こと」としての称名行をいうわけであって、私にとって、たんに客体的、対象的に「もの」として捉えられるべきものではありません。それはつねに、私における象徴行為なる称名念仏として、主体的に捉えられ、味わわれるべきものです。その点、いまここで「尊号をその体とせるなり」というものも、それはたんなる客体的な名号ではなくて、本質的には、私における称名念仏を意味するものと理解すべきです。

すなわち、ここで私における至心（信心）とは、ひとえに阿弥陀仏の至心が廻施されることにおいて、よく成りたつという文意において、その至心とは、名号を体とするという説明は、その至心とは、私の称名念仏においてこそ、よくそれが開発されてくるということを意味し、その真実信心とは、いつも称名念仏に即一し、それと一体であるということを明かしたものにほかなりません。

そしてまた、この至心をめぐる領解について、それが私にはない（機無）から、阿弥陀仏が代って成就（円成）して、それをいま私に与える（廻施）といいますが、ここで親鸞が、そのように表現、記述するのは、この至心（信心）とは、この世俗のただ中において成立するところの、まさしき私自身の体験でありながら、しかもまたそのことは、この世俗を超えたところの、究極的な出世体験でもあるということを意味します。すなわち、私がこの至心をうるという体験は、世俗の中にして成りたつところの出世体験でありますが、それはまた、出世体験でありながら世俗のただ中で成りたつという、まったく絶対矛盾的に対立する構造をもって成立するものにほかなりません。そしてそのことは、すでに上の「別序」のところでも見たように、親鸞における信心とは、「信楽」として私の信心であるとともに、それはまた「真心」として、仏の信心でもあるということに重なる論理でもあります。そしてそのことをより分かりやすくいえば、私にとっては、「ない」ものが「ある」というほかはありません。そこで親鸞は、至心におけるそういう絶対矛盾的自己同一の成立構造を、平易に説明するために、私にはない（機無）から、阿弥陀仏が代って成就（円成）して、それを私に与える（廻施）というように語ったわけです。すなわち、この機無、円成、廻施ということは、あくまでも、世俗にして出世、出世にして世俗という、矛盾的自己同一の構造をもっている至心という信心体験を、一般の人人に分かりやすくするために、かりに形式論理をもって主客二元的に説明したものにほかならず、それは決して、仏と私との間において、具体的な授受関係が存在するということではありません。

それはどこまでも、親鸞において主体的に体験されたところの、具体的な事象、動態としての「こと」（動詞）をめぐる話であって、それはたんなる客観的な観念的、抽象的な「もの」（名詞）についての説明ではありません。至心（信心）という動態としての「こと」がもっているところの基本的な論理構造について、そのように表象したものでありす。このことは、真宗信心における基本的な内実でもあって、次の信楽と欲生の意義を明かすについても、また同じような表現がとられていますので、充分に注意していただきたいと思います。

（2）信楽の意義

次に信楽というは、すなわち、これ如来の満足大悲円融無碍の信心海なり。このゆえに疑蓋間雑あることなし。ゆえに信楽と名づく。すなわち、利他廻向の至心をもって信楽の体とするなり。

しかるに、無始よりこのかた、一切群生海、無明海に流転し、諸有輪に沈迷し、衆苦輪に繫縛せられて、清浄の信楽なし。法爾として真実の信楽なし。ここをもって無上の功徳、値遇しがたく、最勝の浄信、獲得しがたし。一切凡小、一切時のうちに、貪愛の心つねによく善心をけがし、瞋憎の心つねによく法財をやく。急作急修して頭燃《ずねん》をはらうがごとくすれども、すべて雑毒雑修の善と名づく。また虚仮諂偽《こけてんぎ》の行と名づく。真実の業と名づけざるなり。この虚仮雑毒の善をもって無量光明土に生ぜんと欲する、これかならず不可なり。なにをもってのゆえに、まさしく如来、菩薩の行を行じたまいしとき、三業の所修、乃至一念一刹那も疑蓋まじわることなきによりてなり。この心は、すなわち、如来の大悲心なるがゆえに、かならず報土の正定の因となる。如来、苦悩の群生海を悲憐して、無碍広大の浄信をもって、諸有海に廻施したまえり。これを利他真実の信心と名づく。（真聖全二、六二頁）

次に信楽の意義について明かします。それについては、はじめに、親鸞自身の信楽をめぐる領解を表白します。そしてそれに続いて、『無量寿経』『如来会』『涅槃経』『華厳経』、そして曇鸞の『往生論註』の文を引証して、この信楽の意義について補説します。その親鸞領解の文章の意味は、およそ次のとおりです。

親鸞は先ず、その信楽について、「如来の満足大悲円融無碍の信心海なり」といいます。満足大悲とは、欠けめなく充足している大悲のこと、円融無碍とは、いっさいに行きわたって碍りがない働き、そういう如来の大智大悲によって育てられた、いかなる人生の苦難も超えていける人格主体が信楽だということです。そしてこの信楽には、疑蓋が間雑することがないといいます。この疑蓋がないということは、上に見たとおりで、私における愚痴、無明の心が、一定のところ（初地）まで、破られ、転じられて、新しく明知がひらけてくることを意味します。かくして、如来廻向の至心が、この信楽の体であるというのです。すなわち、阿弥陀仏の名号、私におけるまことの称名念仏を体として成立するところの、その至心を体として、この信楽が成立するというわけです。そのことからすれば、この信楽とは、阿弥陀仏の名号、その私における称名念仏を体としてこそ成立するともいいうるわけで、この信楽とは、私の称名念仏においてこそ、よく開発してくるものであって、信楽（信心）と称名とは、即一して、まさしく行信一如であるといいうるわけです。

そして親鸞は、この信楽についても、上の至心と同じように、機無、円成、廻施の論理をもって説明します。すなわち、無始より以来、一切の群生海は、無明の海に流転し、諸有輪、これは地獄、餓鬼、畜生、修羅、人間、天上の、迷界の六道のことで、そういう多くの迷いの世界を輪廻し、はてしない苦悩の世界につながれて、私には、本来的に、清浄の信楽、真実の信楽はありません（機無）。したがって、最上の価値、功徳に遇うことも、また最勝の清浄なる信心をうることができません。すべての凡夫は、いかなる時においても、つねに貪欲、愛着の心をもって善心をけがし、瞋恚、怨憎の心をもって貴重な功徳を焼いております。だから、たとえ頭の上についた火を払いのけるように、懸命に善根、功徳を修めても、それらはすべて、我執のまじった毒の善といい、表面をかざった偽りの行というべきで、真実、清浄なる行業とはいいえません。このような嘘といつわり、虚仮にして雑毒の善根をもって、阿弥陀仏の浄土に往生しようと願っても、それはとうてい不可能なことです。なぜかというと、阿弥陀仏が、かつて法蔵菩薩の時に、菩薩の行を修められましたが、その身口意の三業の行為においては、わずかな短い間でも、少しも無明、煩悩がまじわることがなかったからです（円成）。かくして、このような阿弥陀仏の大悲の心こそが、私が必ず浄土に往生するための、まさしき因種となるわけで、阿弥陀仏は、あらゆる人人をあわれんで、この広大にして清浄なる信心を、私たちに施し与えてくださるのです（廻施）。したがって、これを如来よりたまわった真実の信心といいます。以上が、信楽をめぐる親鸞の領解の文章の意味です。

そのことからすれば、信楽（信心）とは、この自己自身の存在とこの現実世界の実相について、そのすべてが「そらごと、たわごと、まことあることなし」と、徹底して「めざめ」ていくという虚妄体験であり、私がそういう虚妄の存在であるということに「めざめ」ていくことを通してのみ、仏、真実に出遇うことができるのです。そのことは裏返していえば、信心とは、まさしく真実そのものに遇うという真実体験でもあります。かくして、信楽とは、虚妄と真実とに即一して出遇うことでもあって、それは光にあえば陰が生まれ、陰があるところには必ず光があるようなもので、この私自身において、「地獄は一定」ということと、「往生は一定」ということを、ひとつとして「めざめ」ていくという体験にほかなりません。

かくして、この信楽についても、その内実は、上に見た至心と同じように、論理的にはまったく矛盾するところの、無いものが有るという、無にして有、有にして無という構造をもつものであり、即非の論理、絶対矛盾的自己同一といわれるべき論理内容を宿していますす。その点、この信楽とは、私におけるもっとも主体的、根源的な「めざめ体験」だというほかはありません。第十八願文とその成就文における信楽、信心歓喜の原語が、チッ

タ　プラサーダとして、心が澄んで浄らかに、そしてまた喜悦が生まれてくることを意味し、親鸞が、その信楽、信心を、「信ずる心のいでくるは智慧のおこるとしるべし」（『正像末和讃』左訓、親鸞全集、和讃篇、一四五頁）と明かすところです。真宗における信心の基本的な意味は、まさしくここにあるということを、明確に理解すべきであります。

（3）欲生の意義

次に欲生というは、すなわち、これ如来、諸有の群生を招喚したまうの勅命なり。すなわち、真実の信楽をもって欲生の体とするなり。まことにこれ、大小凡聖定散自力の廻向にあらず。ゆえに不廻向と名づくるなり。しかるに微塵界の有情、煩悩海に流転し、生死海に漂没《ひょうもつ》して、真実の廻向心なし。清浄の廻向心なし。このゆえに如来、一切苦悩の群生海を矜哀して、菩薩の行を行じたまいしとき、三業の所修、乃至一念一刹那も、廻向心を首として、大悲心を成就することをえたまえるがゆえに、利他真実の欲生心をもって、諸有海に廻施したまえり。欲生すなわち、これ廻向心なり。これすなわち、大悲心なるがゆえに、疑蓋まじわることなし。（真聖全二、六五～六六頁）

次いで、欲生の意義について明かします。それについては、前の至心、信楽の二心と同じように、はじめに親鸞自身の欲生をめぐる自己領解を表白します。そしてその後に、

『無量寿経』の文、『如来会』の文、そして天親の『浄土論』、曇鸞の『往生論註』の文を三文、そして善導の「散善義」の文を引き、次いで親鸞自身のいささかの解説の文を加えて、さらにその後に、善導の「玄義分」「序分義」「定善義」の文を引用して補説いたします。

そこで欲生をめぐる親鸞の領解の文についてうかがいます。その文の意味するところは、およそ次のとおりです。この欲生の心とは、阿弥陀仏が、あらゆる人人を招喚しつつある、その勅命、呼び声のことであります。すなわち、欲生とは、もともとは私が浄土に向かって、そこに往生したいと欲願する私の心のことですが、そのことはまた、そのまま阿弥陀仏の、私に対する呼びかけの仏の願心でもあります。その阿弥陀仏の大悲による呼びかけ、その願心にもとづいてこそ、それへの応答、返事として成りたったものが、私の欲生、願生の心であるというわけです。

そして次に、その欲生の心とは、信楽を体として成立するものであると明かします。このことについては、すでに上において見たように、この至心、信楽、欲生なる本願の三信心については、まず名号、称名念仏を体として至心が成立し、その至心を体として信楽が成立するといい、いままた、その信楽を体として欲生が成立するというわけです。かくしてこの本願の三信心とは、その心相についていうならば、名号、称名念仏にもとづいて、至心から信楽へ、信楽から欲生へと展開して成立するものであり、そしてまた、その体、本質についていうならば、欲生は信楽へ、信楽は至心へ、そしてその至心は名号、称名念仏に帰納されていくものである、ということがいいうるわけです。もとよりそのことは、具体的な成立構造についていったものではなく、その三心の関係について、理論的にそう示しただけで、それは基本的には、体（本質・至心）と相（相状・信楽）と用（作用・欲生）の関係にあり、ひとつの究極的な信心体験をめぐってそう明かしたわけにほかなりません。

そしてまた、親鸞はこの欲生の心についても、上の至心、信楽と同じように、機無、円成、廻施の論理をもって説明します。このような文章表現は、すでに上の至心、信楽のところでも、いろいろと述べたように、私における浄土に対する欲生、願生の心について、それが真実信心の内実として、私の現実存在においては、もともと真実の欲生心はなく、また清浄の願生心もない身として、その日日、如来と浄土に叛きつづけて生きているものでありながら、しかもまた、いまここに不思議にも、仏の勅命に応じて、浄土を願生する身に育てられたという、まったくの、無にして有、有にして無なる、絶対矛盾的自己同一なる信心体験の論理構造をめぐって、このように表象、表現したものにほかなりません。

そして親鸞は、この欲生についてもまた、「疑蓋雑わることなし」と明かします。この文は、すでに上において種々述べたように、親鸞における信心の基本的な性格を語るもので、ここでいう疑蓋とは、世間一般でいう疑惑のことではなくて、仏法が説くところの道理について、不分明であるという無明、無知なる煩悩の心をいうわけで、いまそれが「雑わることなし」というのは、そういう無明、無知なる心が、一定の段階（菩薩道の初地）まで、破られ、転じられることをいい、そのことこそが、まことの欲生の心であるというわけです。その点、この欲生の心とは、またそのまま、真実信心を意味するということでもあって、親鸞が、この本願文の至心、信楽、欲生の三心を、「本願の三信心」（『唯信鈔文意』真聖全二、六五〇頁）とか、「大経の三信心」（『唯信鈔文意』真聖全二、六五一頁）などと呼ぶゆえんでもあります。

3　三心と一心

以上で、本願文における至心、信楽、欲生の三心をめぐる、字訓とその意義についての解説をおわります。

まことに知んぬ、至心信楽欲生、その言はことなりといえども、そのこころこれひとつなり。なにをもってのゆえに、三心すでに疑蓋まじわることなし、ゆえに真実の一心なり。これを金剛の真心となづく。金剛の真心、これを真実の信心となづく。真実の信心はかならず名号を具す。名号はかならずしも願力の信心を具せざるなり。このゆえに論主はじめに我一心とのたまえり。また如彼名義欲如実修行相応故とのたまえり。（真聖全二、六八頁）

そして次に、その結文として、この本願文の三心と、天親の『浄土論』の一心との関係について考察し、この本願文の三信心は、その表現の言葉はそれぞれ異っているけれども、その根本の意義は同一であって、帰するところ、この三心は一心に摂まるといいます。すなわち、この本願文の三信心は、すでに上でも明かしたように、そのいずれもが、疑蓋が雑わることのない心として、無明を転じたところの明知なる心を意味します。そしてそういう理由によって、その三心は、また真実なる一心でもあります。そしてこれを金剛堅固の真心と名づけます。またそのゆえに、それは真実の信心でもあると明かします。

ここで親鸞は、その本願文の三信心の解説を結ぶにあたって、それは至心、信楽、欲生の三心といいながらも、その三心は結論的には同義であって、一心であるといい、その一心とは、すなわち、「真心」であり、「信心（信楽）」であるというのです。このことは、すでに上の「信文類」の「別序」で考察したところの、親鸞は、真宗における信心を定義して、「信楽」といい、「真心」と明かしている、と述べたところに重なるわけです。

そしてまた、この本願文の至心、信楽、欲生の三心は、その名称はそれぞれ別であっても、その意義は同一であって、三心は一心に摂まるというのですが、とすればこの三信心は、その至心、信楽、欲生のいずれの一心にも摂まるということでしょう。そのことは、上に見た三心の意義についての解釈によれば、この三心をめぐって、その体（本質）を明かすについて、欲生の体は信楽であり、信楽の体は至心であるということからすれば、その体についていうならば、その三心は、ついには至心に帰一するということになりましょう。またその体に対する用（作用）からいえば、至心を体として信楽の相があり、信楽を相として欲生の用が生まれるというわけですが、とすれば、その用についていうならば、その三心は、ついには欲生に帰一するともいえましょう。そしてまた、この本願の三心は、その字訓とその意義の説明によれば、そのいずれについても、「疑蓋雑わることなし」というわけですが、この「疑蓋雑わることなし」という言葉は、信心の相（相状）を意味するもので、直接的には信心（信楽）を指すわけで、その点、その相状からすれば、この三心とは、信楽に帰一するものであるともいうべきでしょう。

以上の考察によって、親鸞においては、本願文の至心、信楽、欲生の三心は、そのいずれにも帰一され、統一されて、それぞれの一心に摂まることが明らかです。そしてまた、すでに上に見たように、『唯信鈔文意』によれば、それについて、「本願の三信心」（真聖全二、六五〇頁）、「大経の三信心」（真聖全二、六五一頁）、「他力の三信心」（真聖全二、六五一頁）、と説いていますが、そのことからすると、親鸞は、この至心、信楽、欲生のいずれも、「信心」であると理解していたことが明瞭です。そのことは、すでに上に見たように、三心のいずれについても、「疑蓋雑わることなし」と語るところからも知られるわけで、三心いずれもが信心であったわけです。そのことからすれば、この本願文の三心は、いずれもが信心であって、それは三心のいずれにも統一、帰結することができるということができましょう。

ともあれ、ここではそのような信心こそが、「金剛の真心」であり、「真実の信心」であるというわけです。ことにここで、本願の三心が「一心」であり、それが「真心」であり、「信心」であると明かされることは重要です。すでに上において、しばしば述べてきたように、親鸞における信心、真宗における信心の特性とは、世俗的な信とは異なり、また一般の宗教において語られる信とも異って、それは信ずる主体と信じられる対象との関係における、二元的、対象的な心的態度としての信ではなくて、まったく一元的、主体的な心的状態としての信心であるということです。その親鸞における和語による著作や消息においては、信を語るについて、その必然として、世俗に相応して、何かに対する信として、二元的、対象的に語られておりますが、この「信文類」において、信心をめぐって明かされる場合には、基本的には、信心の本質とその相状をめぐって論理的に語られているわけで、ここでは二元的、対象的に語られることはなく、まったく一元的、主体的な心的状態として明かされているところです。すでに上の「別序」のところで見たように、親鸞が真宗信心を定義して、「信楽」（信心）といい、「真心」といって、それを私における無疑なる信心として捉えながら、それをそっくりそのまま、仏の真実なる真心とも捉えて、その信心を、私と仏、仏の心と私の心とを即一して、主客一元的、主体的な動態なる「こと」（動詞）として領解しているわけですが、このことは、親鸞における信理解の特徴として充分に注目すべきところでありましょう。

ことに、この真宗における信心が、一元的、主体的な「めざめ体験」を意味するということについては、それがまさしく大乗仏教の本義にかない、その伝統をよく継承していることを証明しているわけでして、それについては、若いころから親鸞の思想について深く心を寄せていた、哲学者の西田幾多郎氏（一八七〇〜一九四五）が、その最後の論考である「場所的論理と宗教的世界観」の中で、「もし対象的に仏を見るという如きならば、仏法は魔法である」と主張していますが、ここには、そのことが見事に指摘されております。その点、本願寺の伝統教学が、その信を明かすについて、まったく二元的、対象的に捉えて、「たのむ」「まかす」（依憑）ことだといい、「もらう」「いただく」（領納）ことだと語っているのは、もはや仏法でもなく、真宗でもなく、ましてや親鸞の意趣からは遠く逸脱したところの、虚偽なる信だといわざるをえないでしょう。

ところで、親鸞はここで、本願三心の解釈を結ぶにあたって、信心と念仏が相即することを明かします。すなわち、「真実の信心はかならず名号を具す。名号はかならずしも願力の信心を具せざるなり」というわけです。ここでいう「名号」とは、明らかに私における称名念仏を意味します。そのことをめぐっては、すでに上においても指摘したように、親鸞においては、仏の名号と私の称名とは、まったく「こと」として主客相即すると領解されていたわけです。かくしてここで、「真実の信心はかならず名号を具す」とは、真実の信心は、かならずそれ自身の必然として、称名念仏をともなうものである、ということをあらわしているわけです。そして次の「名号はかならずしも願力の信心を具せざるなり」とは、ここでいう「かならずしも」とは、ここでは「必不具」と書いてありますが、これでは「かならず具せず」となるわけで、正しくは「不必具」と書くべきでしょう。そしてこの「かならずしも」の「しも」とは、打ち消し、反語の文章の中の部分否定をあらわす語で、称名念仏については、まことの信心を具すものと、具さないものがある、ということを意味します。ここでは信心と念仏の関係についての、基本的な教示が述べられております。

そこで親鸞は、続いて「このゆえに論主はじめに我一心とのたまへり。また如彼名義欲如実修行相応故（彼の名義のごとくし、実のごとく修行し相応せんとおもうが故に）とのたまえり」といいます。すなわち、この本願文の至心、信楽、欲生の三心は、ついにはそれぞれに帰一されて一心に摂まるといい、その一心こそが、真心であり信心であるというわけですが、だからこそ、天親が、その『浄土論』の最初において、我れ一心に阿弥陀仏に帰命するといったのであるというのです。そしてまた、そのゆえにそれについて、「如彼名義欲如実修行相応故」といったのであるというのですが、この文は、もともと称名念仏行について明かす文であって、その「如彼名義（彼の名義のごとくし）」とは、その称名行が、真実の称名念仏として、よく名号の意義に契うところの称名念仏行になることで、私の称名が、私から仏に向かう私の行為でありながら、それがそのまま、仏から私に向かう仏の行為であると聞こえてくること、すなわち、称名が聞名となってくることをいいます。そして次の「欲如実修行相応故（実のごとく修行し相応せんとおもう故に）」とは、その称名行が、真実の称名として、よく本願の意義に相応する称名念仏行になる、信心に即一する称名念仏行になることをいいます。すなわち、曇鸞が、その「如実修行」について明かすのに、「体如にして行ずれば、すなわち、これ不行なり。不行にして行ずるを如実修行と名づく」（『往生論註』真聖全一、三三四頁）と語るように、称名念仏行が、「行而不行、不行而行（行にして不行、不行にして行）」であるところ、ここにこそ、称名念仏が真実の称名念仏となるというわけです。

すなわち、そのことは、私が称名しながらも、その称名が私の称名ではなくて、仏の称名であるということ、私の称名が、そのまま仏の私に対する呼び声として聞こえてくること、称名が聞名となるような称名をいうわけです。そしてその聞名とは、すでに親鸞が、その「聞名」を釈すについて、「聞くといふは信心をあらわすみのりなり」（『一念多念文意』真聖全二、六〇五頁）と明かすように、それは信心を意味するものです。かくして、その称名が、「如実修行相応」であるとは、その称名念仏が、信心に即一するところの称名であることを意味するわけです。

そのことについては、親鸞が、その『高僧和讃』に、「如実修行相応は、信心ひとつにさだめたり」（真聖全二、五〇七頁）と示し、またその「如実修行相応」という語に、「おしへのごとく信ずるこころなり」（「文明五年刊本」真聖全二、五〇七頁）と左訓して、真実の称名念仏行とは信心のことであると明かすところにも明瞭です。かくして、ここで親鸞は、三心が一心に帰一することを明かすについて、その信心とは、称名念仏に即するところの、行信一如なる信心であるということを、ことに強調しているわけです。

上において、本願の三信心それぞれの意義について明かしたのち、この本願の三信心とは、ついには一心なる真実信心に帰結すること、そしてまた、その真実の信心とは、つねに称名念仏を必具するものであって、念仏と信心、行と信とは即一することを明かしたわけですが、いまはそれを結んで、そのような真宗の念仏、信心、行信の仏道について、いろいろと讃歎し、この本願文の三心をめぐる解説をおわります。

八　菩提心の意義

親鸞は、次いで菩提心について明かします。この菩提心とは、bodhi citta とあらわされて、仏の「さとり」、菩提を求める心のことで、それはまた、道心、道念、無上道心などともいわれています。そしてまたこの言葉は、大乗仏教特有の用語で、それは上求菩提下化衆生として、上は自分自身の仏の「さとり」、成仏を求め、下はいっさいの衆生をして成仏せしめる心として、自利利他、自己成仏他者作仏の意味を宿すところの、仏道に向かう願心のことです。しかしいま親鸞が、信心を明かすについて、とくにこの菩提心を取りあげるのは、明恵《みょうえ》（一一七三～一二三二）による、法然批判に関わってのことでしょう。

すなわち、法然は、その『選択本願念仏集』の第三本願章において、「選択」の語を説明するについて、ひとえに正行なる念仏一行をこそ選び取るべきであって、その他の善根功徳、菩提心さえも、雑行であるとして、それらを選び捨てることを主張するわけです。

そして法然は、その菩提心に代るものとして、『観無量寿経』に説く至誠心、深心、廻向発願心の三心こそが、念仏行に必具すべきであるというのです。また法然は、その三心は中間の深心（信心）におさまると理解し、その菩提心を排して、それにかわって信心を明かしたのです。ただし、法然は、その和文の法語の中では、菩提心を肯定しているところもあり、いまひとつ不徹底な面もあります。

そこでそれについて、当時、京都高雄《たかお》、栂尾《とがのお》の高山寺に住していた、華厳宗の僧、明恵が厳しく反論したわけです。明恵は、法然没後まもなくして出版された『選択本願念仏集』を読み、ただちにその批判書の『摧邪輪』三巻を書き、つづいてその翌年には、その補説として『摧邪輪荘厳記』を著わし、ことにはこの菩提心の否定をめぐって痛烈に批判します。その要点をまとめていえば、次の三点に集約されましょう。すなわち、第一には、この菩提心とは、もともと大乗仏教における諸法無我の原理を本質とするものであって、菩提心を否定する以上、法然の念仏義は、もはや大乗仏教ではなく、外道でしかないといいます。そして第二には、法然は、仏教に聖道教と浄土教の別を立てて、浄土教では、菩提心を往生の行道としないというが、浄土教もまた仏教であるかぎり、菩提心は当然に認められるべきであり、浄土教の経典、論釈にも、いろいろと菩提心を教示しているではないかといいます。そして第三には、法然がことに尊敬する中国の善導も、称名念仏行の根底には、菩提心が必須であると主張しているではないかといいます。

このように、明恵の菩提心をめぐる法然批判、その原理論の立場、その教理史的な視点からの指摘は、まことに的確であり痛烈です。

そこで残された法然の門弟たちは、そのことについてそれぞれ反論を試みておりますが、いま親鸞も、法然の門下として、その明恵の批判に対して、それなりに応答するわけです。すなわち、親鸞は、この「信文類」で、

しかるに菩提心について二種あり、一には竪、二には横なり。また竪についてまた二種あり。(中略)また横についてまた二種あり。(中略)横超とは、これすなわち願力廻向の信楽、これを願作仏心という。願作仏心すなわちこれ横の大菩提心なり。これを横超の金剛心と名づくるなり。横竪の菩提心、そのことばひとつにして、そのこころことなりといえども、入真を正要とす、真心を根本とす。(真聖全二、六八~六九頁)

と明かします。すなわち、親鸞は菩提心について、竪(たて・自力)としての聖道教と、横(よこ・他力)としての浄土教の別があり、またその聖道教についても、速く仏の「さとり」に至る頓教の道と、多くの年月をかけて仏の「さとり」に至る漸教の道の、二種の菩提心があり、またその浄土教についても、阿弥陀仏の本願の真実念仏の頓教の道と、定散方便の漸教の道の、二種の菩提心があるというわけです。

かくして親鸞においては、仏教であるかぎり、聖道教も浄土教も、すべて仏道に趣入するについては、菩提心が必須であるというのです。その点、法然の菩提心をめぐる理解とは大きく異なるわけで、他の門弟たちの弁明とも相違しています。親鸞は、菩提心の理解については、法然とは異なって、仏道に帰入するためには菩提心が必要だと考えます。大乗仏教の基本的立場にたちかえったということです。

ただし、親鸞の菩提心理解において特徴があるのは、その菩提心とは、信心のことであると主張しているところです。親鸞は、

大菩提心すなわちこれ真実信心。（『浄土文類聚鈔』真聖全二、四五三頁）

この信心を一心といふ、この一心を金剛心といふ、この金剛心を大菩提心といふなり。（『末燈鈔』真聖全二、六五六頁）

などと明かしております。

なおここで親鸞が、菩提心とは信心であるというについては、親鸞における信心には、すでにいままで各所において語ったように、仏道のスタート、あるいはその仏道のプロセスの全体を担うところの、初門位としての能入信と、その仏道の完結、成就の意味をもつところの、究竟位としての能度信の別があって、いまここで菩提心とは信心であるといわれる場合の信心とは、いちおうは、その信心の全体を指すとしても、ことには、その仏道

の初門位としての能入信のことであって、ただちに出世体験としての、究竟位なる能度信のことをいっているのではありません。いまここで、親鸞が菩提心について語るのに、「横竪の菩提心、そのことばひとつにして、そのこころことなりといえども、入真を正要とす」というのは、まさしくそのことを意味するわけで、ここでいう菩提心とは、聖道教の菩提心も浄土教の菩提心も、そのいずれもが、仏道に趣入するための、まさしき肝要、必須条件を意味しているわけです。

以上が、親鸞における菩提心、すなわち、能入信をめぐる領解の文の意味です。以下は、この菩提心をめぐって、曇鸞の『往生論註』、元照の『阿弥陀経義疏』、用欽の『阿弥陀経疏超玄記』、戒度の『阿弥陀経疏聞持記』、宗暁の『楽邦文類』の文を引用して、その菩提心の意義について助顕します。

九　真実信の開発

1　信一念の意義

それ真実信楽を按ずるに、信楽に一念あり。一念とは、これ信楽開発の時剋の極促を

顕し、広大難思の慶心を彰すなり。（真聖全二、七一頁）

次いで、真実信心の開発、その成立をめぐって明かします。この文の意味は次のとおりです。

真実の信心について考えてみますと、信心には一念ということがあります。ここでいう一念とは、信心が開発、成立するについての時間のきわまりをあらわし、またその信心がそののちに相続されるについては、それが広大にして難思なる、慶びの心をそなえていることをあらわします。

ところで、ここで一念というのは、この直後に引用するところの『無量寿経』の第十八願成就文に説かれるものですが、その『サンスクリット本』によりますと、その原語はエカ　チッタ（eka citta）とあり、ひとおもいの心、ひとたびの思念ということを意味します。しかし親鸞は、ここでは念とは時間のことであると考えて、一念とはきわめて短い時間を意味すると理解し、真実信心が成立する時間のきわまりのことだと捉えます。もと親鸞は、この一念については、この第十八願成就文の「乃至一念」の一念は信心と理解し、同じ『無量寿経』流通分の「乃至一念」（真聖全一、四六頁）の一念は称名と理解しており、「行にすなわち一念あり。また信に一念あり」（「行文類」真聖全二、三四頁）と明かすように、行（称名）の一念と、信（信心）の一念の、二様の意味において捉えます。その行（称名）の一念については「行文類」に「行の一念というは、いわく称名の偏数について、選択易行の至極を顕開す」（真聖全二、三四頁）といい、また「一念はすなわちこれ一声なり。一声すなわちこれ一念なり。一念すなわちこれ一行なり」（真聖全二、三五頁）などと示すように、行の一念とは、称名念仏の数量をあらわすものとして、一声の称名をいいますが、また「一念というは、すなわちこれ専念、専念すなわちこれ一声」（『浄土文類聚鈔』真聖全二、四四四頁）ともいうように、称名念仏の修相、その内実をあらわすものとして、専一、専念の称名をいう場合もあります。またその信（信心）の一念については、「信文類」に「一念というは、信心二心なきゆえに一念という。これを一心と名づく」（真聖全二、七二頁）というように、一念とは、真実信心の心相をあらわすものとして、二心なき心、すなわち、一心のことをいい、そしてまた、いまの文に見られるように、「一念とは、これ信楽開発の時剋の極促」といい、そしてまた「一念といふは、信心をうるときのきわまりをあらわすことばなり」（『一念多念文意』真聖全二、六〇五頁）などともいうように、信心が成立する時間のきわまりをあらわす場合があります。この信の成立をめぐる時間の問題と、その信の心相をめぐる一念の問題については、改めてのちに考察いたします。問題は、ここで一念に、行の一念と信の一念があるとしても、親鸞においては、

信の一念、行の一念ふたつなれども、信をはなれたる行もなし、行の一念をはなれた

る信の一念もなし。（中略）行をはなれたる信はなしときさて候。又信はなれたる行なしとおぼしめすべし。（『末燈鈔』真聖全二、六七二頁）

と明かすように、その両者は、つねに即一するものと理解されていることを、充分に承知すべきであります。

またここで親鸞は、その信の一念について、「一念とはこれ信楽開発の時剋の極促を顕し、広大難思の慶心を彰す」といいますが、はじめの「極促を顕し」とは、信心の成立の時間をめぐって明かし、あとの「慶心を彰す」とは、信心を相続するについての慶喜の心をいうものです。ここで「極促を顕し」「慶心を彰す」といいますが、親鸞における「顕」と「彰」の文字の用例を検すると、それはともに「あらわす」を意味しますが、「顕」とは、表に明確に顕わにあらわすことであり、「彰」とは、裏にひそかに隠してあらわすという意味があります。したがって、ここでは信の一念について明かすわけですが、この文の主題は、信心の成立をめぐる時間の問題について示すもので、それに付随して、その信心の相続について語ったものとうかがわれます。

2　経文の引用

次に真実信の開発をめぐって、〈無量寿経〉の経文四文と、『涅槃経』の経文一文の計五文を引用します。そしてその引文を結んで善導の文をおきます。そこで先ず、その経文について見ますと、次の五文がそれです。

(1)『無量寿経』第十八願成就文

ここをもって『大経』にのたまわく。あらゆる衆生、その名号を聞きて、信心歓喜せんこと、乃至一念せん。至心に廻向したまえり。彼の国に生ぜんと願ずれば、すなわち往生をえ、不退転に住せんと。（真聖全一、七一頁）

(2)『如来会』第十八願成就文

また、他方仏国の所有の衆生、無量寿如来の名号を聞きて、よく一念の浄信をおこして、歓喜せんとのたまえり。（真聖全一、七一頁）

(3)『無量寿経』「往観偈」文

また、その仏の本願の力、名を聞きて往生せんとおもわんとのたまえり。（真聖全一、七一頁）

(4)『如来会』「往観偈」文

また、仏の聖徳の名を聞くとのたまえりと。已上（真聖全一、七一頁）

(5)『大般涅槃経』文

『涅槃経』にのたまわく。いかなるをか名づけて聞不具足とする。如来の所説は十二部経なり。ただ六部を信じて六部を信ぜず、このゆえに名づけて聞不具足とす。またこの六部の経を受持すといえども、読誦にあたわずして他のために解説すれば、利益するところなけん。このゆえに名づけて聞不具足とす。まだまたこの六部の経を受けおわりて、論議のためのゆえに、勝他のためのゆえに、利養のためのゆえに、諸有のためのゆえに、持読誦説せん。このゆえに名づけて聞不具足とすとのたまえり。已上。

（真聖全二、七一頁）

3　『無量寿経』第十八願成就文

先ず、その第一文は、(1)『無量寿経』第十八願成就文です。その意味は、すべての人人は、阿弥陀仏の名号、その声を聞いて信心歓喜し、一念するならば、ひとしく阿弥陀仏の真実の心、その生命に「めざめ」ることができます。かくして、かの浄土に往生したいと願うならば、すなわち、この現生ただいまの人生において往生をえ、やがて仏の「さとり」をひらく身に育てられる、ということを意味します。ここで「即得往生（すなわち往生をえ）」というのは、その経文の本意では、死後における浄土往生を意味しますが、親鸞は、その経文に続く「住不退転（不退転に住す）」という語を、この現生における信心の利益と理解しましたので、その文の前に語られる「即得往生」は、当然にこの人生における利益を明かしたものと、領解しているわけです。親鸞は、すでに上に見たように、その「行文類」において、善導の「玄義分」の「必得往生」（真聖全一、四五七頁）と明かす語を、引用して、

必得往生といふは、不退の位に至ることをうることを彰すなり。経には即得といえり。（真聖全二、二二頁）

と明かし、不退転の位に至ることを「必得往生」といい、それは『無量寿経』では、「即得往生」と語っているといいます。また善導が『観念法門』において、「摂得往生」（真聖全一、六三六頁）と明かす語を、『尊号真像銘文』に引用して、

ひごろかの心光に摂護せられまいらせたるゆへに、金剛心をえたる人は正定聚に住するゆへに臨終のときにあらず、かねて尋常のときよりつねに摂護してすてたまはざればば摂得往生とまふす也。（真聖全二、五九〇頁）

と語り、正定聚に住することを「摂得往生」というと明かしています。このように親鸞は、「即得往生」「必得往生」「摂得往生」のいずれについても、その往生を現生における信心の利益として理解しております。

4　『如来会』第十八願成就文

そして、次は、(2)『如来会』第十八願成就文です。『無量寿経』と『如来会』は、いずれも〈後期無量寿経〉に属して、かなり重層しますが、ここにこの『如来会』の第十八願成就文を引用するについて、ことに注目したのは、その「一念の浄信」という語があったからだと思われます。この『無量寿経』と『如来会』の第十八願成就文は、すでに見たように、「信文類」の冒頭にはその全文を引きますが、いまここでは省略して、その「聞名」の部分と、「信心歓喜」「一念浄信」という、信心の部分を中心に引用します。その聞名については、それが信心の開発、成立のための基本的な契機となることを明示するために、またその信心については、いまの主題にしたがって明かしたものですが、ことにこの『如来会』の文については、それが「一念の浄信」と明かされるところ、ここでいう「一念」とは、『無量寿経』の文の「乃至一念」をも含めて、その一念が清浄なる信心を意味していることを証明するために引用したものと思われます。

5　『無量寿経』「往観偈」文

そして次は、(3)『無量寿経』「往観偈」の文です。ここでは、信心の成立契機としての聞名を語るところ、親鸞はこのあとにその聞名の内実について種々に解説するわけですが、いまはその前提として、ここに真宗の仏道が、ひとえに聞名の道であることを明示しております。

6 『如来会』「往覲偈」文

そして次は、(4)『如来会』「往覲偈」の文です。上の『無量寿経』の文に重なるものです。「聖徳の名」とは、すぐれた功徳の名号、仏の呼び声ということで、同じように、真宗の仏道が聞名の道であることを教示するものです。

7 『大般涅槃経』文

そしてさらに、(5)『大般涅槃経』の文（大正一二、五七五頁、八一三頁）です。この経文の意味は、聞不具足について明かすもので、『大般涅槃経』の原本では四種の聞不具足をあげますが、いまここでは、その中の三種の不具足について引用します。これらの文は、上に明かした聞名にかかわって、正しい仏法の学び方、聞き方について明かしたものです。ここには私たちの聞法のありようについて、さらには、私のような仏法を学問、研究するもののありようについて、たいへん厳しい教誡が示されております。

以上が経文五文の引用ですが、それらはいずれも、真実信心とは、ひとえに聞名にもとづいてこそ、よく開発することを明かしたものです。そしてその後に、善導の「散善義」の文を二文ほど引用します。

光明寺の和尚は、一心専念といい、また専心専念といえり。已上。（真聖全二、七一頁）

はじめの「一心専念」とは、その、

一心に弥陀の名号を専念して、行住坐臥、時節の久近を問わず、念念に捨てざるは、これを正定の業と名づく。彼の仏願に順ずるが故に。（真聖全一、五三八頁）

という文によったものです。親鸞は、『浄土文類聚鈔』では、この文について、「一心はこれ信心なり。専念すなわち正業なり」（真聖全二、四五三頁）と明かします。そのことからすると、その一心とは信心、専念とは念仏を意味します。またあとの「専心専念」とは、「散善義」の文を取意して「行文類」に引用したものによったわけで、そこでは、

専心といえるは、すなわち一心なり、二心なきことをあらわすなり。専念といえるは、すなわち一行なり、二行なきことをあらわすなり。（真聖全二、三四〜三五頁）

といいます。専心とは信心、専念とは念仏のことです。ここではいずれも、信心と念仏について、その信と行が不離にして一体であることを示すもので、すでに上に見たように、親鸞においては、『無量寿経』に説かれるところの「乃至一念」の一念については、信心

をあらわす場合と、称名をあらわす場合があって、その信の一念と行の一念とは、ついには即一するものと領解していたわけです。いまここでは、信心の開発、その成立の構造をめぐって、聞名について明かすのに、その前提として、念仏と信心、行と信の即一を語っていることは、充分に注目すべきことです。そのことは、真宗における信心の開発、成立が、ひとえに日日の称名念仏、そのリビング念仏行の実践と、それにもとづく聞名体験によるということを明かすものであります。

8　仏教における時間の思想

次に、親鸞の領解する信心の開発、その成立をめぐる問題について、いささか考えてみたいと思います。この信心の成立について考える場合、まずその前提として、すでにしばしば言及してきたように、真宗における信については、初門位なる能入信と、究竟位なる能度信があって、真宗における仏道とは、この能入信から能度信に至る、ひとすじの道程でもあるといいうると思われます。そしてその能入信については、それは菩提心、または求道心を意味して、そのような心は、いずれも、よき人としての先師、知友にめぐり遇うことによってこそ生まれ、育てられていきます。そしてまた、その仏道の具体的な行業としては、ひとえに称名念仏をもうすという日日の生活が、確かに成立してくるということが大前提になります。そのような、よき人にめぐまれ、念仏をもうすということが成りたたないかぎり、真宗の仏道は決してはじまりません。そしてその能度信については、真宗の仏道の根本の目標であって、それはこの世俗を超えたところの、もっとも深い心の次元なる、霊性（スピリチュアリティー）とでもいわれるべき、人格主体の内奥において成立するところの、出世的、超越的な究極的体験、そういう境地をいいます。

いま真実信心が開発してくるということは、そのような能入信の徹底として生まれてくるところの、能度信としての出世的な超越的、究極的体験が、この私の身において、まったく主体的に、確かに成立してくることをいうわけです。そして親鸞は、いまここで、そのような信心が成立するところの時間をめぐって、「一念」というわけですが、この一念にかかわる時間については、まさしく仏教における時間観の上にたってこそ考察されるべきです。

そこで以下、仏教における時間の思想について、いささか考えてみたいと思います。

仏教の時間の捉え方についていては、まず第一には、仏教においては、存在が時間であると考えます。普光の『倶舎論記』に、

時に別体なし、法に約し以って明かす。（大正四一、一九四頁）

と説くところです。華厳教学において、「時無別体、依法而立（時に別体なし、法により

て立つ)」というわけです。仏教においては、一切の存在とは、無常であり、止まることなくして変化していくものであるところ、ここに時間というものが成立する根拠があると見ます。かくして、時間の中にものが存在するのではなくて、その存在が無常にして変化するところに時間が成立すると見るわけです。すなわち、存在がそのまま時間であるというわけです。時間とは現実存在、「現在」にほかならないのです。

このように、存在が時間であると捉えるところ、第二には、『ミリンダ王の問い』(『弥蘭王問経』)に、

大王よ、過去の時間と、未来の時間と、現在の時間との根本は、無明です。(『東洋文庫』7、一四一頁)

と明かすように、時間とは、もともと無常なる存在に即して語られるところ、それは無明にもとづいて成立し、それはすべて虚妄なるものだといわねばなりません。かくして、仏教がめざすところの仏の「さとり」、「信心」というものは、そのような時間、無明を超出していくということを意味するわけです。

そしてそのゆえに、第三には、仏教における時間とは、私自身における、主体を媒介としてこそ成立してくるものであると考えます。上にいうように、存在が無常にして変化するところ、そこに時間が成立するということは、どこまでも私の主体における自覚の内実

として語られることです。道元が、その『正法眼蔵』（有時）において、

有時なるによりて吾有時なり。（『岩波文庫』上、一六一頁）

と明かすところです。

そして第四には、仏教における時間が、このように私自身の主体を媒介として成立するということは、また時間というものは、つねに現在としてのみ成立するということを意味します。仏教においては、過去、現在、未来という三世が語られますが、過去といい、未来というも、それは現在のほかに実体的に存在するものではありません。過去は記憶として、未来は予想として、ともに主体において意識されるだけで、あるものは主体としての現在だけです。かくして現在とは、無限の過去を包み、無限の未来を摂めるところの、三世がことごとく摂在している、絶対現在、尽時現在なのです。『大方広仏華厳経』（旧訳）に、

現在世に三世即一念を説く。（大正九、六二四頁）

と明かすとおりです。そのことは、上の「行文類」の一乗海の意義で見たところの空間論において、絶対個なる唯一に、一切世界の全体が相即するという、一即一切の論理にも共通するところです。

したがって、第五には、仏教において時間が相続されるということは、絶対現在から絶

対現在へという構造において成りたつほかはありません。それは直線的な連続ではありません。時時刻刻、刹那、刹那において、絶対現在、尽時現在なのです。したがって、時間というものは、断絶にして連続、連続にして断絶という構造において、非常非断、恒時現在として相続されていくものなのです。まさしく、非連続の連続、連続の非連続としての相続です。

以上、仏教における時間の思想をめぐって、仏教において捉えられる時間とは、

(1) 存在が時間である。
(2) 時間とは無明である。
(3) 時間とは主体的である。
(4) 時間とは現在のほかにはない。
(5) 時間の相続とは非連続の連続である。

ということを明らかにいたしました。

そしてまた、このような仏教における時間観は、いっさいの世俗の存在を超出したところの、時間なき時間、永遠、常住の地点に立つことによってのみ、はじめて捉えられ、自覚されるものであるということです。上において、時間とは無明、虚妄だといいましたが、無明は無明をそれとして知ることはできません。時間は時間を超出すること、永遠、常住

の世界、如来の「いのち」の中に立つことによってのみ、はじめてまことの時間について知ることができるのです。すなわち、上に述べたような仏教の時間観は、仏の「さとり」の境地、真実信心の内実にほかならないわけで、そのような真実の世界をめざして生きるもののみによってこそ、よく感応、感知できるところであります。

9　聞名の構造

次に、親鸞における信心開発の契機としての、聞名の構造について考えてみたいと思います。親鸞は、その「信文類」において、第十八願成就文の「聞其名号」の聞をめぐって註解するのに、

　しかるに経に聞というは、衆生、仏願の生起本末を聞きて疑心あることなし、これを聞というなり。（真聖全二、七二頁）

と明かしています。したがって、ここでいう聞とは、たんなる聞法のことではなくて、明らかに「聞名」の聞を意味します。そのことは上に引用した〈無量寿経〉の経文の意趣とも、深く連係しているところです。しかしながら、伝統教学では、これをたんなる聞法と解釈します。かくしてそこでは、真宗における行道というものが、上に見たような称名・聞名の道であることが、まったく理解できないわけです。ところで、この文は、真宗にお

ける聞名、私が称える称名念仏に「阿弥陀仏の声《ミナ》を聞く」（『大阿弥陀経』真聖全一、一四二頁）という聞名の構造について、二つのことを語っております。その第一は、その聞名が、まことの聞名になっていくことについて、すなわち、そこで「阿弥陀仏の声を聞く」という宗教的体験をもつための過程、そのプロセスをめぐって明かします。そして第二には、そのようにして成立するところのまことの聞名とは、いかなる構造をもつものであるかということを明かします。

すなわち、第一の私における聞名が、まことの聞名となっていくプロセスについては、上に示した「衆生、仏願の生起本末を聞いて疑心あることなし、これを聞といふなり」という文に即していいますと、初めの「聞」という語と、後の「聞」という語の関係です。初めの「衆生、仏願の生起本末を聞いて」というところの「聞」は、いまだまことの「聞」ではありません。それはプロセスの「聞」です。その「聞」が次第に徹底されることによって、「疑心あることなし」という確かな体験的な事実となること、すなわち、「これを聞という」という「聞」になってこそ、はじめてまことの「聞」になるわけです。その初めの「聞」と、後の「聞」の関係です。それは未究竟位の「聞」と究竟位の「聞」、階梯位の「聞」と決定位の「聞」の関係です。そのことは親鸞の言葉にしたがっていうならば、

弥陀のちかひをもききはじめておはします身にてさふらふなり。（『末燈鈔』真聖全二、六九〇頁）

はじめて仏のちかひをききはじむるひとびとの、（『末燈鈔』真聖全二、六九一頁）

などと明かされる「聞」は、その前者を意味し、

聞といふは如来のちかひの御なを信ずとまふすなり。（『尊号真像銘文』真聖全二、五六一頁）

などといって、その「聞」がそのまま信心体験のことであると明かされる「聞」は、その後者を意味しているわけです。その称名念仏、聞名が、次第に深化し、徹底していくということにおいて、やがて如実なる聞名が成立してくるということです。すなわち、私がさまざまな法縁をとおして聞法、学習し、また日日の称名念仏において、そこに「仏の声を聞く」という仏道の相続、その徹底、深化においてこそ、やがてまことの聞名、如実の聞名体験が成立してくるということです。私における称名念仏が、私から仏への方向においてのみ成りたっていたものが、まったく逆転して、仏から私への方向において成りたってくるということ、私の称名が、そのまま仏の称名、仏の私への呼び声として聞こえてくる、そのように確かに体解され、味識されること、すなわち、信心体験になるということです。

そしてまた、第二のまことの聞名の構造については、ここで「仏願の生起本末を聞く」

と明かされる問題です。その仏願の生起本末とは、阿弥陀仏の本願についての生起と本末のことで、その生起とは、阿弥陀仏が何故に、私のために誓願を発起したかということ、その本願発動の契機、理由のことです。そしてそのことは、ひとえにこの私自身が、罪業深重にして、日日地獄一定の道を生きているということ、そしてまた、この現実の世界が、虚仮不実にして、人人の苦悩はいよいよ深刻となり、世界の動乱もまた重畳して止むことがないからです。このような現実における私と世界のために、その救済と浄化のためにこそ、阿弥陀仏の本願は発起されたのです。そしてまた、その仏願の本末とは、いま現に、この私自身とこの現実の世界に対応して、働きかけつつあるところの、阿弥陀仏の本願の因と果、その無倦なる大悲摂化の因果、その始終すべてを意味し、仏の働きかけは、かたときも休むことなく、いまここに届いているわけです。

かくして、「仏願の生起本末を聞く」とは、この現実の私と世界の、ありのままなる実相について聞き、またそこに働きかけつつある、阿弥陀仏の大悲の始終について聞くことをいいます。すなわち、私の念仏とその聞名をとおして、この現実の私と世界の実相について深く聞思、自覚していくことであり、またそれとひとつとなって、いまここに無始以来無倦に到来しつつある、阿弥陀仏の大慈大悲について深く聞思し、体解していくことです。上の「五　浄土教伝統の教示」において、曇鸞、善導、源信の三師の文を引用したのは、以下に述べる聞名体験、信心体験の内実、その論理が、私の虚妄性と仏の大悲性の絶対矛盾的自己同一なる構造をもっていることを、明示しようとしたものであるといいましたが、いまはその教示をうけて、そのことをここで語っているわけです。

そしてまた、そのことについて「疑心あることなし」とは、ここでいう疑心とは、すでに上の「信文類」の本願三信心の字訓において説明したように、仏教の基本的用語としての「疑蓋」（無明）を意味します。かくして、ここで「疑心あることなし」ということは、そのような疑蓋、すなわち愚痴、無明の心が破られて、新しく明知、智慧が開かれてくるということを意味します。すなわち、「信心の智慧」（『正像末和讃』真聖全二、五二〇頁）、「無上智慧の信心」（『唯信鈔文意』真聖全二、六二四頁）と明かされ、さらにはまた、「信ずる心のいでくるは智慧のおこるとしるべし」（『正像末和讃』左訓、親鸞全集、和讃篇、一四五頁）と示されるような、究極的な出世体験としての、確かなる「めざめ体験」が開発してくるということです。

そしてその結びの「これを聞というなり」という言葉は、このような「めざめ体験」、すなわち、真実信心としての如実なる「聞名」をいうわけで、ここにおいてこそ、未究竟位の聞が、究竟位なる真実の聞となるわけです。かくして、私における称名念仏がまことの聞名となるということは、その称名念仏において、このような「めざめ体験」としての真実信心が成立してくることをいうのです。その意味において、如実の聞名の成立は、そのまま真実信心の開発、成立にほかならないわけです。親鸞が、聞名の「聞」の意味（聞法の聞ではない）を解釈して、

聞といふは如来のちかひの御なを信ずとまふすなり。（『尊号真像銘文』真聖全二、五六一頁）

きくといふは、本願をききてうたがふこころなきを聞といふなり。またきくといふは、信心をあらわす御のりなり。（『一念多念文意』真聖全二、六〇五頁）

聞はきくといふ、信心をあらわす御のりなり。（『唯信鈔文意』真聖全二、六四四頁）

と明かすとおりであります。

十　真実信の相続

1　信の一念

次いで、親鸞は、上において見てきた第十八願成就文の「一念」について、さらに註解いたします。

信心というは、すなわち本願力廻向の信心なり。歓喜というは、身心の悦豫をあらわすのかおばせなり。乃至というは、多少の言を摂するなり。一念というは、信心二心なきがゆえに一念という。これを一心と名づく。一心はすなわち清浄報土の真因なり。（真聖全二、七二頁）

この一念の語については、親鸞は、それを行の一念として称名の意味に理解する場合と、それを信の一念として信心の意味に理解する場合があります。いまはすでに見たように、その「一念」という語について、それを「信楽開発の時剋の極促を顕し」（真聖全二、七一頁）といって、信心が成立するについての短い時間のきわまりを意味すると理解し、いままたここでは、「信心二心なきがゆえに一念という。これを一心と名づく。一心はすなわち清浄報土の真因なり」と明かして、それが無二の心、一心であるという、信心の心相を意味するものと理解しています。すなわち、ここでは一念について、それを信心が成立する時間の意味と、その信心の心相の意味との、二様に解釈しているわけです。

そこで次の文は、それをめぐる現生十種の利益を明かすとともに、さらにその信心の一念について、その一念とは、信心の相続を意味するということを明かします。その現生の十益については、次の真宗救済の意義のところでまとめて考察いたしましょう。ここでは親鸞は、その信心の相続相について十九種の註解をもって説示します。次の文がそれです。

宗師の専念といえるは、すなわちこれ一行なり。専心といえるは、すなわちこれ一心なり。しかれば、願成就の一念はすなわちこれ専心なり。専心すなわちこれ深心なり。深心すなわちこれ深信なり。深信すなわちこれ堅固深信なり。堅固深信すなわちこれ決定心なり。決定心すなわちこれ無上上心なり。無上上心すなわちこれ真心なり。真心すなわちこれ相続心なり。相続心すなわちこれ淳心なり。淳心すなわちこれ憶念なり。憶念すなわちこれ真実の一心なり。真実の一心すなわちこれ大慶喜心なり。大慶喜心すなわちこれ真実信心なり。真実信心すなわちこれ金剛心なり。金剛心すなわちこれ願作仏心なり。願作仏心すなわちこれ度衆生心なり。度衆生心すなわちこれ衆生を摂取して安楽浄土に生ぜしむる心なり。この心すなわちこれ大菩提心なり。この心すなわちこれ大慈悲心なり。この心すなわちこれ無量光明慧によりて生ずるがゆえに、願海平等なるがゆえに発心ひとし、発心ひとしきがゆえに道ひとし、道ひとしきがゆえに大慈悲ひとし、大慈悲はこれ仏道の正因なるがゆえに。（真聖全二、七二～七三頁）

親鸞は、その一念を時間の意味に解釈するについて、

一念とは、これ信楽開発の時剋の極促を顕し、広大難思の慶心を彰すなり。（真聖全二、七一頁）

といって、それは信心開発の極促の時間を意味するといいながら、それはまた「広大難思

の慶心」、大きくて深い慶喜の心をあらわすものであるといっています。この慶喜の心とは、

慶喜といふは信をえてのちによろこぶこころをいふ也。（『尊号真像銘文』真聖全二、六〇一頁）

慶喜とまふしさふらふことは、他力の信心をえて往生を一定してむずと、よろこぶこころをまふすなり。（『親鸞聖人御消息集』真聖全二、六九九頁）

と明かされるように、信心を開発したのちに、その信心を相続する中で生まれてくるところの喜びの心を意味します。かくして、上に引いた文は、その一念が、ひとつには、信心が開発するについての極促の時間をあらわすとともに、いまひとつには、その信心が、大きな慶喜の心として、日日の生活の中で相続されていくことをあらわしています。だからこそ、初めの極促の時間については「顕す」といい、後の信心の相続については「彰す」といったわけです。

かくして、親鸞は、この「信文類」では、第十八願成就文の「一念」について、それを信の一念として、信心を意味すると理解しながらも、さらにその信心の内実を分類して、第一には、その真実信心の開発、成立をめぐる時間について明かすものといい、第二には、その信心の基本的な性格をめぐる心相について明かすものといい、そして第三には、その

信心が、私たちの日日の生活において、よく相続されていくについて明かすものという、三種にわたって教示しているわけです。このような信の一念をめぐる、親鸞の周到にして徹底した領解とその解釈については、まったく感服し、深く敬意を表せずにはおれません。

　しかしながら、伝統教学においては、その理解がまったく不充分で、この親鸞の領解、信心相続の文を、上の一念についての、単なる「追釈」とか「転釈」と理解していますが、それはまったく無意味なる解釈というほかはなく、決してそういうことではありません。この文は、上の信心の開発をめぐって明かしたあと、改めて、その信心の相続相について語ったものにほかなりません。その点、よくよく留意して読んでください。そのことについては、自己自身において確かなる廻心体験をもち、それを正しく相続して生きているものならば、その必然として、この文章が、私自身における信心の相続について明かしたものであることは、直観的に至極明瞭に認知されるところでしょう。伝統教学がこれを「追釈」、「転釈」と捉えるのは、まことの信心体験をもっていないものか、またはまったく誤った信心理解をもったものがそういっただけでしょう。まことに浅薄きわまる解釈です。そして伝統教学では、信心の相続をめぐっては、この教示の文に従うこともなく、また上に見たところの、仏教における時間の思想についても何ら考慮することもなく、たんに常識的、世俗的な無明なる時間観の上で、一度成立した信心が、そのまま直線的に、連続延長していくというように解釈いたします。まことに稚拙な誤解です。しかしながら、親鸞におけるまことの信心の相続とは、つねに一念としての極促の時間、すなわち、過去、現在、未来の三世のすべてを包んだ尽時現在、永遠の今という時間を場として、非連続の連続、連続の非連続という態において、しかもまた、絶対なる無二心、真実なる一心という心相をもって、それが数数《さくさく》に反復し、深化していくという構造において、その人生生活の中で相続されていくものであるということです。

2　信心の相続

そこで以下、この真実信心の相続をめぐる、上に掲げたところの十九種にわたる、親鸞における領解の文の意味についてうかがってみたいと思います。

先ずここで宗師というのは、浄土真宗の祖師を意味して、中国の善導のことです。その善導の「散善義」の文を取意して、「専念」といい「専心」といいます。この専念とは、ひたすらに称名念仏の一行を修めることをいいます。また専心とは、真実の信心の一念を意味します。すなわち、一念には、行（称名）の一念と、信（信心）の一念とがあって、ここで専念というのは行の一念についていい、専心というのは信の一念をいうわけです。

親鸞は、信心の相続とは、たんに信心のみではなくて、そこではつねに称名念仏とともに、行信相即しながら相続されると理解しているわけです。その『末燈鈔』に、「信の一念、行の一念、ふたつなれども、信をはなれたる行もなし、行の一念をはなれたる信の一念もなし」（真聖全二、六七二頁）と明かすところです。

かくして、以下の文の意味は、上に見た第十八願成就文の一念とは、専心としての真実信心の一心のことです。そしてこの専心とは深心、深い心のことです。この深心とは、深信、深く信知する心のことです。この深信とは、堅固深信、堅くて壊れることのない深い信心のことです。この堅固深信とは、決定心、決定して不動なる心のことです。この決定心とは、無上上心、この上もなく尊くすぐれた心のことです。この無上上心とは、真心、虚仮を離れた真実、仏の心のことです。この真心とは、相続心、生涯を貫いて相続される心のことです。この相続心とは、淳心、淳朴、純粋なる心のことです。淳心とは、憶念、心に深く刻んで忘れることのない心のことです。憶念とは、真実の一心、真実なる無二の心のことです。真実の一心とは、大慶喜心、広大なる喜びの心のことです。大慶喜心とは、真実信心、虚仮を離れたまことの信心のことです。真実信心とは、金剛心、金剛のように堅い心のことです。金剛心とは、願作仏心、自分が仏にならんと願う心のことです。願作仏心とは、度衆生心、一切の生きとし生けるものを仏になさんと願う心のことです。度衆生心とは、摂取衆生生安楽浄土心、生けるものすべてを安楽浄土に往生させようと願う心のことです。この心が仏にならんとする大いなる心としての菩提心です。そしてこの心こそが、あらゆる生けるものを仏になさしめんとする大きな慈悲の心です。

以上、一念をめぐる十九種の異名をあげましたが、それらはいずれも真実信心としての一念がもっているところの、基本的な性格について明かしたものです。この異名についてては、それぞれ経典や論釈にもとづいて名づけられたものですが、それについての考察は省略します。なお親鸞は、『浄土文類聚鈔』（真聖全二、四五三頁）にも、同じように、この信の一念について註解し、そこでは十六種の異名をあげていますが、それらの多くは重なるところです。

ところで、この十九種の註解について注意すべきことは、ここで明かす信心の解釈の多くが、信心の開発、成立以後の信心として、日日の生活の中で相続される信心について明かしているということです。そのことは、上に見たように、それを相続心といっているところにもっとも明瞭です。この相続ということは、浄土教理史の上では、曇鸞によって説きはじめられたものですが、親鸞はこの相続の語に「アヒツグ」（「信文類」真聖全二、一〇頁）と左訓しており、それが前後につづけられていくことだと理解しています。その点、ここで相続心ということは、その一念、信心とは、日日において相続されるところの信心を意味していることが知られます。

そのほか淳心とは、もとは曇鸞の『往生論註』に見られる語ですが、『浄土文類聚鈔』では「淳一相続心」（真聖全二、四五三頁）といって、それを相続心に重ねて理解していること、また憶念とは、親鸞が、

憶念は信心をえたるひとは、うたがひなきゆへに本願をつねにおもひいづるこころのたえぬをいふなり。（『唯信鈔文意』真聖全二、六四四頁）

と語るように、明らかに相続心のことです。また大慶喜心とは、すでに上にも見たように、

慶喜といふは信をえてのちよろこぶこころをいふ也。（『尊号真像銘文』真聖全二、六〇一頁）

と明かすように、信心開発以後の信心についていったものです。また願作仏心と度衆生心についても、「弥陀の悲願をふかく信じて仏にならむとねがふ心」、「よろづの衆生を仏になさむとおもふ心」（『正像末和讃』左訓、親鸞全集、和讃篇、一四七頁）と明かされるように、信心に生きるものの基本的な心構えを教えたものです。また摂取衆生安楽浄土心についても、上の度衆生心に重なる心でしょう。信心の相続ということが、このような自利利他の心、それにもとづく実践を意味しているということは、充分に注意すべきところです。また大菩提心も、もともとは発菩提の心として、仏道帰入の道心をいいますが、それは親鸞においては、ついには信心の初門位から究竟位を意味する心であって、それはまたさらに

は相続心にも重なるわけです。そして次の金剛心も、親鸞においては「金剛心は菩提心」（『高僧和讃』真聖全二、五〇三頁）、「金剛心を大菩提心といふなり」（『末燈鈔』真聖全二、六五六頁）というように、菩提心を意味するわけで、同じように相続心に属するものです。その他の信心は、その字義によるかぎり、それが相続の信心を意味するものかどうかは明瞭ではありませんが、その多くがこのように明らかに相続心に属するものであるところ、ここにあげた十九種の異名は、信心開発以後の、相続心としての信心について明かしたものであります。

そしてこの十九種の異名を結んで、「この心すなわちこれ無量光明慧によりて生ずるがゆえに」というのは、このような相続の信心は、まさしく阿弥陀仏の無量なる光明、智慧のよって調熟され、発起せしめられるものである、ということを意味します。かくしていまは、その力用、働きかけとしての智慧、光明、教法をあげて、相続の信心が、ひとえにこのような阿弥陀仏の智慧、光明、その教法によって生まれてくるということを教示するわけです。

そしてまた、このことをうけて、阿弥陀仏の本願が無碍にして平等であるから、その本願によって開発せしめられた私の信心も、また無碍にして平等であり、その信心が無碍にして平等であるから、その信心にもとづく仏道も無碍にして平等であり、またそのゆえにこそ、その信心が具えるところの慈悲、利他もまた無碍にして平等であります。かくしてこの信心こそ、浄土に往生成仏するための正しき因となるのだといいます。

以上が、信の一念、ことにその相続としての信心をめぐる註解です。なお、この信の一念と、その一念をめぐって十九種の異名をあげた親鸞領解の文は、ひとえに信心の相続について明かしたものだという理解は、従来の伝統教学においてはまったく問題にされませんでしたが、そのことは真宗信心の構造をめぐる親鸞の重要な教示であって、充分に留意すべきであると思います。

なおこのような、親鸞における信心の相続について、親鸞が善導の『往生礼讃』の「恒願」（真聖全一、六五六頁）の語を、『一念多念文意』に註解して、

「恒」はつねにといふ、「願」はねがふといふなり。いまつねにといふは、たえぬこころなり、おりにしたがふて、ときどきもねがへといふなり。いまつねにといふは、常の義にはあらず、常といふは、つねなること、ひまなかれといふこころなり。ときとしてたえず、ところとしてへだてずきらはぬを、常といふなり。（真聖全二、六〇四頁）

と明かしていることは注意されます。親鸞によれば、同じく「つね」といっても、「恒」の義と「常」の義は相違して、常とは「つねなること、ひまなかれといふこころなり。ときとしてたえず、ところとしてへだてずきらはぬを、常といふなり」というように、途中

で切れることなく無限に連続していくことであり、それに対して、恒とは「おりにしたがふて、ときどきもねがへといふなり」というように、何かの縁によって、時時に繰り返して生まれながら、前後裁断しつつ連続していくことだといいます。そしていまつねに仏を憶念し、浄土を願生するとは、この「恒」の意味であるというわけです。そこで私が思いますことは、いまここで信心が相続するということも、この「恒」の意味においてであるということです。すなわち、私は、その日日においては、いつも世俗の出来事にまぎれて、念仏も忘れ、仏法とは遠く離れて生きることが多いわけですが、にもかかわらず、何かの縁をとおして、ふと念仏をもうし、仏の心について思い当ることがあります。信心の相続ということは、そのような仕組みにおいて、「たえぬこころ」として「おりにしたがふて、ときどき」に、私の心の底深くに信の一念が成立してくることをいうわけです。

3　真実信の讃歎

親鸞は、次に、上において詳細に論述したところの、真実信の要義としての本願文の三信心の字訓とその意義をめぐる解説、そしてまた、その信心の相状をめぐる菩提心の意義、真実信の開発、真実信の相続についての説明をうけて、真宗における真実信心を讃歎して、結びの言葉を述べます。

かるがゆえに知んぬ。一心これを如実修行相応となづく。すなわちこれ正教なり。これ正義なり。これ正行なり。これ正解なり。これ正業なり。これ正智なり。三心すなわち一心なり。一心すなわち金剛真心の義、こたえおわんぬ。知るべし。（真聖全二、七三頁）

この文の意味は次のとおりです。以上によってよく知ることができます。すなわち、一心、信心とは、その開発の一念から相続の信心を含めて、それは如実修行相応ともいうことができて、称名念仏に即一して、行信は一如です。そしてその信心とは、正しい教説にもとづくものであり、またそれが正しい道理にしたがったものであり、またそれが正しい行道において成立したものであり、またそれが正しい仏法の領解によるものであり、またそれが正しい行業としての念仏に即するものであり、またそれこそが正しいまことの智慧でもあるわけです。かくして上において、真宗における真実信心の意義をめぐり、この「信文類」では、上において三心の字訓と意義の二種の問いを掲げ、それについて、いろいろと回答、説明してきましたが、それは帰するところ、第十八願文の至心、信楽、欲生の三心は、ついには一心に摂まり、その一心とは、金剛堅固なる真心（仏心）、信心にほかなりません。以上によって、それらの問いに対して、すべての回答をおわりました。

なおここで、その一心、信心を、「如実修行相応となづく」ということについては、すでに上でも明かしたように、そのことは、私が称名しながら、それは私の称名ではなくて、それがそっくりそのまま、仏の称名であると思い知られ、そのように聞かれてくること、私の称名が仏の称名として聞こえてくること、すなわち称名が聞名となることを意味します。そして親鸞においては、そのような聞名とは、「きくといふは、信心をあらわす御のりなり」（『一念多念文意』真聖全二、六〇五頁）というように、そのまま信心を意味するものです。かくして、ここで称名が聞名になるということは、またその称名がそのまま信心になるということでもあって、このような称名は、信心に即一するものにほかなりません。

かくして、ここでいう如実修行相応とは、まさしく真実信心を意味するわけで、親鸞が、ここで「一心これを如実修行相応となづく」というのは、そういう行信即一するところの信心を意味します。そのことは、親鸞が『高僧和讃』に、「如実修行相応は、信心ひとつにさだめたり」（真聖全二、五〇七頁）というところにも明瞭です。

そしてまた、ここで一心を、正教、正義、正行、正解、正業、正智であると明かすことは、この文は、善導がその「散善義」（真聖全一、五三五頁）の第六深信において、仏陀の教言を讃歎するについて明かした言葉で、いまはそれをそっくりここに借用して、信心を讃える言葉として示すわけです。なおまた、親鸞は「行文類」においては、その行の一念を明かすについても、「正行」「正業」「正念」（真聖全二、三五頁）と説いておりますが、このことからしても、信心と念仏、信と行とは即一するものと領解していたことが、よくよくうかがわれるところです。

十一　真宗救済の意義

1　現生における十種の利益

親鸞は、上の聞名の構造について論じたあと、真実信の相続について明かす前に、その信の一念が「清浄報土の真因」（真聖全二、七二頁）であるといい、それについて次のような文をおき、真宗における救済をめぐって、現生における十種の利益について語ります。そしてそのあとに「横超」（真聖全二、七三頁）について論じますが、このこともまた、真宗における救済について教説したものであります。そこで以下、これらの文を中心に、真宗における仏の救済について、いささか考察してみたいと思います。

金剛の真心を獲得すれば、横に五趣八難の道をこえ、かならず現生に十種の益をう。なにものか十とする。一には冥衆護持の益、二には至徳具足の益、三には転悪成善の益、四には諸仏護念の益、五には諸仏称讃の益、六には心光常護の益、七には心多歓喜の益、八には知恩報徳の益、九には常行大悲の益、十には正定聚に入る益なり。
（真聖全二、七二頁）

そこで、ここでいう「金剛の真心を獲得すれば、横に五趣八難の道をこえる」とは、その五趣八難とは、五趣とは、地獄、餓鬼、畜生、人間、天上の五種の迷界のことをいい、八難とは、地獄、餓鬼、畜生という、苦しみが多くて仏法に縁のない三種の世界と、長寿天などの楽しみが多くて仏法に心をよせない二種の世界と、それに仏法に縁のないもの、傲慢邪見のもの、仏の出現に遇えないものの三種を加えたところの、聞法に無縁な境界、世界を八難処といいます。信心をうるならば、そういう境界を遠離して、つねに仏法に深くかかわった生活を続けることができるといいます。

そして次の現生の十種の利益とは、

一には、冥衆護持の益。念仏者は、眼に見えない諸天や善神などに、ひそかに護られるという利益。

二には、至徳具足の益。念仏者には、その身に最高の価値、功徳がそなわってくるという利益。

三には、転悪成善の益。念仏者は、その信心の功徳によって、自分の罪業を転じて善根にすることができるという利益。

四には、諸仏護念の益。念仏者は、いつでも、どこでも、あらゆる諸仏によって護持されるという利益。

五には、諸仏称讃の益。念仏者は、つねにあらゆる諸仏によって称讃されているという利益。

六には、心光常護の益。念仏者は、いつも阿弥陀仏の摂取の光明、心光に照護されているという利益。

七には、心多歓喜の益。念仏者は、つねに心の中に、安らいと喜びが満ちているという利益。

八には、知恩報徳の益。念仏者は、さまざまな恩徳にめざめて、いろいろと報恩の実践をすることができるという利益。

九には、常行大悲の益。念仏者は、つねに如来の大悲に参加して、人々に念仏を勧めるという利他の働きをもつことができるという利益。

十には、入正定聚の益。念仏者は、ひとしくやがて仏の「さとり」をひらくことに、まさしく決定した仲間に入るという利益。

以上の十種をいいます。このような十種の利益については、最後の入正定聚の益が中心をなし、あとの九益は、そのことをさまざまな角度から捉えて、説明し、讃歎したものにほかなりません。なおこれらの教示の根拠については、いまは省略いたしますが、詳細は拙著『教行証文類講義』第六巻一二五頁以下を参照してください。

次の横超については、

横超とは、すなわち願成就一実円満の真教、真宗これなり。（真聖全二、七三頁）

と明かすように、真宗において説かれるところの仏の救済とは、まさしく「横超」といわれるべき内実をもつものでありました。

2　宗教における救済

宗教というものは、そのいずれにおいても、それぞれの立場と論理をもって救済を語ります。仏教もまた、ひろくは仏の救済を明かします。この「救済」という言葉は仏教の文献にも見られるもので、たとえば『摩訶般若波羅蜜経』（大正八、二四六頁）、『阿毘達磨倶舎論』（大正二九、七六頁）、『摂大乗論』（大正三一、一五一頁）などに説かれています。親鸞もまた、阿弥陀仏の「救済」（「総序」真聖全二、一頁）を語ります。そこでそのような、真宗における救済の意味を、より鮮明に理解するために、今日における宗教一般において語られる救済について、いささか概観してみたいと思います。

そこで私の理解するところによりますと、宗教における救済については、それを大きく分類すると、第一には自我肯定的タイプの救済、第二には自己制御的タイプの救済、第三には主体確立的タイプの救済があるといいうると思います。

その第一の自我肯定的タイプの救済とは、自分自身の願望、欲求をそのまま肯定しながら、超自然的なものの威力、神や仏の力にたよって、その欲求を充足し、達成しようとする宗教において語られるものです。もともと人間というものは、それぞれの胸中に宿す願望、欲求を満たすために、日日あくせくと努力を重ねているものです。私たちの日日の生活のほとんどは、ある意味では、そのための営為であるともいえましょう。しかしながら、私たちの人生においては、そのような営みの中でどれほど自分の力を尽くしても、なかなか思いどおりにならないことがあるものです。その場合、多くの人人は、さらに決意を新たにして、再びそのことに向かって挑戦を試みるとか、あるいはまた他人の援助を求めて、何とかしてその願望を達成しようとはかるものです。しかしそれでも、なおうまくいかず、さりとて断念もできないような絶体絶命の危機状況に陥りますと、多くの人人は、この世を超えたところの絶対者としての神や仏の存在にたより、その威力に対して祈願、祈禱し、その助けをかりて、その危機を克服し、その願望を達成しようと思います。そしてそのような祈願、祈禱によって、何とか自分の願望がうまく成就したとき、そのことを救われた、助かったと語る宗教があります。

このような救済を説く宗教は、つねにこの世界と人生を支配するところの、絶対者としての神の存在を前提とします。そしてそういう絶対者の意志によって、この世界のすべての現象が成りたち、また私たち一人ひとりの人生も支配されていると教えます。たとえば、日本古来の神道がそうです。日本の神道は多神教で、多くの神々が、それぞれの職能、役割を分担して、世界と人間を支配していると考えます。山の神、海の神、風の神、水の神、商売の神、縁結びの神、学問の神など、人間の願望に対応して、多くの神々が語られ、それぞれの神が人間の願望をかなえてくれるというのです。しかし、その神の威力、加護をうけるについては、人間の側からの祈願、祈禱が必要なわけで、人人は、その神に対して、自分の願望を懸命に表白し、何がしかの金銭、物品をお供えして、心をこめて祈願しなければなりません。そしてその祈願がうまく神に通じるならば、何らかの奇蹟、利益が恵まれて、願望どおりに現実状況が好転し、救済が成立するというわけです。このような救済は、もともと古代の原始宗教に見られるものですが、現代においても、そのような宗教はいろいろと存在し、また最近では、それがさまざまな科学的な偽装を凝らして登場し、人間の苦悩に対する癒しをうたいつつ、不可解な霊媒行為を実施したり、怪しい超能力の獲得を説くものまでも出現しています。

もちろん、現代の人人が、そのような超自然的な神の支配と、その奇蹟について、どれほど明確に信じているかどうかは疑問ですが、このような救済を語る宗教は、日本をはじめ世界の各地にも数多く存在しており、また現代のように科学文明が発達した社会においても、いろいろと解決困難な問題が発生してくるところ、それはさまざまな形態をとりながらも、いまなお社会の底辺に深く浸透して、繁盛しているようです。

そして第二の自己制御的タイプの救済とは、第一のタイプが自分の願望、欲求をそのままにして、現実の状況を、願望のとおりに変更しようとするのに対して、この第二のタイプは、その自分の願望、欲求を徹底して制御し、転換させることによって、そこに人生の平安をつくりだそうとする、きわめて心理主義的な宗教において語られるものです。私たちの人生というものは、いつも何もかも思いどおりに進むものではありません。そこで、自分の願望、欲求が、どうしても達成できないときには、その願望を小さく縮少してみたり、またその方向を転換して、第二志望、第三志望で我慢することも大切なことです。このように自分の思いを変更することによって、また新しい道を選んで努力すれば、かえって前よりも、より大きな人生の喜びをうることができるかもしれません。しかし、人間は自分自身では、なかなかそのように願望をコントロールできません。そこで絶対者、超越者の存在を語り、その意志に従って生きるということを説き、それにもとづいて自分の願望、欲求を制御し、またそれを転換することによって、まったく新しい人生を創出していくことを教える宗教があります。それがこの第二の自己制御的タイプの救済を説く宗教です。

そのような救済を語る宗教は、たとえば、天理教の教えに、その傾向を見ることができましょう。天理教とは、幕末から近代初頭にかけて生まれたもので、中山みき（一七九八～一八八七）を創始者とする民衆宗教です。この天理教では、天理王命《てんりおうのみこと》という神を語りますが、それは天地万物の創造神であり、したがってまた、宇宙世界すべての支配者でもあるといいます。そして人人は、この神の意志に従って生きることが大切であり、それにおいてまことの幸福がもたらされると教えます。この天理教では、神のことを「ほうき（箒）」と呼んで、この神を信じて生きるとは、それによって自分中心の心の欲望を掃き捨てて、いちずに神の意志に従って生きていくことだと説きます。そしてそのような自分中心の心を「ほこり」といい、それには「をしい（惜しむ心）」、「ほしい（欲の心）」、「にくい（憎しむ心）」、「かわいい（愛欲の心）」などの八種の心があり、それをつねに払い清めていくこと、すなわち、自分の願望、欲求をよくコントロールしていくことによって、いかなる現実状況もよく受容し、それに満足して生きることができると教えます。天理教の祈りの言葉が、「悪《あ》しきを払《はろ》うて救《たす》けたまえ天理王のみこと」といわれるとおりです。かくして、このように自己をよく制御して生きるところ、そこにこそ人生の幸福が開けてくるというわけです。

そして第三の主体確立的タイプの救済とは、超自然な威力にたよって、苦悩の現実状況を変更させるのでもなく、また自己自身の願望を制御して、その現実状況によく順応することでもなくて、それらとは異って、いまひとつ、自己自身の人格主体をよく成熟させ、それを正しく確立させることによって、まことの自立をとげ、いかなる厳しい現実状況に対しても、よくそれに耐え、またそれをよく克服して生きていくところに開けてくる、新しい人生の平安、充実の境地をいいます。

そのような救済は、仏教における仏道が本来的に目標とするものであって、仏教における救済とは、基本的には、そういう性格と構造をもつものです。もともと人間の行動というものは、人間個人の有機的構造体としての人格と、それを取りまく環境状況との相関関係において生まれてくるものですが、その一人ひとりの人格の内面には、先天的、生得的な因子と、後天的、学習的な因子によって、複合的に形成されてきたところの多くの反応構造を内包しています。いま仏教において、それぞれの仏道を修習して、「さとり」ないしは「信心」をひらいて、その仏道を生きるということは、そのような後天的、学習的な契機によって育成されたところの、ある特定の方向性をもった人生態度、新しい人格の形成を意味するわけです。そしてそのような人生態度とは、さらにいうならば、その人格の内面において形成されるところの、自分の人生における究極的な意味、価値、すなわち、自分自身にとって何がいちばん大事なものであるかということを、どれほど真理に即応して選択し、決着しているかという、人生における究極的な価値体制の確立を意味するともいいえましょう。仏教とは、基本的には、このような主体的な人生態度、ないしはそういう価値体制をもつところの、人格主体の形成とその自立をめざすものであって、仏教における「さとり」とか「信心」というものは、まさしくそういう新しい人生態度の形成、人格主体の確立を意味するものであり、上において見たところの、現生十益としての正定聚の位とは、まさしくそういう人格主体の確立、自立を表象するものにほかなりません。

そのことは、親鸞に引きよせていうならば、

煩悩具足の凡夫、火宅無常の世界は、よろづのことみなもてそらごとたわごと、まことあることなきに、ただ念仏のみぞまことにておはしますとこそ。（『歎異抄』真聖全二、七九二―七九三頁）

といわれるように、自分の人生の根本的な生き方、すなわち、その人生の価値体制において、きわめて明確に、「よろづのことみなもてそらごとたわごと、まことあることなき」といいきれ、そしてまた、「ただ念仏のみぞまことにておはします」といいきれるということです。すなわち、私の人生生活において、念仏をこそ、もっとも究極的な価値として、

確かに確かに選びとれているということです。もしもそのように、その念仏が、私の人生において、明確に究極的な価値として選び取られているならば、すなわち、確かにそういうまことの人生態度が形成され、そういう人格主体、自立ということが確立されていくならば、必然的に、その人生態度、その人格主体を基軸として、この現実において新しい境地が展開してくることとなりましょう。いまの第三の主体確立的タイプの救済とは、そういうことを意味します。そして仏教における救済とは、基本的には、そういう主体の確立にもとづく新しい境地の展開をいうわけです。

以上、宗教における救済について三種のタイプを掲げて、およその説明をいたしましたが、これは今日における多くの宗教が語る救済について、その特性をことさらに抽出して明かしたもので、現実の諸宗教においては、それら三種のタイプが、いろいろと複合して語られている場合が多いわけです。その点については充分に留意して見られるべきでありましょう。

3　真宗における救済

真宗における救済の意味について考えてみますと、真宗における救済とは、すでに上に見たような、第三の主体確立的タイプとしての救済に属します。そしてそのような仏教における救済の構造をめぐっては、そういう人生態度の形成、新しい人格主体の確立について、そのことは、自己自身がまことの自己自身に向かって脱皮し、新しい人格主体として成長していくことを意味するところから、仏教では、そのことを「解脱」といい、また「成仏」ともいいます。すなわち、「脱ぐ」といい「成る」というわけです。古い自分の殻を脱ぎながら、新しい自分に成っていく、成り続けていくということです。この「脱ぐ」ことと「成る」ということが、仏教における救済の基本的な要件であることは充分に注目すべき事柄です。そしてそのようなまことの自己、新しい自己の誕生、自立の成立をめぐっては、もともと出家仏教としての聖道教と、もともと在家仏教としての浄土教では、その理解が明らかに相違しております。

すなわち、聖道教では、その人間理解において、人間とは本来において清浄、真実なる存在であるという立場に立つところから、そういう脱皮と成長とは、ひとえに自己の内に本来的に宿されたものが、出現し、現成してきたものであると考えます。すなわち、そのことは、もともと自己の中に内在し、隠れていた因子が、いまここに顕現したものであると理解します。

しかしながら、それに対して浄土教では、その人間理解において、人間とは本来におい て虚妄、不実なる存在でしかなく、清浄、真実なるものは、まったくもってはいないという立場に立つところから、そういう脱皮と成長とは、まったく自分の外なるものの到来によってこそ、はじめて生まれてくるものだと考えざるをえません。すなわち、そのことは、まったくもって、他者から与えられたものだと理解いたします。かくしてここにおいて、聖道教と浄土教が、自力教といわれ、他力教といわれる理由があり、またそのような事態について、聖道教ではそれを「証悟（さとり）」といい、浄土教ではそれを「救済（すくい）」というわけです。しかしながら、そのいずれにおいても、それはまことの人生態度の形成、新しい人格主体の確立ということを意味するものにほかならず、聖道教といい、浄土教といい、また「証悟（さとり）」といい、「救済（すくい）」というも、その人間理解の相違によってそう表現するのみで、それらは本質的には、何らの相違もなく、まったく同一の事態について語ったものにほかなりません。

かくして親鸞においては、念仏、信心に生きるとは、このような人生態度の形成、人格主体の確立において、いっそう脱皮と成長、「脱ぐ」ことと「成る」ことを繰りかえし、それを反復しつつ生きていくということでした。すなわち、信心に生きる、信心を相続するということは、そういう営みの道を生きていくということにほかなりませんでした。そしてそのことは、いうならば、新しいまことの自己の確立として、「念仏的人生態度」の形成、「念仏的人格主体」の確立、「念仏的自立」を意味するものであります。そしてこのような新しい人生態度、人格主体が確立され、まことの自立が成立するならば、またその必然として、新しい境地、新しい生き方、すなわち、「念仏的人生」が展開していきましょう。そういう「念仏的人生」の境地を、真宗では仏の救済というわけです。仏教の文献において、「救済」と漢訳された原語に、ウッタラナ（uttaraṇa）という言葉がありますが、この語は「渡る」「横切る」ということを意味するもので、仏教における救済とは、もともと「渡る」ということをあらわします。そしてまた、仏教においては、そういう救済のことを、また「済度《さいど》」とも明かされることは、そのことをよくよく意味するものでしょう。その「済」とは、その字義は「斉」は「ととのえる」ことをあらわして、「済」とは、水をととのえる、水を征服することで、水を「わたる（渡）」ことをいい、またその「度」も「わたる（渡）」という意味をもつところ、済度とは、基本的には「わたる」ことであって、さまざまな苦悩、障害の多いこの現実の人生を、新しく確立した人生態度、人格主体にもとづいて、よくそれを超度し、よくそれを克服していくことを意味するわけです。すでに上に見たように、親鸞が「横超」という言葉に注目し、真宗における信心の利益、救済の基本が、「横超」であると主張したのは、まさしくこのことを意味します。かくして、真宗においては、仏に救われるということは、現実の人生を、いちずに浄土をめざしつつ、あらゆる障害を乗りこえて、渡っていく、超えていくということにほかなりません。真宗において、死ぬことを「往生」というのは、まさしく超えがたい死さえも、よく超えていく、渡っていく、すなわち、往いて生きる、往いて生まれる、ということを意味するものにほかなりません。かくして、真宗における救済とは、ひとえに済度（わたる）、横超ということを意味するわけです。

十二　真仏弟子の意義

1　真と仮と偽

親鸞は、まことの念仏者を讃えて、その人こそ「真の仏弟子」だといいます。すなわち、

真の仏弟子というは、真の言は偽に対し仮に対するなり。弟子とは、釈迦諸仏の弟子なり。金剛心の行人なり。この信行によりて、かならず大涅槃を超証すべきがゆえに、真の仏弟子という。（真聖全二、七五頁）

と明かします。その文の意味するところは次のとおりです。

ここで真の仏弟子というのは、その真という言葉は、偽に対し、また仮に対していう言葉です。またその弟子というのは、釈迦と諸仏の弟子ということを意味し、まことの金剛

堅固な信心をもった念仏行者のことです。このまことの信心と念仏に生きるものは、そのゆえにこそ、かならず来世、浄土において、無上の仏の「さとり」をひらくことができますので、その意味において、その人を、真実の仏弟子というのです。

そこで、このような真の仏弟子という表現は、善導の「散善義」の第五深信の文に、

仰ぎ願わくば、一切行者等、一心にただ仏語を信じて身命を顧みず、決定して行によりて、仏の捨てしめたまうをばすなわち捨て、仏の行ぜしめたまうをばすなわち行ず、仏の去らしめたまうところをばすなわち去つ。これを仏教に随順し、仏意に随順すと名づく。これを仏願に随順すと名づく。これを真の仏弟子と名づく。（真聖全一、五三四頁）

とある文にもとづいて明かされたものです。

なおまた、このような真の仏弟子という語は、すでに一般の仏教文献にもいろいろと見られるところです。すなわち、『増一阿含経』には、

よく梵行の跡を守り、またよく道を善修して、もろもろの一切の結を断ずれば、真の仏の弟子なり。（大正二、七〇二頁）

と説き、また『大智度論』にも、

真仏弟子とは、諸法の実相をうるを名づけて仏とす。諸法の実相をうるに差別あるが

ゆえに、須陀洹ないし辟支仏、大菩薩あり。須陀洹ないし大菩薩、これを真の仏弟子と名づく。(大正二五、七四七頁)

と語っております。

そしてここでいう仏弟子とは、もともとは仏教に帰依して、「釈」氏を名のるもの一般を意味します。このような、仏法に帰依したものが、「釈」を姓として、釈何々と名のることは、古く中国の南北朝時代の僧侶であった、道安(三一三〜三八五)によって始められました。この道安は、中国仏教の初期において、その基礎を築いた人であって、仏典の編纂、校訂、註釈のほか、仏教の儀軌の制定などをすすめ、また多くの学徒を指導したわけで、中国仏教の基礎は、この道安によって形成されたともいいうるほどです。この道安が、仏弟子たる出家者は、ひとしく俗名を捨てて、釈氏を名のるべきだと主張したわけです。そして今日では、僧侶以外の一般の在家の仏教徒も、それぞれの教団に所属して、法名、戒名をうけることが行なわれております。その点からすれば、今日的には、「仏弟子」とは、ひろく仏教に帰依したものすべてを意味するわけであります。

ところで親鸞は、その仏弟子について、真なる仏弟子、仮なる仏弟子、偽なる仏弟子という分判を加えているわけですが、そのことについては充分に注目すべきところでしょう。すなわち、

その仮の仏弟子については、

仮というは、すなわちこれ聖道の諸機、浄土の定散の機なり。（「信文類」真聖全二、八〇頁）

といい、また偽の仏弟子については、

偽というは、すなわち六十二見、九十五種の邪道これなり。（「信文類」真聖全二、八〇頁）

と明かしております。仮の仏弟子とは、偽ではないが真にまで至っていないもののことで、聖道教の人人と、浄土教の中の第十九願仮門なる雑行雑修の人人、第二十願真門なる自力念仏の人人をいい、偽の仏弟子とは、名ばかりで内実が虚偽なものをいい、その偽とは、具体的には、釈尊在世の時代にインドにおいて盛んであった、仏教以外の六十二見と九十五種のあやまった教法をいいます。

その六十二見とは、『大般涅槃経』などに説かれるもので、この宇宙世界と人間存在をめぐって、ことに過去に関する見解を主張する十八種と、未来に関する見解を主張する四十四種の、計六十二種類の見解、思想が分かれて主張されていたものをいいます。また九十五種とは、釈尊と同じ時代に、インドにおいて教説されていた仏教以外の諸宗教を総称していったもので、『大般涅槃経』などに説かれておりますが、一般には、六師外道のそれぞれの師と、それぞれの弟子たち十五人の教を合計したもの、九十六(九十五)人の教説のことだといいますが、その詳細については不明です。

2 仏に成るべき身と成る

そして親鸞は、そのような真の仏弟子については、しばしば「正定聚」に住すといい、「不退転地」(菩薩道の五十二段階の中の第四十一位)に至った人だといい、またそういう人を「必定の菩薩」(『愚禿鈔』真聖全二、四七六頁)といい、また「弥勒におなじくらゐ」(『末燈鈔』真聖全二、六六一頁その他)の人といい、さらにはまた「如来とひとしきひと」(『末燈鈔』真聖全二、六八一頁その他)などとも語っています。その「正定聚」については、すでに上に見た現生十種の利益のところで解説したとおりですが、「不退転地」といい、「必定の菩薩」というのも、この「正定聚」について明かしたものです。また「弥勒におなじくらゐ」とは、その正定聚、不退転地を超えて、菩薩道の第五十一位なる弥勒菩薩と同じ位ということを意味し、また「如来とひとしきひと」とは、まさしく仏と等しい位に至った人ということで、それは信心の人がうるところの功徳、利益についての、最高位の讃歎の言葉であります。

そしてまた親鸞は、そういうまったく新しい人格主体を確立した人、真の仏弟子をめ

ぐって、

本願を信受するは前念命終なり。

即得往生は後念即生なり。（『愚禿鈔』真聖全二、四六〇頁）

と明かし、その人は信心の開発の時点において、すでに古き生死《まよい》の生命を死して、新しい如来《さとり》の生命に生まれた人でもあるといっています。そしてまた、そういう新しい自己の誕生については、

まことの信心をえたるひとは、すでに仏になりたまふべき御身となりておはします。（『末燈鈔』真聖全二、六八〇～六八一頁）

念仏を信ずるは、すなわちすでに智慧をえて、仏になるべきみとなる。（『弥陀如来名号徳』真聖全二、七三五頁）

などと明かし、また、

かならず仏になるべき身となるなり。（『浄土和讃』親鸞全集、和讃篇、七一頁、「無生忍」の左訓）

まことの仏になるべき身となれるなり。（『一念多念文意』真聖全二、六〇六頁、「等正覚」の左訓）

仏になるべき身とさだまれるをいふなり。（『一念多念文意』真聖全二、六〇六頁、「等正覚」

の左訓）

かならず仏になるべき身となれるとなり。（『一念多念文意』真聖全二、六〇六頁、「正定の聚」の左訓）

仏になるべき身となるとなり。（『一念多念文意』真聖全二、六〇六頁、「阿毘抜致」の左訓）

などとも語っています。

親鸞は、このように信心を開発して、新しい人格主体を確立し、真の仏弟子になったものは、すでに「仏になるべき身となった人」だというのです。親鸞は、人間の罪業性、不実性について徹底して内観し、凝視していきましたので、たとえ「後念即生」として、ここにおいて仏の生命を生きる身になったとしても、今生においては、信心の人を決して「仏」と呼ぶことはありませんでした。しかし、まことの念仏、信心の人を、このようにしばしば繰りかえして、「如来とひとしき人」といい、また「仏になるべき身となった人」だといっています。親鸞が、このように信心の人を「如来とひとしき人」といい、また「弥勒とおなじくらゐ」と語る発想は、すでにこの「信文類」（真聖全二、六三頁、七九頁）にも見られるわけですが、それを「仏になるべき身となった人」と捉えたのは、この『教行証文類』成立以後の、晩年に生まれた新しい思想だと思われます。親鸞が、このように信心の人を「如来とひとしき人」といい、「仏になるべき身となった人」と呼んでいることは、いままでの教学においてはまったく取りあげられませんでしたが、このことについては充分に注目すべきことでありましょう。

そして親鸞は、ここで真の仏弟子とは、「金剛心の行人」なりといい、またさらには、その『愚禿鈔』において、その真実信心の人を、

希有人なり。最勝人なり。妙好人なり。好人なり。上上人なり。真仏弟子なり。（真聖全二、四七七頁）

とも明かします。親鸞においては、まことの念仏者、真実の信心に生きるものこそが、希有人であり、妙好人であり、真の仏弟子であったわけです。ということは、それ以外の、聖道教の人人、そしてまた同じ浄土念仏者であっても、本願の意趣にめざめない人人は、すべて仮なる仏弟子でしかないということです。もって親鸞が、どれほど深い信念、自信をもって、この真仏弟子論を主張しているかがよくよくうかがわれましょう。

なおこのような真の仏弟子、真宗念仏者の人生における生き方、その社会的実践をめぐっては、ここでは何ら語ってはおりませんが、晩年の御消息にはいろいろと教示しております。そのことについては、すでに別の論考において、あれこれと解説いたしましたが、今日ではさまざまな社会的問題が噴出しているところ、真宗念仏者の対応が厳しく問われているところです。その点、本願寺教団の教学は、いったいいかなる論理を構築し、真宗

者をどのように指導していくのでしょうか。

3　親鸞の自己省察

まことに知んぬ。悲しき哉、愚禿鸞、愛欲の広海に沈没し、名利の太山に迷惑して、定聚のかずに入ることをよろこばず、真証の証に近づくことをたのしまざることを。はずべし、いたむべしと。（真聖全二、八〇頁）

そこで親鸞は、この真仏弟子の意義を明かす文章を結ぶにあたって、とても厳しい、上のような自己省察の言葉を表白します。その意味は次のとおりです。

私はいま改めて深く思い知ることです。まことに悲しいことですが、この愚禿釈の親鸞は、すでに真実信心をえて、真の仏弟子の身とならせていただきながらも、いつも人生の愛憎、貪欲の広い海に沈み、また世俗の名聞、利養の大きな山に迷いつづけて、いますでに阿弥陀仏の大悲に摂取されたものの仲間に入っていることを、いっこうに喜ぶこともなく、またいっそう仏の「さとり」に近づいていることを少しも楽しく思いません。まことに恥ずべきことであり、まことに痛ましいかぎりです。

ここには、真実信心に生きるものとしての深い呻きにも似た親鸞の深刻な自己省察、それにもとづく悲歎とその告白が見られます。私はすでに上において、信心というものは、仏の光明に照射されて、古い殻皮を脱ぎながら、新しい生命に育てられ、新しい人格に成っていくことであるといいました。しかしながら、そのことはまた、その光明の照射において、いよいよ自分自身の黒い陰影があらわになってくるわけです。その信心の必然として、いよいよ自己の闇黒の部分が自覚され、思い知らされてくることとなるのです。そのことは、たんなる心情的な機の信知ということではなくて、より人格的、実態的なレベルにおいて、信心において成っていくということとは逆に、成ってはいない自分がいよいよ自覚され、そのことについて、いっそう知らしめられてくるということでもあります。それはあたかも、高い山に登れば登るほど、足下の下界が、いよいよ広く遠くまで見えてくるようなものでしょうか。

親鸞における信心の内実としての自己内観というものが、いかに徹底し、どれほど深刻なものであったかが、よくよくうかがわれるところであります。

十三　廻心体験の成立

1　阿闍世の廻心

親鸞は、次いで『大般涅槃経』（北本・南本・大正一二巻）に説かれるところの王舎城の悲劇、すなわち、阿闍世（アジャータシャトル Ajyātaśatru 紀元前五世紀〜四世紀ごろ）を中心とする物語を長々と引用します。その内容は、この阿闍世は、中インドのマガダ（Magadha）国王の頻婆娑羅（ビンビサーラ Bimbisāra）と、その王妃韋提希（ヴァイデーヒー Vaidehī）の王子でしたが、父王を殺害して王位につくという、恐ろしい殺父の重罪を犯し、そののち、その罪業をめぐって種々に煩悶した末に、釈尊の教化によって救われたという物語です。

引用の経文に従って、その内容をいま少し詳しく解説しますと、阿闍世は、そののち深く後悔することとなり、全身が化膿して血がでるという瘡《かさ》の病気となり、その膿血《うみち》の匂いは、とても臭くてそばに近づくこともできないほどでした。母親の韋提希夫人が、いろいろな薬をその全身に塗りましたが、いっこうに治りませんでした。そこで阿闍世は、これは私の心から生まれた病気で、薬や医者の力で治るものではない、私はやがては自分の犯した業報によって、地獄に堕ちるであろうといって、さまざまに煩悶しました。

そこで阿闍世に仕えていた六人の大臣たちが、それぞれ六師外道の師匠を医師として推薦し、この人たちが、さまざまな詭弁と非道な論理を用いて、阿闍世をいろいろと説得しましたが、いずれも阿闍世の苦悩を救うことはできませんでした。そこでそのころ王舎城に住んで、仏教徒としてあつく釈尊を尊敬していた医者の耆婆（ジーヴァカ・コーマーラバッチャ Jīvaka Komārabhacca）が、釈尊を訪ねて聞法することを勧めます。しかし、阿闍世は、自分のような極悪人は、とてもお眼にはかかれないだろうとためらっていたところ、天から「すみやかに仏のところにもうずべし」という声が聞こえてきました。そこで阿闍世がびっくりして天を仰ぎ、この声の主は誰かと聞くと、「われはこれ汝の父なり」という声が返ってきて、阿闍世は驚き恐れおののいて大地にひれ伏しました。深く仏教に帰依していた頻婆娑羅王が、自分を殺害したわが子に対して呼びかけた、子を思う深い愛情から生まれた天の声でしょう。

釈尊は、その時にクシナガラの沙羅の木のもとで、やがて涅槃に入ろうとされていましたが、阿闍世のことを知られたので、それを中止され、月愛三昧《がつあいさんまい》という境地に入り、それによって生まれてきた清涼な光明を、阿闍世の身に照らして、その化膿の病気を治されました。そして阿闍世は、釈尊のもとにいって聞法することになりました。釈尊は、親しく「阿闍世大王よ」と呼びかけながら、一切の諸法が無常であること、そして業の説明、罪業の本質、空の思想など、さまざまな分野にわたって説法されました。

かくして釈尊の教化によって、阿闍世は次第に煩悩の悪心を破壊、転成することとなり、ついには仏のさまざまな功徳を見ることができたといいます。それについて阿闍世は、「無根の信」をえたといいます。まったく根がない、そういう事実が成立するはずがないにもかかわらず、深い信心をうることができたということです。そして阿闍世はまた、「われいま、いまだ死せずしてすでに天身をえたり」といいます。その信心において、深く人格変容をとげて、新しく聖者の身となることができたということです。そして阿闍世は、これからはいっさいの衆生を救うために働きたいという誓いをたて、マガダ国に帰っていきました。以上が、その引文のおよその内容です。

この『大般涅槃経』の阿闍世説話は、阿含の『沙門果経』をうけて成立したものと考えられますが、この説話は、多くの大乗経典に説かれており、この事件は、当時はたいへん有名な出来事であったことが知られます。それについて説かれた経典の主要なものには、『未生寃経』一巻（大正一四巻）、『阿闍世王問五逆経』一巻（大正一四巻）、『阿闍世王授決経』一巻、（大正一四巻）、『阿闍世王経』二巻（大正一五巻）などがあります。

かくして親鸞は、上においてながながと引用した『大般涅槃経』の阿闍世物語を結んで、次のように語り、いかなる難化、難治なる、謗大乗教、五逆罪、一闡提の三種の人も、阿弥陀仏の本願に帰入して真実信心をうるならば、ひとしく成仏ができるということを明かします。

ここをもって、いま大聖の真説によるに、難化の三機、難治の三病は、大悲の弘誓を憑み、利他の信海に帰すれば、これを矜哀して治す、これを憐愍して療したまう。たとえば醍醐の妙薬の一切の病を療するがごとし、濁世の庶類、穢悪の群生、金剛不壊の真心を求念すべし。本願の醍醐の妙薬を執持すべきなりと、知るべし。（真聖全二、九七頁）

この本文の意味は、次のとおりです。

かくして、いま釈尊の教説によりますと、大乗の教法を謗り、五逆罪を犯し、仏性をもたないものという、仏法に帰依するように教化しがたく、そのように育成することの困難な三種の人でも、ただ阿弥陀仏の大悲の誓願に帰して、真実信心を求めるならば、阿弥陀仏は深くあわれんで救済してくださいます。そのことは、たとえばあらゆる薬の中でも最もすぐれた醍醐《だいご》という薬が、すべての病気をよく治すようなものです。この末法、濁世に生きる人人、煩悩罪業にまみれている人人は、よろしくこのような堅固なる真実の信心を求め、確かに阿弥陀仏の本願大悲の妙薬をうるべきです。

以上がそのおよその意味です。ところで、ここで「大聖の真説」というのは、直接には経典一般を意味しますが、それは具体的には、上に引用した『大般涅槃経』と、いかなる成仏困難なるものをも済度する、阿弥陀仏の本願を開設した〈無量寿経〉を意味するものでしょう。なおまた、ここで「醍醐の妙薬」といわれるものは、その醍醐とは、その原語はマンダ（maṇḍa）ですが、『大般涅槃経』には「雪山に草あり名づけて肥膩《ひに》（忍辱）という。牛もし食すれば純にして醍醐をうる」（「如来性品」大正一二、四一一頁）と説き、また「諸薬の中に醍醐を第一となす。よく衆生の熱悩乱の心を治す」（「寿命品」大正一二、三八五頁）と明かしております。この文は、いかなる悪人であろうとも、また仏性をもたないものであろうとも、阿弥陀仏の本願によれば、すべてことごとく済度され、成仏できるということを主張したものです。

2　廻心体験の成立構造

上に見たように、阿闍世は耆婆の勧誘によって釈尊に面接し、そのねんごろな教化指導をうけて廻心し、新しい人格主体としての「天身」を確立して救われたといいます。

その点、ここには真宗における廻心体験の成立をめぐる、基本的な論理構造が明示されているといいえましょう。そこでこの阿闍世の廻心について学びつつ、そしてまた、私自身のささやかな廻心体験について回顧、分析しながら考えてみますと、その廻心体験というものは、およそ五種の構成要素をもって成立するというるように思われます。

その第一は、仏法を聴聞、学習するについての明確な先師、善知識の教導があるということです。

第二には、自己の人生における根本課題、その疑問、苦悩について、どうしてもそのことを解決したいという、明確な求道、聞法の動機、それについての堅い志願があるということです。そういう確かな動機、求道心なくしては、廻心体験は成立しません。

第三には、その求道、聞法の途上において、決定的な自我の崩壊が成立してくるということです。そのような自我の崩壊は、すでに上において種種に明かしたように、基本的には、日日の称名念仏の相続とその深化によってこそ育てられてくるものですが、それはより具体的には、明確な聞法の動機にもとづき、さまざまな縁をとおし、それを契機としてこそ、よく醸成され、成立してくるものです。そのことは阿闍世の場合でいえば、天からの父の声を聞いたということです。そういう自我の崩壊が、決定的な必須条件となるものです。

第四には、日ごろの仏法の学習、その聞法の帰結として成立してくる信知（信心）の開眼です。上に見た阿闍世の廻心でいえば「無根の信」の成立です。さらにいえば、今まで気づくことのなかった新しい世界、究極的な真実に対する「めざめ体験」です。そしてそのような「めざめ体験」の内実は、必ず明と闇、歓喜と懺悔、真実と虚妄、浄土と地獄の、絶対的に矛盾するところの、二者の即一体験として成立してくるものです。

第五には、上に見た信知の開眼にもとづくことによって、自己自身の現実の人生状況、いままでに解決、克服を求めていた人生の課題を、それがいかなるものであるとしても、それを自己自身の業報、自らが背負うべき自己責任として、よく受容し、それを荷負して生きていくという決意、覚悟の成立、そういう人格主体の確立です。

すなわち、真宗の行道における廻心体験の成立構造の基本的なものとしては、以上のような、⑴先師の教導、⑵聞法の動機、⑶自我の崩壊、⑷信知の開眼、⑸業報の荷負（自立の成立）という、五点があると考えられます。このような五種の要素を中核としてこそ、真宗における廻心体験は、確かに成立してくるものであると思われます。もとより、個々の廻心体験には、それ以外のものも存在すると思われますが、いまはその基本的なところを挙げたわけです。その詳細については、拙著『真宗求道学――真宗学シリーズ5』を参照してください。

十四　悪人成仏の道

さらに親鸞は、「難化の三機、難治の三病」をめぐって、『無量寿経』の本願文に説く五逆罪と謗法罪について考察し、この本願念仏の道は、いかなる悪業を犯かす悪人でも、すべて往生成仏できると明かします。

もともと浄土教においては、その往生成仏の行道の原形としては、〈初期無量寿経〉の『大阿弥陀経』の第五願文、第六願文、第七願文に、三種の道が説かれておりますが、その第五願文には、不善作悪者が聞名にもとづいて往生する道が明かされ、その第六願文には、一般在家者の布施、起塔作寺などの善根修習によって往生する道が明かされ、その第七願文には、出家者の六パラミツ行を修めて往生する道が明かされております。そして浄土教の展開においては、次第にその不善作悪者の道、聞名往生の道が中心となっていき、もっとも後代に成立したと考えられる〈後期無量寿経〉の『サンスクリット本』によりますと、その第十八願文と第十九願文に、二種の浄土往生の道が説かれておりますが、ともに聞名の道を語っているところで、この〈無量寿経〉の行道は、ついには悪人成仏の道に帰結していったといいうるわけであります。

そこで問題は、その悪人とは、現実的には誰のことかということですが、〈無量寿経〉においては、『大阿弥陀経』の第五願文に説く不善作悪者の内実については、

ただ前世に人とありしとき愚痴、無智なるにより、慳貪《けんどん》にしてあえて慈哀して善をなし、博く愛し施与せず。ただいたずらに得んことを欲して飲食を貪惜《とんじゃく》し、ひとり嗜美《しび》を食し施貸《せたい》して後に報償《ほうしょう》をうることを信ぜず。また善を作して後世にまさにその福をうべきを信ぜず。おろかにも悾抵《こうてい》なること佷《こん》にして、ますます衆悪を作す。かくのごとくして寿おわり財物ことごとく索く。もとより恩徳なく恃怙《じこ》するところなし。悪道に入りてこれにとどまりて苦にあう。しかるのち出でて解脱することをうる。（真聖全一、一四六頁）

などと明かしております。その文によれば、不善作悪者とは、現実の人生生活において、愚痴、無智の生命を生き、我執、我欲にとらわれて、他者に対する憐愍、施与の心のないものをいうわけです。まさしく私たち凡夫の現実相について指摘したものでしょう。しかしながら、そういう凡夫、悪人でも、仏法を学んでその行道を修めるならば、ついには解脱して成仏することができるというのです。この〈無量寿経〉が説くところの聞名の道とは、まさしくそういう不善作悪者のための仏道であったわけであります。

そしてまた、この〈初期無量寿経〉では、『大阿弥陀経』と『平等覚経』ともに、阿闍

世が、この釈迦仏の経説である阿弥陀仏の教法を聴聞して、私もまた発願、修行して、阿弥陀仏のように、十方世界の衆生を救済する仏の「さとり」をひらきたいと言上したら、釈迦仏は、やがて必ず阿弥陀仏と同じように仏に成ることができるであろうと、語られたと明かしております。どうしてここに、阿闍世の帰仏が説かれたのか、いささか前後の脈絡が分かりかねますが、このことは、上に見た不善作悪者のための仏道を明かすについて、そのもっとも明確な証拠として、父を殺害するほどの逆罪を犯したものでも、この阿弥陀仏の本願によって、救済されるということを明かしたものでありましょう。このことは明らかに〈無量寿経〉が、悪人成仏をめざすところの教法、経典であることを証明するものにほかなりません。親鸞は、この文を「行文類」の冒頭に引用して、阿闍世ほどの悪人も、この本願念仏、聞名信心の道に帰入することにより、よく解脱をえたと明かしております。真宗の仏道が、まさしく悪人成仏の道であることを教示しているわけであります。

ところで、親鸞の当時における社会体制の原理によると、平安時代以後、その体制の中では、善人と悪人とが明確に区分されてきます。そしてそこでは権力をもつ体制側の人たちはすべて善人だったのです。そしてその反対に、世の中の底辺に生きざるをえなかった下層階級の民衆、虐げられ抑圧されていた賤民たちが悪人とされたのです。そのころに生まれた『塵袋《ちりぶくろ》』という名の辞典がありますが、その中には、「天竺に旃陀羅《せんだら》と云うは屠者なり。いきものを殺してうるエタ体の悪人なり」、という言葉がでてきます。この旃陀羅とはインドのシュードラのことで、社会的な最下層の人たちのことです。当時は悪人とはそういう者を指していたのです。日蓮も同じように、「世間の悪人は魚・鳥・鹿などを殺して世路を渡るもの」（『題目名号勝劣事』）だといっています。そういう生業をしている者を悪人といったのです。そしてその反対の善人とは、聖覚の『安居院唱導集』によりますと、「娑婆世界十善王」とか「十善法王」と明かして、天皇のことを十善王といっております。だから当時の善人というのは、行為が正しいなどということではなくて、そういう高い地位、上層階級の者をいったのです。そしてその反対に、どれだけまじめに生きていようとも、低い身分の者、下層の者は、すべて悪人といわれたわけです。これが親鸞当時の社会的状況でありました。

親鸞は、その「信文類」に、中国浄土教の元照が著わした『阿弥陀経義疏』の、

具縛の凡愚屠沽《とこ》の下類、刹那に超越する成仏の法なり。（真聖全二、七〇頁）

という文章を引用し、この文章を、さらにその弟子の戒度が解説した、『阿弥陀経義疏聞持記』という書物の文章を引用して、

屠は謂く殺を宰《つかさど》る。沽は即ち醞売《うんぱい》。此の如し悪人、ただ十念に由りて便ち超往を得。豈、難信にあらずや。（真聖全二、七〇頁）

といいます。ここでいう「屠は謂く殺を宰る」とは、いわゆる生き物を殺す仕事をいい、「沽は即ち醞売」とは、醞は酒を造ることで、売は商売ということです。「此の如し悪人」とは、かくのごとき悪人のことで、中国でも、こういう生き物を殺したり、酒を売る者を悪人といっていたのです。そしてまた親鸞は、その『唯信鈔文意』に、この文章を註釈して、

具縛といふはよろづの煩悩にしばられたるわれらなり。煩は身をわずらはす、悩はこころをなやますといふ。屠はよろづのいきたるものをころしほふるもの、これは猟師といふものなり。沽はよろづのものをうりかふものなり、これはあき人なり。これらを下類といふなり。かやうのあきびと、猟師、さまざまのものは、みないし、かはら、つぶて、のごとくなるわれらなり。（真聖全二、六二八～六二九頁）

と明かしています。そこには「具縛といふはよろづの煩悩にしばられたるわれらなり」、「かやうのあきびと、猟師、さまざまのものは、みないし、かはら、つぶて、のごとくなるわれらなり」と、ともにそういう人人を「われらなり」といいます。親鸞は、生きものを殺したり、商売をしたわけではないのですが、この「下類」「悪人」といわれる人人を、「われらなり」といっているのです。このことは充分に注目すべき文章だと思われます。自分自身も、そういう下層の民衆、悪人の一人であると自覚していたことが、よくよくう

かがい知られます。

しかしまた親鸞は、「聖人のおほせには、善悪のふたつ惣じてもて存知せざるなり」（『歎異抄』真聖全二、七九二頁）といって、この世の中で、善人といい悪人ということは、何ら道理のあることではない、善とか悪ということは、私たち凡夫がとやかく判断できることではなく、ただ仏の「さとり」をひらいたところの、如来のみが知りとおされていることだと語っております。

そしてまた親鸞は、仏法の立場、自己の信心の立場から、一切の群生海は、無始よりこのかた今日今時に至るまで、穢悪汚染にして清浄の心なく、虚仮諂偽にして真実の心もなく、あらゆる衆生は例外なしにみんな悪人なのだ。みんな地獄から這いあがってきたところの、極重の悪人なのだといっています。たいへんなことをいわれているのですが、そのことは自己の現実存在の相を徹底的に問うことによって、自己の生命というものは、結局そうなのだという、深い感慨をもって告白しているわけです。かくして人間というものは、本質的にはすべて悪なる存在である。これが親鸞の人間観です。

しかしながら、親鸞がそういうのは、たんなる世間、世俗のレベルでの話ではなくて、親鸞自身の真実信心の内容としての、自己自身についての信知、「めざめ体験」の内実についていったものです。したがってそのことはまた、その信心において、自己自身とは、すでに仏の生命を生きている、「仏になるべき身となっている」という、深い歓びと安らいの心と即一したところの告白にほかなりません。親鸞が、その『歎異抄』に、「他力をたのみたてまつる悪人、もとも往生の正因なり」（真聖全二、七七五頁）と語るものは、そのような信心、「めざめ体験」の内実について明かしたもので、この悪人が正因であるとは、親鸞においては、すでに上に見た信心の相続について明かす文において、「大慈悲はこれ仏道の正因なるがゆえに」（真聖全二、七三頁）と明かす文と相即するものであって、親鸞における信心、その「めざめ体験」の内実とは、このように、慈悲正因と悪人正因、真実なる仏と虚妄なる私とが、絶対矛盾的自己同一として相即するものであったわけです。これが親鸞における基本的な人間領解です。

その点、親鸞が上に見たように、社会の底辺に生きて、世の人人から悪人といわれている人人、そういう「いし、かはら、つぶて」のごとくなる人人を、「われらなり」といって、深い共感、同事の思いをもって連帯を表明しているのは、こういう人人こそが、仏法にもっとも縁があり、阿弥陀仏の慈悲に、もっとも身近く生きている人人だと思ったからでありましょう。真宗の仏道とは、そういう人人のためにこそ説かれたところの、まさしく悪人成仏の道であったのです。

以上、「信文類」についてのおよその説明をおわります。

第六章　真実証の領解（「証文類」）

一　「証文類」の組織

1　「証文類」の組織図

この「証文類」の組織は、次のとおりです。

- 標挙―必至滅度の願―難思議往生
- 題号・撰号
- 真実証の意義
  - 真実証の意義―謹顕
  - 真実証の願名―即是
  - 真実証の徳相―然煩

- 本文
  - 往相の証果
    - 真実証の根拠
      - 経典の文 …… 必至
      - 伝統四祖の文 …… 浄土
    - 教行信証の道 …… 夫案
  - 還相の摂化
    - 還相廻向の意義
      - 還相廻向の意義 …… 二言
      - 還相廻向の願名 …… 即是
    - 諸文の引用
      - 浄土論の文 …… 浄土
      - 往生論註の文 …… 論註
  - 真宗における仏道の帰結 …… 爾者
- 尾題

その組織について、およその説明をいたしますと次のとおりです。

まず最初に、標挙として、第十一願なる「必至滅度の願」名を掲げ、細註として、「難思議往生」と明かします。

その内容については、大きく前半と後半に分かれます。前半では、真宗の仏道における往相の証果、浄土に往生して成仏するということについて明かし、後半では、その往相の証果によって身にうるところの、還相摂化の内容について明かします。

その前半の浄土における往生成仏の証果をめぐっては、はじめに真実証の意義について明示し、次いでその真実証について誓ったところの第十一願名を掲げ、さらにその真実証について明かされた、種々なる内実、徳相について解説します。そしてその後に、『無量寿経』と『如来会』の文を引用します。そしてまた、天親の『浄土論』、曇鸞の『往生論註』、道綽の『安楽集』、善導の「玄義分」「定善義」の諸文を引用して助顕し、それらの引文を結んで、親鸞の教行信証の仏道をめぐる領解の文を置きます。

そしてその後半では、還相廻向の意義について明かします。そしてここでは、上の「教文類」の冒頭において、

謹んで浄土真宗を按ずるに、二種の廻向あり。一には往相、二には還相なり。往相の廻向について真実の教、行、信、証あり。（真聖全二、二頁）

と示した文をうけて、すでに上において、「教文類」「行文類」「信文類」を開顕し、次いでいまさらに「証文類」を明かすわけです。そして、上に引用した「教文類」の「二には還相なり」という文をうけて、往相に対する還相の仏道について語るわけです。ここではじめに、還相廻向の意義を示し、次いで、この還相廻向について誓った第二十二願の願名をあげます。そして次にその還相摂化の内実を明かすために、天親の『浄土論』と曇鸞の『往生論註』の文を引用します。そして最後に、この往相の証果と還相の摂化を総括し

て、真宗における仏道の帰結をめぐる、親鸞の自己領解の文をもって結びます、
　ところで、その前半の往相の証果について明かす文章と、後半の還相の摂化について明かす文章の分量の対比は、後半の還相摂化の部分が、前半の往相証果の三倍を超えるほどの文章をもって明かされています。親鸞は、この「証文類」において、真宗における真実の証を明かすについては、私たちが、その信心の利益としてうるところの、来世死後の自利なる証果、成仏をめぐっては簡略に明かし、むしろその証果の内実としての、利他行なる還相摂化の内容については、諸文を引用しつつ、きわめて詳細に明かしているわけです。このことは、真宗の「証」（さとり）というものが、まったく主客一元的、主体的、具体的な立場、経験の世界において捉えられたところの事象、動態としての、「こと」（動詞）の話であることを、如実に物語るものでありましょう。その点、親鸞における来世死後の浄土における利益、証果とは、基本的には、自己自身の利益、自己成仏よりも、むしろ他者作仏なる、利他行の社会的実践、還相廻向が中心であったことが、よくよくうかがわれます。
　そしてまた、この「証文類」の叙述について注意されるべきことは、それ以前の各文類の内容、構成に比べると、そのほとんどが引文であって、親鸞自身の領解を語る文は、きわめてわずかであるということです。このことは次に見る「真仏土文類」の構成について

も同様です。親鸞は何ゆえに、ここでは自己領解を語ることが少ないのでしょうか。そのことについては、すでに上においても指摘したように、親鸞においては、この真宗の仏道としての教、行、信、証、真仏土とは、いずれもそれらは「こと」として、主客一元的、主体的な経験の世界において捉えられるべきものでありましたが、この「証」と「真仏土」の内実については、この生死迷妄のただ中に生きる現実の身においては、それを領解するについては、当然に限界があったからでありましょう。

2　標挙の文

必至滅度の願―難思議往生（真聖全二、一〇三頁）

ここでは最初に、「必至滅度の願」と、第十一願名を標挙します。もともと親鸞は、この第十一願名については、そのほかに「証大涅槃の願」（真聖全二、一〇三頁）といい、また『浄土文類聚鈔』においては、「往相証果の願」（真聖全二、四四五頁）ともいいますが、ここではそれらを代表して「必至滅度の願」というわけです。『浄土三経往生文類』（略本）によれば、

これすなわち念仏往生の願因によりて、必至滅度の願果をうるなり。（真聖全二、五四三頁）

といいます。真宗の仏道とは、念仏往生の願によって、必ず滅度に至る、という究極の証果をうる道だというのです。ここでいう滅度とは、原語はニルヴァーナ（nirvāṇa）で、音写して涅槃《ねはん》（涅槃那）といい、完全なる「さとり」のことで、それは煩悩の火を吹き消し、それを転じるということを意味して、仏の「さとり」の境地をあらわします。またその滅度とは、滅とは生死、「まよい」を滅することであり、度とは彼岸、「さとり」の世界に渡ることをいいます。

ところで、この第十一願文は、

たとい我仏をえんに、国の中の人天、定聚に住し、必ず滅度に至らずば、正覚を取らじ。（真聖全一、九頁）

といいます。その意味は、ここでいう「国の中の人天」とは、浄土に住むもののことで、阿弥陀仏の浄土に生まれるならば、正定聚、不退転の位に住せしめ、その後に、さらにこの浄土において、種々なる善根を修めることにより、ついには必ず仏の「さとり」をえさせたい、ということを誓願したものです。すなわち、この第十一願文とは、浄土往生によ る正定聚、不退転と、それにもとづく成仏を誓った願なのです。しかしながら、親鸞は、この正定聚に住するということを、上に見たように、信心の利益、この現身においてうるところの、現生の利益として理解しました。その点、親鸞における第十一願文の意味は、現生の利益としての正定聚、不退転と、当来、死後の利益としての滅度、成仏の、現当二世にわたる二種の利益について、誓願したものと捉えられたわけであります。

そして親鸞は、次に細註して、その証果を「難思議往生」と明かします。この難思議往生とは、善導が『法事讃』に明かすところの、「難思議往生楽、双樹林下往生楽、難思往生楽」（真聖全一、五六五頁以下）という語によったものでしょう。親鸞は、『愚禿鈔』において、

一に難思議往生は『大経』の宗なり。二に双樹林下往生は『観経』の宗なり。三に難思往生は『弥陀経』の宗なり。（真聖全二、四五七頁）

と述べています。『無量寿経』が教示する、第十八願文の本願念仏往生の道の果は難思議往生であり、『観無量寿経』が教示する、第十九願文の自力諸行往生の道の果は双樹林下往生であり、『阿弥陀経』が教示する、第二十願文の自力念仏往生の道の果は難思往生であるというわけです。かくしてここでいう難思議往生とは、その本願の仏道によってえられる、真実にして究極なる証果を意味します。

二　真実証の性格

1　真実証の意義

次いで親鸞は、真実の証（さとり）の意義について明かします。

謹んで真実証を顕わさば、すなわちこれ利他円満の妙位、無上涅槃の極果なり。すなわちこれ必至滅度の願よりいでたり、また証大涅槃の願と名づくるなり。しかるに煩悩成就の凡夫、生死罪濁の群萠、往相回向の心行を獲れば、即のときに大乗正定聚の数にいるなり。正定聚に住するがゆえに、必ず滅度に至る。必ず滅度に至るは、すなわちこれ常楽なり、常楽はすなわちこれ畢竟寂滅なり、寂滅はすなわちこれ無上涅槃なり、無上涅槃はすなわちこれ無為法身なり、無為法身はすなわちこれ実相なり、実相はすなわちこれ法性なり、法性はすなわちこれ真如なり、真如はすなわちこれ一如なり。しかれば弥陀如来は如より来生して、報・応・化、種種の身を示し現じたまうなり。（真聖全二、一〇三頁）

ここではまず、真宗における証（さとり）の意味を明かすについて、「利他円満の妙位」

といい、また「無上涅槃の極果」といいます。ここでいう「妙位」とは、もっとも優れた地位、階位ということをあらわし、「極果」ということも、究極、最高の結果ということをあらわします。ともに仏道がめざすところの、最高位の「さとり」の境地を意味します。

ここでいう利他とは、阿弥陀仏の衆生に対する働きかけのことであり、いま「利他円満の妙位」ということは、阿弥陀仏の本願大悲によって、円満成就されたところの優れた地位、ということを意味します。そして次の「無上涅槃」とは、上に見たように仏の「さとり」のことで、その具体的な内容については、『一念多念文意』には、

一実真如とまふすは、無上大涅槃なり、涅槃すなわち法性なり、法性すなわち如来なり。（真聖全二、六一六頁）

と語っております。そしてこの「大涅槃」に左訓して、「まことの仏なり」（真聖全二、六〇六頁）とも示します。そして『末燈鈔』（自然法爾事）によれば、

かたちましますとしめすときには、無上涅槃とはまふさず。かたちもましまさぬやうをしらせんとて、はじめて弥陀仏とまふすとぞききならひてさふらふ。（真聖全二、六六四頁）

と明かしています。かくしてこれらの教示によれば、無上涅槃とは、仏道における究極的な目標としての証（さとり）を意味するもので、それについては、寂滅、実相、一如、真

如、法性、無為法身など、さまざまな言葉をもって語られますが、それらは帰するところ「かたちましまさぬ」ものであって、そのゆえにそれはまた、私たちの思惟、分別をはるかに超えたものであるといわねばなりません。なおいま私たちが学んでいる阿弥陀仏とは、この無上涅槃を象徴表現したものにほかならないわけです。

親鸞は、さらにその「しかるに」以下、真実証の内実について明かします。この文のおよその意味は次のとおりです。かくして、あらゆる煩悩を具足し、また深重の罪業を背負うて迷いつづけている私たちでも、よく阿弥陀仏の本願にもとづくところの真実の信心と念仏を身にうるならば、たちどころに大乗の正定聚、不退転の位に入ることができます。そしてそのゆえに、必ず浄土に往生して、滅度、仏の「さとり」の境地に至ることができるのです。そして必ず滅度に至るということは、常楽、すなわち変わることのない永遠の楽しみをうることです。そしてそのことは、畢竟寂滅、すなわち究極的な身心の平安な境地を意味します。そしてそのことは、無上涅槃、すなわち最上の涅槃、「さとり」の世界のことです。そしてそのことは、無為《むい》法身、すなわち色もなく形もない仏身を意味します。無為とは有為《うい》に対していうもので、因縁によって作られたものではなく、不生不滅なる存在をいいます。そしてそのことは、実相すなわちすべてのものの真実の本性、道理のことです。そしてそのことは、法性すなわち常住不変なる理法を意味します。そしてそのことは、真如、すなわちありのままなる真実のすがたのことです。そしてそのことは、一如、すなわち唯一無二なる真実です。かくして阿弥陀仏とは、このような色もなく形もない真実、真如を、私たちに知らせるために象徴表現したものにほかなりません。したがってまた、私たちがよくよく仏法を学んで、その心、霊性（スピリチュアリティー）を育てていくならば、そのような真如、真実の示現、働きかけを、さまざまな縁をとおして、よく信知、体験することができるでしょう。

なおここで、「しかれば弥陀如来は如より来生して、報、応、化、種種の身を示し現じたまうなり」というのは、もともと大乗仏教において、仏身をめぐって、法身、報身、応身（化身）の三身（四身）を語ることにもとづいていわれたものです。その法身とは、究極的な真理そのもののことで、上に明かしたところの、色もなく形もない無上涅槃、無為法身などはそのことを意味します。そして報身とは、その法身を、因果の道理にしたがって、人格的な働きをもった仏身として、象徴表現したものをいいます。阿弥陀仏がそれです。そして応身とは、その報身として象徴表現されたものが、この現実の世界に応じて、人間として示現したもののことで、釈尊は応身であると考えます。また化身とは、もともとは応身のことですが、ことには神通力をもって、種々なる姿をとりながら、衆生を教化するために、この世界に化現するものをいいます。

かくして親鸞は、ここでは真実の信心、念仏を身にうるならば、この現生において、正定聚、不退転に住し、当来においては、ただちに涅槃、滅度なる、まことの仏の「さとり」をひらくこととなるというわけです。

2　無住処涅槃

仏教における究極的な目標としての仏の「さとり」とは、情意的な側面からいえば、私自身の自己中心性、我執、我欲に捉われた生き方から自由になることをいい、理知的な側面からいえば、私自身の無知、無明のあり方を離れて、無常、無我の道理に深くめざめる明知をえて、まことの人格主体を成熟させ、それを確立していくことを意味します。そしてこのような世界、人類を貫くところの、永遠、普遍の根本原理について学び、それを自分自身の身につける、それをよく主体化し、確かに自立していくことを、仏の「さとり」をひらくというわけです。かくして仏の「さとり」とは、自己自身を無明煩悩から解放してまことの人格成熟をとげ、それにもとづいて心に平安を獲得することですが、それはまたその必然として、あらゆる他者に対しても、自分と同じような福利をもたらそうという、熱い志願に生きていくということでもあります。すなわち、自利と利他の即一する生き方です。

無着（三〇〇～四〇〇ごろ）の『摂大乗論』と、その弟の天親の『摂大乗論釈』（真諦訳）によりますと、その仏の「さとり」について、

論にいわく、諸の菩薩は惑を滅せば、すなわちこれ無住処涅槃なり。（中略）釈にいわく、（中略）菩薩は生死と涅槃の異なるを見ず。般若によるがゆえに生死に住せず。慈悲によるがゆえに涅槃に住せず。もし生死を分別すればすなわち生死に住し、もし涅槃を分別すればすなわち涅槃に住す。菩薩は無分別智をえて、分別するところなきゆえに住するところなし。（中略）釈にいわく、（中略）凡夫は生死に著し、二乗は涅槃に著す。菩薩は無分別智をえて、生死と涅槃とに差別あるを見ず、惑を滅すといえども涅槃に住せず、分別を起こすといえども生死に住せず。（大正三一、二四七頁）

などと明かしております。かくして、この無着がいうところの「無住処涅槃」こそが、まことの涅槃、「さとり」の内実といいえましょう。それについての天親の解釈によりますと、涅槃は迷妄をはるかに超えるものですが、それはまた智慧にして慈悲、慈悲にして智慧であるところ、生死と涅槃、迷妄と真実との差別を見ることがありません。かくして智慧によるがゆえに生死に住することなく、慈悲によるがゆえに涅槃に住することなくして、まさしく涅槃とは、「住する処のない涅槃」だというのです。すなわち、「さとり」という

ものは、「まよい」を遠く離れているものでありながら、またその「さとり」の本質、その必然として、それは「まよい」のただ中にこそ存在するものです。かくして「さとり」とは、「まよい」の中にも存在せず、したがってまた、「さとり」の中にも存在せずして、「無住処」であるというのです。

仏教における「証」、「さとり」というものが、すでに上において、その「教」「行」「信」についても指摘したように、主客二元的、対自的な「もの」（名詞）としての話ではなくて、それはまったく、主客一元的、主体的な「こと」（動詞）の話として語られているということが、よく理解できるところです。その点、この「無住処涅槃」とは、仏の「さとり」の世界を、もののみごとに表詮した言葉であります。

以上、仏教における証、仏の「さとり」というものが、自利と利他、自己成仏と他者作仏の即一する生き方を意味する、ということを明かしたわけであります。

3　還相摂化の利益

次に親鸞は、還相廻向について明かします。

二に還相の廻向というは、すなわちこれ利他教化地の益なり。すなわちこれ必至補処《ひっしふしょ》の願よりいでたり。また一生補処の願と名づく。また還相廻向の願と名づくべきなり。

『註論』に顕われたり。ゆえに願文をいださず。『論の註』を披《ひら》くべし。（真聖全一、一〇六頁〜一〇七頁）

親鸞は、この『教行証文類』「教文類」の冒頭において、

謹んで浄土真宗を按ずるに、二種の廻向あり。一には往相、二には還相なり。（真聖全二、二頁）

と明かしています。その意味は、真宗における仏道には往相と還相の二種の道があります。往相とは、浄土をめざして往く仏道のことで、私が浄土に向かって歩む往生成仏の道です。そしてその往相の道の内実をめぐっては、すでに上において明かしたように、教、行、信、証の道、すなわち、まことの浄土の教法（教）、それに導かれる往生成仏のための念仏行（行）、そしてそれにもとづいて成立する信心（信）、そしてまた、その念仏、信心によってめぐまれてくる、救いの証益（証）の道として明かしました。そこでいまは、その証益の内実としての還相、すなわち往相の行道に対応する、浄土に往生成仏したものが、浄土から再びこの迷界に還来して、あらゆる衆生を救済し、成仏せしめるという、利他の働きかけの仏道について明かします。親鸞は、ここではそのことを指して、「利他教化地の益」といいます。

この利他教化地とは、天親が、その『浄土論』に明かすところの五種の門の中の第五門

について、「生死の園、煩悩の林の中に廻入して、神通に遊戯し教化地に至る」（真聖全一、二七七頁）といい、また曇鸞が『往生論註』において、それを註解して、「教化地はすなわちこれ菩薩の自娯楽の地なり」（真聖全一、三四四頁）と明かすように、浄土に往生成仏したものによる、他者作仏のための働きかけのことです。

そして親鸞は、続いてその還相廻向の根拠となる阿弥陀仏の誓願、第二十二願の願名を三種ほど挙げます。すなわち、「必至補処の願」「一生補処の願」「還相廻向の願」です。そのうちの必至補処の願、一生補処の願とは、その願文の内容によって明かしたものです。その願文は、次のとおりです。

たといわれ仏を得んに、他方仏土のもろもろの菩薩衆、わが国に来生して、究竟して必ず一生補処に至らん。その本願の自在の所化、衆生のためのゆえに、弘誓の鎧をきて徳本を積累し、一切を度脱せしめ、諸仏の国に遊びて菩薩の行を修し、十方諸仏如来を供養し、恒沙無量の衆生を開化して、無上正真の道を立せしめんをば除く。常倫に超出し、諸地の行現前し、普賢の徳を修習せん。もししからずば正覚を取らじ。

（真聖全一、一〇頁）

そこでこの願文の意味は、もしも私が仏になったときに、他方の諸仏の世界の正しく仏道を修めた人たちが、私の浄土に往生してくるならば、ひとしく必ず仏の「さとり」をひらき、仏とほとんど等しい位の等覚の菩薩となって、衆生救済のために働くでしょう。すなわち、衆生のために大きな誓願をおこし、善根功徳を積んで、すべてのものの済度を願い、諸仏の世界にいって菩薩の行業を修め、あらゆる諸仏を供養したり、無数の衆生を教化して、まことの「さとり」をひらかせることができます。かくしてそこでは、一般の菩薩の道をはるかに超えて、さまざまなすぐれた菩薩の行業を修め、衆生救済の利他行の功徳を、よく実践することができるでしょう。もしそういうことができなければ、私は決して仏の「さとり」はひらきません、ということであります。

ところで、この願文にいう「一生補処」とは、その補処とは、仏の地位を補うということで、この一生を終えた次の生では、もう一段階昇ったところの、仏の「さとり」に至るという地位をいいます。すなわち、『菩薩瓔珞本業経』（大正二四、一〇一一頁）によると、成仏道の階位には全部で五十二位があるといいますが、その第五十一位の等覚位の菩薩のことです。浄土に往生したものは、ひとしくそういう地位につくことができるというわけです。ただし、親鸞の領解によると、浄土に往生することは、すでに上において見たように、「大願清浄の報土には、品位階次をいわず、一念須臾のあいだに、速やかにとく無上正真道を超証す」（「信文類」真聖全二、七三頁）と説き、また「謹んで真実証を顕わさば、すなわちこれ利他円満の妙位、無上涅槃の極果なり」（「証文類」真聖全二、一〇三頁）と明かすように、ただちに最高の仏果、「さとり」を身にうることでした。したがって、そのことは次第に昇りつめたところの、第五十一位の菩薩ではなくて、すでに成仏し、仏果をえたものが、衆生救済のために、かりに菩薩として化現した応化相としての第五十一位、等覚位の菩薩のことでしょう。かくして、浄土に往生成仏したものは、ひとしく等覚の菩薩として化現し、さらにはまた、さまざまに応化の相を示しながら、世の人人を救済し、成仏せしめる働きをもつというわけです。

かくして、阿弥陀仏の浄土に往生成仏したものは、ひとしく等覚の菩薩となってこの現世に還来し、さまざまに衆生救済の活動をすることができ、またそのほかに、あらゆる世界に至って、いろいろと応化の相を示現しながら、衆生を化導して「さとり」をひらかせるという、大慈大悲の利他の実践をすることができるというわけです。

ここには真宗における救済というものが、自利即利他、利他即自利として、主客一元的、主体的、具体的な「こと」（動詞）としての事象、動態として捉えられていることが、ものの見事にうかがわれるところであります。

三　真宗仏道の帰結

次に親鸞は、この「証文類」を結ぶにあたって、

しかれば、大聖の真言、まことに知んぬ。大涅槃を証することは、願力の廻向によりてなり。還相の利益は、利他の正意を顕わすなり。ここをもって論主は広大無碍の一心を宣布して、あまねく雑染堪忍の群萌を開化す。宗師は大悲往還の廻向を顕示して、ねんごろに他利利他の深義を弘宣したまえり。仰いで奉持すべし、ことに頂戴すべしと。(真聖全二、一一八～一一九頁)

と明かします。そのおよその意味は、次のとおりです。

以上、大聖釈尊のまことの教言によって知られることは、私たちが涅槃、仏の「さとり」をうることは、ひとえに阿弥陀仏の本願力の働きかけによってこそ成りたつものであり、またそれによってうる還相廻向の利益とは、阿弥陀仏の衆生救済の意趣をあらわすものです。そのことから、天親菩薩は『浄土論』を著わして、広大にして障るもののない真実の一心について明かし、もってこの迷妄罪濁の世界に沈む、数多くの人人を教導してくださいました。また曇鸞大師は『往生論註』を著わして、自利と利他なる往相廻向と還相

廻向が、ともに阿弥陀仏の大悲の働きによることを明示し、鄭重に本願他力の深い道理をあらわしてくださいました。まことに尊く仰ぐべきであり、いっそう深く領解すべきことです。

すなわち、親鸞は、その結びの文で、「大涅槃を証することは願力の廻向によりてなり。還相の利益は利他の正意を顕わすなり」と語ります。ここでは真宗における仏道の帰結が、私たち一人ひとりが、その念仏、信心の道において、大般涅槃を証していくことであり、またその証果の内実としての還相廻向の利益をえて、あらゆる衆生に対する摂化利他の仏行に参加していくことを明かします。かくして真宗の仏道の帰結が、まさしく自利利他円満の勝益であることを明示するわけです。

もともと親鸞においては、その救済をめぐっては、現世今生における救い（正定聚）と、死後来世における救い（成仏）とが説かれます。そしてその現生における救いとは、その信心において、仏教的な内実をもった人間成就をとげ、仏教的な人格主体、念仏的な責任主体を確立し、自己の人生と、現実の歴史社会に対して、それなりの責務を荷負していくことを意味します。

そして真宗では、命終、捨身したのちにこそ、まことの仏の「さとり」を語るわけでありますが、その「さとり」、大般涅槃とは、すでに見たように「無住処涅槃」として、この現実を遠く超えながらも、また同時に、この現実のただ中に存在するものとして、超越にして内在、内在にして超越なるものです。その意味において、念仏者が来世に浄土に往生して成仏するということは、そのまま無住生死、無住涅槃なる身となって、そのまま現世に還来し、神通遊戯して、衆生利益をするということにほかなりません。だから、真実の浄土には、往生人は誰一人として住んではいないのです。浄土は空っぽ、無人なのです。私たちが浄土に往生成仏するということは、そういう阿弥陀仏と浄土の菩薩たちの、この現世に対する衆生救済運動の中に、自らも参加していくということなのです。そしてまた私たちは、いま現に、そういう壮大なる還相摂化の働きかけにおいて、このように念仏の流れに浴し、ここまでに育てられてきたわけです。だからこれからは、その本願力の運動の中に自分もまた参加していくのです。

このように、死後においても、なお世の人人を救済するための利他の働きを実践するということは、他の宗教、そして仏教の他の宗派においては、ほとんど語られることはありません。もって浄土真宗の仏道が、自利利他なる大乗仏教の根本原理に、みごとに立脚していることがよく知られるところでありましょう。

かくして、真宗における仏道、「教」「行」「信」「証」の道とは、ひとえに称名、聞名、信心の道であるといいうるわけです。その点からしますと、日本の仏教各宗が説くところの仏道とは、天台宗、真言宗、禅宗など、浄土宗までをふくめて、そのすべてが見仏（見性）の道であって、それはまさしく「見る」こと、「見」の仏道であるのに対して、親鸞が開顕したところの真宗の仏道とは、唯一、聞名の道であって、それはまさしく「聞く」こと、「聞」の仏道であるといいうるわけであります。このことについては、真宗の仏道の特質として、まちがいなく領解すべきところであります。

以上で「証文類」の考察をおわります。

第七章　真仏・真土の思想（「真仏土文類」）

一　「真仏土文類」の組織

1　「真仏土文類」の組織図

次に「真仏土文類」の組織については、次のように理解できるかと思われます。

- 標挙―光明無量の願・寿命無量の願
- 題号・撰号
- 真仏・真土の意義
  - 真仏・真土の意義―謹按
  - 真仏・真土の願名―既有
- 経典の文―大経

- 本文
  - 真仏・真土の根拠
    - 伝統四師の文 ―― 浄土
  - 真仏・真土の特性 ―― 爾者
  - 真仏土と化身土の分判 ―― 夫按
- 尾題

その組織について説明します。まずはじめに、標挙として、第十二願の「光明無量の願」と、第十三願の「寿命無量の願」の願名を掲げます。この願は、阿弥陀仏が四十八願を誓うにあたり、自分の身を荘厳するについて、その光明が無量にして、空間的に無辺を照すように、また寿命が無量にして、時間的に永遠に続くようにと願ったもので、このことは阿弥陀仏という仏名が、アミターバ（Amitābha）、かぎりない光明と、アミターユス（Amitāyus）、かぎりない寿命ということから、呼ばれたということに重なるわけです。いまは真仏と真土、すなわち、阿弥陀仏とその浄土を明かすについて、まずその仏身と仏土が成立する根拠としての、この第十二願の光明無量の願と、第十三願の寿命無量の願を掲げたわけです。そして次いで、題号と撰号を記します。なおここで「真仏土」といって、あえて「真」の字を付したのは、次の「化身土文類」の「化身土」に対応したもので、真実の仏身と仏土について明かすことをあらわします。

そして本文としては、最初に、真仏と真土の意義について、親鸞の阿弥陀仏とその浄土に対する基本的な領解を明かします。それについては、まず真仏と真土の意義として、阿弥陀仏とは、不可思議光なる光明の身をもった仏であるといい、またその浄土とは、無量なる光明輝く世界であると明かします。ここでは寿命についてはふれません。なぜなのか、それについては後に至って考えます。そしてそのあとに、第十二願の光明無量の願と、第十三願の寿命無量の願の、願名を掲げます。

そしてそれに続いて諸文を引用いたします。はじめに経典の文として、『無量寿経』の第十二願の光明無量の願文と、第十三願の寿命無量の願文を引用し、同じく『無量寿経』に説かれるところの、第十二願と第十三願の成就文、すなわち、阿弥陀仏が成仏して、その身にえたところの、光明の無量なることと、寿命の無量なることを明かした文を引用します。そしてそのあとに、同じく〈後期無量寿経〉である『如来会』の文、また〈初期無量寿経〉である『平等覚経』と『大阿弥陀経』の文を引用します。いずれも上の『無量寿経』の文にかかわり、それを助顕するために引用したものです。そしてまた『不空羂索神変真言経』の文を引きます。この経典は、直接には浄土教に関係ありませんが、そこにも阿弥陀仏の浄土について説く文がありますので、いまはその文を引用します。そして次いで『大般涅槃経』の文を十三文ほど長々と引用します。そして次いで、伝統四師の文として、はじめにインドの天親の『浄土論』の一文を引き、次いで中国の曇鸞の『往生論註』の文を六文ほど引用します。そしてまた、曇鸞の『讃阿弥陀仏偈』の文を引きます。そして次いで、中国の善導の『観無量寿経疏』の「玄義分」と「序分義」と「定善義」の三文を引用し、そのあとに『法事讃』の文を三文ほど引きます。そしてまた新羅（韓国）の憬興の『無量寿経連義述文賛』の文を一文ほど引用します。以上で諸文の引用が終わります。

そしてそのあとに、親鸞自身の領解の文として、真実報土、阿弥陀仏の浄土の特性について明かします。そして最後に、この阿弥陀仏と浄土をめぐって、それに真実なる真仏、真土と、権仮なる化仏、化土があることを明かします。その真仏、真土とは、以下において述べるところであり、その化仏、化土については、次の「化身土文類」において明かすわけです。以上が、この「真仏土文類」の組織をめぐる、およその説明であります。

2　標挙の文

光明無量の願

寿命無量の願（真聖全二、一二〇頁）

まず冒頭に、この二願の願名を掲げます。この二願は、上に見たように、阿弥陀仏の四十八願の中の第十二願と第十三願の願名です。そのことは、以下において明らかにする真仏と真土、阿弥陀仏とその浄土の成立の根源について明かし、その本質が、無量なる光明と無量なる寿命、すなわち、まことの智慧とまことの慈悲であることを示すわけです。

これらの願は、もともとは仏身について誓願したものですが、親鸞は、ここではそれを仏身と仏土にかかわるものとして捉え、阿弥陀仏と浄土が、ともに光明無量にして寿命無量であることを明かしているわけです。阿弥陀仏とその浄土が光明無量であり、寿命無量であることについては、後に引用される諸経典の文に明らかですが、その具体的な内実については、改めて考察することにします。

なおこの「真仏土文類」では、「光明無量の願・寿命無量の願」と示すのみで、それについての何らの細註、解説は加えておりません。これは何ゆえでしょうか。思いますに、この「真仏土文類」とは、上の「証文類」において明かされたところの証、仏の「さとり」について、その具体相を明かすものであって、それは真実の証（さとり）についての再説にほかならないからでしょう。すなわち、この「真仏土文類」は、上の「証文類」に細註として掲げられたところの、「難思議往生」の内実について、その具体的な相状について改めて説明したものだからであります。その点、その「証文類」と「真仏土文類」とは、たぶんに重層するところがあるわけです。

二　真仏・真土の性格

1　真仏・真土の意義

親鸞は、まず最初に、真仏と真土の意義について、自己自身の領解を表白します。

謹しんで真仏土を按ずれば、仏はすなわちこれ不可思議光如来なり、土はまたこれ無量光明土なり。しかればすなわち、大悲の誓願に酬報するがゆえに、真の報仏土というなり。すでにして願います、すなわち光明・寿命の願これなり。（真聖全二、一二〇頁）

その文の意味は、次のとおりです。謹んで阿弥陀仏の真実の仏身と、真実の浄土について考えてみますと、その仏身は、私たちが思惟することも表現することもできない、すぐれた光明の輝く仏であり、その浄土もまた、はかり知ることのできない光明あふれる世界です。そしてそのような仏身と浄土とは、ひとえに私たちのために働きかけている、阿弥陀仏の慈悲の願心を因とし、それに報われて成立したものであるところ、それは真実の報仏といい、報土といわれるべきものです。そしてその成立の根源としての願心とは、第十二願の光明無量の願と、第十三願の寿命無量の願であり、この両願によってこそ、阿弥陀仏の仏身と浄土とは、よく成就されたものです。以上が、その文のおよその意味でありま す。

ここで注意すべきことは、この真仏、真土が、第十二願の光明無量の願と、第十三願の寿命無量の願に報いて成立したものといいながら、それをあえて「光如来」「光明土」といって光明をもって語り、寿命については語らないということです。このことは、中国浄土教以来の伝統では、阿弥陀仏とは、『無量寿経』『観無量寿経』などというように、もっぱら寿命を中心に捉えられてきましたが、親鸞においては、『末燈鈔』に収められる慶信上書に、「寿命無量を体として光明無量の徳用はなれたまわざれば」（真聖全二、六七五頁）と明かすように、寿命とは、その体、本質をいい、光明とは、その用、作用を意味するものであると理解されるところ、いまはその阿弥陀仏の徳用、私たちに対する能動的な働きかけを重視して、光明を中心として捉えていることがうかがわれます。

そしてその仏身については、すでに上に見たように、その仏の「さとり」、仏身とは、「無住処涅槃」として、生死にも住せず涅槃にも住せず、超越にして内在、内在にして超越であるといわざるをえませんが、曇鸞は、そのことを仏身に引きよせて、

諸仏菩薩に二種の法身まします。一には法性法身、二には方便法身なり。法性法身に

由って方便法身を生ず。方便法身に由って法性法身を出す。この二の法身は異にして分かつべからず、一にして同ずべからず。是の故に広略相入して統ずるに法の名をもってする。（『往生論註』真聖全一、三三六〜三三七頁）

と明かしております。

曇鸞によれば、真実の智慧を覚証した仏の法身については、法性法身と方便法身の二種の法身があるといいます。そしてその法性法身とは、真如法性、仏の「さとり」、その智慧を表象したものであり、方便法身とは、その仏の「さとり」、智慧がこの世俗に向かって方便到来しつつある動態を表象したものであって、その方便、慈悲の働きかけをいうわけです。そしてその両者は、由生由出、不一不異の関係にあって、智慧なる法性法身によればこそ慈悲なる方便法身が生起し、慈悲なる方便法身があればこそ智慧なる法性法身がよく顕出しうるというのです。かくしてそのゆえは、両者は不一として、相互に独立して存在するものでありながら、しかもまた、両者は不異にして、相互に他なくしては存在しえず、その法性法身と方便法身、広と略とは、よく相入して、由生由出、不一不異であるというわけです。

親鸞は、この曇鸞の二種法身の説示をうけて、その『唯信鈔文意』に、

しかれば仏について二種の法身まします。ひとつには法性法身とまうす、ふたつには

方便法身とまうす。法性法身とまうすは、いろもなし、かたちもましまさず。しかればこころもおよばず、ことばもたえたり。この一如よりかたちをあらはして方便法身とまうす。その御すがたに法蔵比丘となのりたまひて不可思議の四十八の大誓願をおこしあらはしたまふなり。（中略）この如来すなはち誓願の業因にむくひたまひて報身如来とまうすなり。すなはち阿弥陀如来とまうすなり。（真聖全二、六三〇～六三一頁）

と明かしております。智慧なる法性法身とは、色もなく、形もましまさず、心もおよばず、言葉もたえたる、究極的な出世の境界、真実そのものを意味し、その法性法身より、この世俗に向かって到来し、示現した方便法身こそが、阿弥陀仏であるというのです。すなわち、阿弥陀仏とは、もともと不可称、不可説なる出世の智慧、真如、法性が、それ自身の必然として、それと不一不異、広略相入なる関係を保ちつつ、この世俗に向かって方便、到来したものであるというのです。

そして親鸞は、それについてさらに教示して、その「自然法爾章」に、

弥陀仏は自然のやうをしらせんれうなり。（真聖全二、五三〇～五三一頁、六六四頁）

と語っております。阿弥陀仏とは、経典によれば、さまざまに説明されていますが、それは帰結するところ、自然、すなわち究極的な智慧、真実のありさまを知らせるための、「れう（料）」であって、その象徴表現にほかならないというのです。

そしてその象徴表現については、〈無量寿経〉によると、二種の形態をもって教説されております。そのひとつは、姿形をもって、すなわち、仏身として象徴され、いまひとつは、言語として、すなわち、自らの仏名として象徴されているといいます。したがって、私たちがその仏に出遇うためには、仏身として象徴されているについては、それを観見するという見仏の道が要求され、仏名として象徴されているについては、それを聞知するという聞名の道が教説されてくることとなります。それについては、はじめの仏身として象徴される見仏の道について、主として明かしたものが、『観無量寿経』であり、のちの仏名として象徴される聞名の道について、主として明かしたものが、〈無量寿経〉と〈阿弥陀経〉であります。そしてことにその聞名の道について、きわめて詳細に教説しているのが〈無量寿経〉であります。

その〈無量寿経〉の中でも、もっとも原形をとどめている、〈初期無量寿経〉の『大阿弥陀経』が明かす聞名の道については、その阿弥陀仏の果徳の経文を、この「真仏土文類」に引用して、

阿弥陀仏の光明と名とは、八方・上下、無窮無極無央数の諸仏の国に聞かしめたまう。諸天人民、聞知せざることなし。聞知せんもの度脱せざるはなきなり。仏ののたまわく、独りわれ、阿弥陀仏の光明を称誉せざればなり。八方・上下、無央数の仏・辟支

仏・菩薩・阿羅漢、称誉するところ、みなかくのごとし。仏ののたまわく、それ人民、善男子・善女人ありて、阿弥陀仏の声を聞きて、光明を称誉して、朝暮につねにその光好を称誉して、心を至《みな》して断絶せざれば、心の所願にありて、阿弥陀仏国に往生す。（真聖全一、一二三頁）

と語っております。

ここでは阿弥陀仏の声を聞くか、またはその光明を見て称誉するか、その聞見の心を至して断絶せざれば、心の志願にしたがって、阿弥陀仏の浄土に往生することができると明かしております。そしてまた、この『大阿弥陀経』には、浄土往生の行道として、不善作悪者の道（第五願文）と一般在家者の道（第六願文）と出家者の道（第七願文）の、三願、三種の道を説いておりますが、その第五願文によれば、

それがし作仏せん時、八方・上下の諸の無央数の天・人民および蜎飛・蠕動の類をして、もし前世に悪をなすに、わが名字を聞きて、わが国に来生せんとおもわん者は、すなわち正に返りて自ら過を悔い、道のために善をなし、すなわち経戒を持して、願いてわが国に生まれんとおもいて断絶せずば、寿終りて、みな泥犁《ないり》、禽獣、薜茘《へいれい》にかえらざしめ、すなわち、わが国に生まれて心の所願にあらしめん。この願をえば、すなわち作仏し、この願をえざればついに作仏せず。（真聖全一、一三七頁）

と明かして、善根を修めることがなく、悪を犯すことの多い不善作悪の者は、阿弥陀仏の名号（声）を聞いて作善願生するならば、阿弥陀仏の浄土に往生できると誓っております。このことについては、すでに上の「行文類」および「信文類」において、詳細に考察したところです。

そして親鸞は、その経典が明かすところの、「阿弥陀仏の声を聞きて」という文の「声」に、「ミナ」と仮名を付しております。そのことは、その第五願文が明かすところの「聞名」とは、すでに上の「行文類」「信文類」において見たように、私が阿弥陀仏に向かって称名する私の行位の称名が、そのまま逆転して、阿弥陀仏が私に向かって称名する教位の称名であり、その「声《ミナ》」であると、深く聞いていくことであり、それはさらにいえば、阿弥陀仏の私に対する告名（なのり）、招喚（まねき）の声を聞くことを教示するものでありましょう。すなわち、親鸞はここで、阿弥陀仏とは、ひとえに私に向かって方便し、到来しつつあるというが、そのことは、まことの証（さとり）、真仏、真土が、いまここに「声」として、「ミナ」（称名）として、私に向かって到来し、働きかけている、ということであると領解していることが、明瞭にうかがわれるところであります。

親鸞が、この「真仏土文類」に、あえてこの『大阿弥陀経』の経文を引用した意図が、よくよく知られてくるところであります。

2　真仏・真土の特性

そして親鸞は、さらに真仏・真土の特性として、次のように明かします。

しかれば、如来の真説、宗師の釈義、明らかに知んぬ、安養浄刹は真の報土なることを顕す。惑染の衆生、ここにして性を見ることあたわず、煩悩に覆わるるがゆえに。『経』には、「われ十住の菩薩少分仏性を見ると説く」とのたまえり。ゆえに知んぬ、安楽仏国に到れば、すなわち必ず仏性を顕す。本願力の廻向によるがゆえに。また『経』には、「衆生未来に清浄の身を具足して荘厳して仏性を見ることをう」とのたまえり。（真聖全二、一四〇頁）

この文章は、上に長々と引用したところの、仏性について示した『大般涅槃経』の文意を、簡略にまとめて教説したもので、その意味は次のとおりです。

かくして、釈尊の教説や伝統の祖師の解釈によれば、安養の浄土はまことの報土であると明かされます。しかしながら、煩悩に覆われた私たちは、この現実の世界では、仏に成る可能性としての仏性を見ること、それを開きあらわすことはできません。それはひとえに私たちが煩悩に覆われているからです。だがすでに上に見たように、『大般涅槃経』の「迦葉品」によれば、「私たちも十地の菩薩の地位に進めば、少しくは仏性を開きあらわすことができる」と説かれています。すなわち、この現実においても、真実信心を開発して、正定聚、不退転地に住するならば、少分の仏性を開顕することとなるというわけです。そして私たちは、やがて安楽浄土に往生するならば、そこでは必ずその仏性を全分に開顕して、まことの仏に成ることができるのです。そのことはひとえに、阿弥陀仏の大悲、本願力の働きかけによるからです、だからこそ、すでに上に見たように、『大般涅槃経』の「迦葉品」に、「人々はやがて将来に、清浄の身となって、仏性を完全に開きあらわすことができる」と説かれているのです。

したがって、ここで親鸞が、上に示したように、『大般涅槃経』に説く仏性をめぐる二種の文を略して引用するのは、いずれも上に引用した文を再度引用するわけですが、前者の文は、今生、現世のただいまにおいて、信心の利益として、少分の仏性を開きあらわすことができることを明かし、後者の文は、その仏性を全分に開きあらわすことができるのは、来世、浄土に往生することによってこそ、よくかなうことを明かしていることが明瞭です。

その点、ここで注目すべきことは、私たちは、この現実の世界では、煩悩に覆われた生活を続けているかぎり、その仏性のすべてを開きあらわすことはできないが、仏道の修習において、その少しばかりは見ることができる、その少分は開顕できると明かされているわけです。すなわち、親鸞によれば、私たちが真実信心をうるならば、初地、不退転地という一定の段階までは、無明、煩悩を破り、それを転じることとなり、新しく明知、智慧をひらくことができるというわけで、その境位を、迷いを離れて正定聚に住すといい、またそのことを、仏の救い、済度をえたというのです。そしてそのことを、仏性という視点からいえば、少分ながら仏性を見る、それを開顕したといいうるというわけであります。

かくして、親鸞がここで、「経には、われ少分仏性を見ると説く」のは、このような真実信心の功徳、利益について、語ったものと理解していることは明らかです。すなわち、真実信心をうるならば、「仏になるべき身」となって、少分の仏性を開顕するというのです。この点については、従来の伝統教学においては、まったく問題にされませんでしたが、仏教の論理としては、充分に注目すべきところでありましょう。

三　真仏土と化身土

そして親鸞は、この「真仏土文類」を結ぶにあたって、次のように明かします。

それ報を按ずれば、如来の願海によりて果成の土を酬報せり、ゆえに報というなり。しかるに願海について真あり仮あり。ここをもってまた仏土について真あり仮あり。

選択本願の正因によりて、真仏土を成就せり。真仏というのは、『大経』には「無辺光仏・無碍光仏」とのたまえり、また「諸仏中の王なり、光明中の極尊なり」とのたまえり。已上。『論』には「帰命尽十方無碍光如来」といえり。真土というは、『大経』には「無量光明土」とのたまえり、あるいは「諸智土」とのたまえり。已上。『論』には「究竟して虚空のごとし広大にして辺際なし」というなり。往生というは、『大経』には「皆受自然虚無之身無極之体」とのたまえり。已上。『論』には「如来浄華衆生覚華化生」といえり。また「同一念仏無別道故」といえり。已上。また「難思議往生」といえるこれなり。仮の仏土とは、下にありて知るべし。すでにもって真仮みなこれ大悲の願海に酬報せり。ゆえに知んぬ、報仏土なりということを。まことに仮の仏土の業因千差なれば、土もまた千差なるべし。これを方便化身・化土と名づく。真仮を知らざるによりて、如来広大の恩徳を迷失す。

これによりて、いま真仏・真土を顕す。これすなわち真宗の正意なり。経家・論家の正説、浄土宗師の解義、仰いで敬信すべし。ことに奉持すべきなり。知るべしとなり。

（真聖全二、一四一～一四二頁）

この文の意味は次のとおりです。阿弥陀仏とその浄土が、報身、報土であるといわれる場合、その報ということの意味を考えてみますと、それは阿弥陀仏の因位の誓願により、それに酬報して成立したところの仏身と仏土ですから、ことに報身・報土というわけです。しかしながら、その誓願に真実と権仮があります。したがってまた、その仏身と仏土についても、真実と権仮があるわけです。

そこでその真仏と真土とは第十八願を因として成立したのです。その真仏というのは、『無量寿経』には、無辺光仏、無碍光仏と説き、また『大阿弥陀経』には、諸仏の中で最も勝れた仏であり、光明の中ではもっとも尊い仏であると明かされています。(已上)。またた『浄土論』では、「帰命尽十方無碍光如来」といわれています。またその真土というのは、『平等覚経』には「無量光明土」といい、『如来会』には「諸智土」と明かされています。(已上)。そしてまた『浄土論』には、その真土について、きわまりがなくて大空のようであり、広く大きくして境界がない、と説かれています。そしてその真土に往生するについては、『無量寿経』には、往生するとは、すべてのものが、あらゆる造作を超えた、色もなく形もない、無上の仏の「さとり」の身となることであると説かれています。(已上)。また『浄土論』では、浄土の清く美しい蓮華の中に誕生することであるといい、『往生論註』では、同じように念仏をもうしたものは、ひとしく同じ道を進んで同じ果をうける、と明かされています。(已上)。また『法事讃』では、難思議往生といわれているところです。

そして仮の仏身・仏土については、次の「化身土文類」において改めて説きます。この真実と方便、真と仮は、ともに阿弥陀仏の大悲の誓願に報いて成就したものです。だから、それらはすべて報の仏身・仏土であることが知られます、方便なる仮の浄土に往生する人の因行は、いろいろありますから、その浄土の相状もまたいろいろとあります。これを方便なる化身・化土というわけです。この化土に往生する人は、阿弥陀仏の誓願に、真実と方便、真と仮とがあることを知らないことによるわけで、その如来の大きな慈悲、その恩徳を見失っているのです。

以上において、真仏と真土について正しく領解すべきことを明かしたわけで、このことこそが、真宗のまことの本意です。かくして、釈尊と龍樹、天親の教説と、曇鸞、善導らの釈義とを、仰いで尊崇し、これをよく奉持すべきであります。

以上が、親鸞における真仏・真土をめぐる領解の文の意味です。

ここでは、証、仏の「さとり」の具体的な内実として明かしたところの、真仏土の説明を結ぶにあたって、阿弥陀仏の誓願に、真実と方便、真と仮があることを語り、その真実の誓願にもとづいてこそ、この真仏と真土が成就し、まことの真宗念仏者は、その真土に往生成仏することを明かします。そしてその方便の誓願にもとづいて、仮の仏身と仮の浄土が施設され、誤って仮門、真門の道を歩むものは、その仮の浄土に往生すると明かしします。ここで仮の誓願によって、化身・化土が生じるといって、「仮」と「化」の語を区別して用いていますが、それは基本的には、「仮」とは、それ自身、本来的には存在しないにもかかわらず、方便のために、仮に施設されて存在することをいい、「化」とは、そのことが人間の感覚、機感に応じて化現することをいうわけです。いまは阿弥陀仏の誓願について、真実と方便権仮、真と仮があることをいうわけです。そしてその「仮」の誓願にもとづいて、仏身と仏土が、人間の機感に応じて「化」現することから、その仮身・仮土を、ことには化身・化土ともいうわけです。しかしながら、それらはいずれにしても、阿弥陀仏の大悲に根ざすところの、真実なる報土の中のできごとであることには変わりありません。

ここで親鸞が、阿弥陀仏の誓願について、真実と方便、真と仮があると領解したことは、親鸞の独自な誓願観として充分に注目すべきことであります。親鸞によれば、阿弥陀仏の誓願においては、三種の行道が設定されているというわけです。すなわち、第十八願の至心信楽の願（念仏信心の道）、第十九願の至心発願の願（自力諸善の道）、第二十願の至心廻向の願（自力念仏の道）です。そしてその第十九願の仮門の道と第二十願の真門の道は、いずれも人人をして、第十八願の真実の道に誘引するために、阿弥陀仏が大悲をもって施設したものであるというわけです。もともと法然は、この第十九願と第二十願は、第十八願に重なるものと考えて、その第十九願は、念仏往生のもののために、臨終に来迎することを誓った願と理解して、「来迎引接の願」（『西方指南抄』真聖全四、五一頁、八六頁）、「臨終現前の願」（『漢語燈録』真聖全四、五五二頁、『三部経大意』真聖全四、七九七頁）などといいます。そしてその第二十願については、念仏するものは、たとえ今生において往生がかなわずとも、今後の三生の間には、必ず往生ができるということを誓った願だと理解して、「係念定生の願」（『西方指南抄』真聖全四、八七頁）、「大綱の願」、「三生果遂の願」（『西方指南抄』真聖全四、一三一頁）などといっております。その点、親鸞における三願観と、それにもとづく真土往生と化土往生の分判は、きわめて特徴ある領解といいえましょう。

親鸞がこのように浄土への行道について、真実の道と方便の道とを明かし、またそれによって、浄土に報土と化土があると分判したのは、ひとえにその念仏往生の行道の学習、実践において、あれこれと疑惑し、まことの信心を開発しえないものがあることによったものにほかなりません。その点、ここで化土といい、化生というも、それはどこまでも真実なる報土の中のことであって、それはひとえに、本願疑惑、信心不定のものを、まことの念仏、信心の行道に、誘引し、教導するための教説であったわけであります。

以上「真仏土文類」の解説をひとまずおわります。

第八章　化身・化土の教説（「化身土文類」）

一　「化身土文類」の組織

1　「化身土文類」の組織図

この「化身土文類」の組織は、次のとおりです。

- 標挙
  - 至心発願の願（無量寿仏観経の意なり）――邪定聚機・双樹林下往生
  - 至心廻向の願（阿弥陀経の意なり）――不定聚機・難思往生
- 題号・撰号
- 化身の意義――謹顕

- 本文
  - 方便浄土教
    - 化身・化土の意義
      - 化土の意義 ―― 土者
    - 第十九願仮門の意義
      - 仮門をめぐる領解 ―― 然濁
      - 仮門にかかわる引文 ―― 是以
      - 念仏往生の勧励 ―― 爾者
    - 浄土三部経の関係
      - 『観経』の隠顕
        - 『観経』の本義 ―― 問大
        - 三経の真実と方便 ―― 然今
        - 雑行と雑修 ―― 夫雑
      - 『小経』の隠顕
        - 『小経』の本義 ―― 又問
    - 第二十願真門の意義
      - 真門をめぐる領解 ―― 夫濁
      - 真門にかかわる引文 ―― 是以
      - 真門をめぐる教誡 ―― 大本
      - 自力念仏への悲歎 ―― 真知
    - 三願転入の表白 ―― 是以
    - 時機相応の浄土教 ―― 信知
  - 方便聖道教
    - 聖道教に対する批判 ―― 然抛

- 方便聖道教にかかわる引文 ―― 是以
- 邪偽の外教
  - 外教に対する批判 ―― 夫拠
  - 邪偽の外教にかかわる引文 ―― 涅槃
- 後序
  - 真宗法脈の伝統 ―― 竊以
  - 本書撰述の意趣 ―― 慶哉
- 尾題

（なお『坂東本』では、邪偽の外教以下は巻を分けて別冊とし、その前半の外題には「顕浄土方便化身土文類六本」と記し、その後半には外題はありませんが、内題として「顕浄土方便化身土文類六　愚禿釈親鸞集」と書かれています。その点、その前半を本巻とし後半を末巻とする意図があったことが明らかです。）

次にその組織について、およその説明をいたします。

ここではまず巻頭に、第十九願の「至心発願の願」と、第二十願の「至心廻向の願」の願名を掲げて、その第十九願の行道について教説したものが『観無量寿経』であり、第二十願の行道について教説したものが『阿弥陀経』であることを明かします。そしてそれぞれの行道の結果として、第十九願の至心発願の行道においては、今生では「邪定聚の機」となり、当来には「双樹林下往生」をうるといい、第二十願の至心廻向の行道においては、今生では「不定聚の機」となり、当来には「難思往生」をうることを教示します。

このようにそれぞれの願名と経名と機名と往生名について語るのは、上の「教文類」の冒頭に「大無量寿経」、「信文類」の冒頭に「至心信楽の願、正定聚の機」、「証文類」の冒頭に「難思議往生」と記すものに対応して明かしたわけでしょう。すなわち、この「化身土文類」は、直接的には、上の「真仏土文類」に対応して、真実の仏身と仏土に対して、方便なる化身と化土について明かすというわけですが、実際には、その化身・化土についてはあまり説くことがなく、上の「教文類」「行文類」「信文類」「証文類」が、真宗における真実なる仏道を明かすに対応して、浄土教の方便、権仮なる仏道を教示するわけです。そのことを示すものが、この冒頭の標願、細註の意味です。

そしてその本文においては、はじめに親鸞自身の化身と化土をめぐる領解を明かします。そして第十九願仮門の行道の意義を明かして、最初に親鸞自身の領解の文をおき、次いで『無量寿経』『如来会』『悲華経』などの経典の文、および中国の善導、新羅（韓国）の憬興、日本の源信の文を引用します。そして濁世の道俗は、ひとしく定散自力の諸行を捨て、ひとえに念仏往生の道を行ずべきであると、本願念仏を勧励して結びます。

次いで親鸞は、浄土三部経、すなわち、『無量寿経』『観無量寿経』『阿弥陀経』の、三経の関係をめぐって、親鸞独自の三部経観を展開します。ここではまずはじめに、『無量寿経』と『観無量寿経』の関係を論じて、その『観無量寿経』の教説には、顕説（おもて）の立場と隠彰（うら）の立場があって、その顕説の立場では、定善、散善の自力諸善往生の道を説いているが、その隠彰の立場からいえば、本願念仏往生の道が説かれているといい、したがって、『観無量寿経』の本義とは、その顕説の立場からいえば『無量寿経』とは別異であるが、その隠彰の立場からすれば『無量寿経』の教説とまったく一致すると明かします。そしてそのあとに、聖道教と浄土教とを対比して、浄土教が、仏教の中の最上至極の教法であることを説き、またその浄土教の中では、正行の道と雑行の道があることを明かし、ことにはその雑行の道については、雑行と雑修をめぐって詳しく論じ、すべからく、その雑行、雑修を捨てて、本願念仏の正行の道に帰入すべきことを語ります。そして次に『無量寿経』と『観無量寿経』と『阿弥陀経』の関係を論じて、『観無量寿経』に準じて見れば、この『阿弥陀経』の教説にも、顕説（おもて）の立場と隠彰（うら）の立場があって、その顕説の立場では、自力念仏往生の道が説かれているが、その隠彰の立場からいえば、本願念仏往生の道が説かれているといい、『阿弥陀経』の本義とは、その顕説の立場からいえば『無量寿経』とは別異であるが、その隠彰の立場からすれば、『無量寿経』の教説とまったく一致すると明かします。

そのあとに、第二十願真門の行道の意義を明かして、最初に親鸞自身の領解の文をおきます。そして次いで、『無量寿経』『如来会』『平等覚経』『観無量寿経』『阿弥陀経』などの経典の文、および中国の善導、智昇、元照、孤山らの文を引き、さらにはまた、『無量寿経』『大般涅槃経』『華厳経』と中国の善導の文を引用します。そして本願の世界に帰入することの困難なことを歎きつつ、ひとしく万人が、自力を捨てて本願念仏に生きていくことを念じます。

そして、以上において明かしたところの、浄土教の中の第十九願仮門の道、第二十願真門の道の解説を結んで、親鸞自身の求道経験としての、三願転入について表白いたします。そしてそのあとに、この浄土真宗の他力念仏の行道こそが、時機相応、時代性と人間性によく契った教法、行道であることを明かします。以上が、方便浄土教にかかわる論述です。

そしてこのあとに、さらに方便聖道教として、浄土教以外の一般の仏教、聖道教について、それがひとえに本願念仏の行道のための、方便誘引をめざす教法であることを明かします。ここでは、まず親鸞自身の聖道教に対する領解、立場を述べたあとに、中国の道綽の『安楽集』の文を引用し、またさらには最澄の作と伝える『末法燈明記』を、ほとんど全文に近いほど引用します。

以上をもって、聖道教に対する批判的な主張を述べたあと、次いで仏教以外の外教、さまざまな邪偽の教法について明かし、それらを厳しく批判します。ここでもまずはじめに、

親鸞自身の外教に対する領解、立場を述べたあと、『大般涅槃経』（大正巻一二）、『般舟三昧経』（大正巻一三）、『大方等大集経』（大正巻一三）、『大方広仏華厳経』（大正巻九）、『大仏頂如来密因修証了義諸菩薩万行首楞厳経』（『首楞厳経』大正巻一九）、『仏説灌頂七万二千神王護比丘呪経』（『灌頂経』大正巻二一）、『大乗大集地蔵十輪経』（大正巻一三）、『集一切福徳三昧経』（大正巻一二）、『薬師瑠璃光如来本願功徳経』（『本願薬師経』大正巻一四）、『梵網経』（『菩薩戒経』大正巻二四）、『仏本行集経』（大正巻三）、『大乗起信論』（大正巻三二）、『弁正論』（大正巻五二）、『法事讃』（真聖全一）、『法界次第初門』（大正巻四六）、『楽邦文類』（大正巻四七）、『天台四教儀』（大正巻四六）、『天台四教儀集解』（『大日本校訂大蔵経』続二、七、一）、『盂蘭盆経疏新記』（『大日本校訂大蔵経』続一、三五、二）、『観経扶新論』（『大日本校訂大蔵経』続一、三三、一）、『摩訶止観』（大正巻四六）、『往生要集』（真聖全一）、『論語』などの、数多くの経典やその他の釈義、典籍などを引用して、邪偽なる外教を批判します。

これらもまた、方便という表記の中に収めているわけですが、ここでいう方便とは、上において語った方便が、いずれも本願念仏の行道に誘引するためのものとして、肯定的な方便であったのに対して、この邪偽なる外教を方便というのは、それらを批判し、徹底して否定、排除することを通してこそ、よく本願念仏の行道の真実なることを明確化しうるということで、それは否定的な方便を意味するわけです。この点については充分に注意してください。従来の伝統教学では、すべてを肯定的に捉えて、方便とある以上、いかなる邪偽なる外教も、真宗念仏の道に入るための方便手段となると主張するものがいますが、親鸞は、そんな非理非道なることを語るはずはありません。

以上が、この「化身土文類」全体の組織をめぐるおよその解説です。

2　標挙の文

次いで本文の説明に入りますが、その冒頭に、左のように標挙いたします。

無量寿仏観経の意なり
至心発願の願　　邪定聚の機
　　　　　　　　双樹林下往生
阿弥陀経の意なり
至心廻向の願　　不定聚の機
　　　　　　　　難思往生（真聖全二、一四三頁）

その意味は、『観無量寿経』とは、第十九願の至心発願の行道、自力諸善の道を説くもので、その道を修めるものは、今生では邪定聚（成仏できないもの）となり、来世には化土往生としての双樹林下往生をうるといいます。そしてまた、『阿弥陀経』とは、第二十願の至心廻向の行道、自力念仏の道を明かすもので、その道を歩むものは、今生では不定聚（成仏と不成仏のいずれにも定まらないもの）となり、来世には化土往生としての難思往生をうるといいます。なおこの邪定聚、不定聚については、上の「信文類」の冒頭のところ（本書一三三頁）で、またその双樹林下往生、難思往生については、上の「証文類」の冒頭のところ（本書二八八頁）で、詳しく解説したところです。

二　方便浄土教の教示

1　化身・化土の意義

（1）化身の意義

そこで次に化身・化土とは、いかなる意味をもつものか、それについていささか説明いたしましょう。釈尊が入滅されたのち、歳月が過ぎていくとともに、その釈尊崇拝が深まって、釈尊の偉大さがいっそう強調されるようになり、その理想化、超人化が進んでいきました。そのような釈尊観の展開の流れの中から、釈尊とは、もとは私たちと同じような肉体をもった存在としての色身でありながら、また他面においては、仏の「さとり」、究極的な真理を体解し、それを本質とする存在としての法身でもあった、ということが発想されてきました。そしてすでに部派仏教の時代には、このような釈尊観をめぐって、釈尊は色身か法身か、という議論がおこなわれたといいます。そして龍樹（紀元二〜三世紀ごろ）の時代になると、このような仏身観をめぐって、明確に父母生身と法性身、生身と法身、化身と真身というように、二種の仏身（二身説）を考えるようになりました。そしてそのような仏身観はさらに展開、深化することとなり、やがては法身と報身と応身、法仏と報仏と化仏などという、三種の仏身（三身説）が生まれてきました。

このことは、仏とは、たんにこの娑婆世界の釈尊だけでなく、無数の他方世界に仏が存在して、それぞれが仏国土、浄土をもっているという、他方仏国土の考え方に重なって生まれたものです。すなわち、法身、法仏とは、究極的な真理そのもののことで、一切の姿形を超えた永遠にして普遍なるものをいい、応身、化仏とは、この歴史世界にあらわれた釈尊のような人格をもったものをいい、報身、報仏とは、このような他方仏の思想にもとづき、法身と応身の両者を統合したところの、もうひとつなる衆生救済の誓願と行業に報いて生まれた仏をいうわけです。阿弥陀仏とは、その三身説の報身として教説された仏です。なおまた、その応身、化仏にかかわって、その応身、化仏とは、普通には仏の姿形をもって示現するといいますが、それ以外に、さまざまな人間や動物などの姿をもって、この世界に示現するものを化身ということがあります。その場合には、法身、報身、応身、化身の四身説になるわけです。かくして化身とは、究極的な真実、法身が、人人を真実にまで育てるために示現したところの、方便としての仏身をいうわけです。

（2）化土の意義

また化土については、上に述べた仏身観の中の法身、報身、応身、化身に対応する世界のことで、化身の仏が依るところの場所、仏国土を化土というわけです。そこでここでいう化土とは、その化とは、すでに上にも述べたように、教化の化の意味、そしてまた化現の化の意味をもつもので、人人をして真実なる浄土、真土にまで教化し、導き入れるために、方便として仮現され施設された浄土のことにほかなりません。

いずれにしても、

仮の仏土の業因千差なれば、土もまた千差なるべし。これを方便化身、化土と名づく。

（「真仏土文類」真聖全二、一四一頁）

と明かすように、第十九願仮門、第二十願真門の人は、いずれも阿弥陀仏の教法を学びながらも、一人ひとりが、なおも自己の心に執着し、我執を捨てきらないままに、その行業を修めるところ、浄土に往生するとしても、その業因が千差万別でありますので、その自執の心に応じて無量なる万別の化土が化現してくるわけです。しかしながら、その化土とは、上の「真仏土文類」（本書三二二頁）で明かしたように、方便化土として、真実なる報土の中の存在にほかなりません。

2　第十九願仮門の意趣

次いで親鸞は、第十九願仮門の道にかかわる自己領解について、次のように明かします。

しかるに濁世の群萌、穢悪の含識、いまし九十五種の邪道を出でて、半満権実の法門に入るといえども、真なるものははなはだもって難く、実なるものははなはだもって希なり。偽なるものははなはだもって多く、虚なるものははなはだもって滋し。ここをもって釈迦牟尼仏、福徳蔵を顕説して群生海を誘引し、阿弥陀如来、もと誓願をおこしてあまねく諸有海を化したもう。すでにして悲願います。修諸功徳の願と名づく、また臨終現前の願と名づく、また現前導生の願と名づく、また来迎引接の願と名づく、また至心発願の願と名づくべきなり。（真聖全二、一四三〜一四四頁）

この文のおよその意味は、次のとおりです。この煩悩の多い世界に生きる人人、罪業にまみれた人人は、縁あってせっかく、さまざまな邪偽なる教えを捨てて、仏法を学ぶことになったとしても、ただちに真実の仏道に生きるものはまことに少なく、誤った仏道を修めるものははなはだ多いことです。そこで釈迦如来は、まず第十九願の仮門の教えを説いて、無数の人人を浄土の教えに誘導され、阿弥陀仏は、第十八願の真実の教えを開いて、あまねく人人を救済されます。すなわち、阿弥陀仏は、もともと人人を真実に導き入れるための、大悲の誓願をおこされています。それが第十九願にほかならず、それは修諸功徳の願と名づけられ、臨終現前の願と名づけられ、現前導生の願と名づけられ、来迎引接の願と名づけられます。そしてそれはまた、至心発願の願ともいうべきでしょう。

そこで親鸞は、この第十九願を修諸功徳の願といいますが、それはさまざまな善根功徳を修めて浄土に往生する道を誓った願ということで、義寂や憬興らが、その行業について名づけたものです。またそれを臨終現前の願というのは、その日常において、さまざまな善根を修めているならば、その臨終において、阿弥陀仏が来り迎えて、その人の前に現れることを誓った願ということで、天台の静照により、そのように名づけられたもので、法然もそのように呼んでおります。また現前導生の願とは、同じように、阿弥陀仏がその臨終に現れて、浄土にまで導いてくださることを誓った願ということで、智光によって名づけられたものです。また来迎引接の願とは、同じように、阿弥陀仏が臨終に現れて、浄土に引き入れてくださることを誓った願ということで、真源によってそう名づけられ、法然ものように呼んでおります。そして最後の至心発願の願とは、親鸞によって命名されたもので、その仏道における心相をめぐり、その願文にもとづいて名づけられたものです。しかも親鸞は、この願について、「すでにして悲願います」（真聖全二、一四三頁）といい、それはもとは阿弥陀仏の大悲にもとづいてこそ、よく生起したところの誓願であるというわけです。その点、この第十九願とは、方便誘引のための願でありながらも、またその本質は、真実なる第十八願におさまるものというべきでありましょう。

そしてまた親鸞は、この第十九願仮門の仏道を明かすについて、まず仏教以外の外教を排除し、また仏教についても、その方便の教法と真実の教法とがあって、その真実に帰入するものは、まことに希であるといいます。すなわち、邪偽なる外教と、仏教における聖道教を厳しく批判したのち、浄土教の中の第十九願仮門なる、自力諸善の道について明かそうとするわけです。

もともとこの『無量寿経』の、第十八願と第二十願と第十九願の行道とは、すでに『浄土三部経―真宗学シリーズ6』において、種々述べたように、その〈初期無量寿経〉の中でも、もっとも原形と思われる『大阿弥陀経』の本願において明かされたところの、社会の下層に生きて、善根を修めることが少なく悪を犯すことの多い、不善作悪なる在家者のための仏道を誓った第五願の行道、そしてある程度の経済的な余裕をもった、一般在家者のための仏道を誓った第六願の行道、そしてまた、さまざまな善根を修めうる、出家者のための仏道を誓った第七願の行道の、三種の願の教理史的展開として生まれてきたものでした。その点、この第十九願の道は、もともとは出家者の行道であって、自力諸善なる道として、その行業の内実は聖道教と重なるところです。もとより親鸞は、そのような教理史的な展開についてはまったく知るはずはありませんが、親鸞はここでは、その第十九願なる浄土の方便仮門の道を明かすについて、そこではまことに的確に、それに聖道教の諸行を重ねて、それらの諸行諸善と念仏とを対比することにより、その諸行諸善の道が方便の仏道であって、念仏の道こそが、真実の仏道であることを開顕しようとするわけです。かくして親鸞は、次下において、さらに『無量寿経』の意趣と『観無量寿経』の意趣とを詳細に対比しながら、ついには浄土の仏道とは、ひとえに念仏一行の道に帰結することを主張いたします。

3 『観無量寿経』と『阿弥陀経』の隠顕

（1）『観無量寿経』の隠顕

次いで親鸞は、『観無量寿経』と『阿弥陀経』の基本的な性格について、それに顕説

（おもて）の教説と隠彰（うら）の教説の、二側面があるということを論じます。すなわち、その『観無量寿経』については次のように明かします。

問う。『大本』の三心と『観経』の三心と一異いかんぞや。答う。釈家の意《こころ》によりて『無量寿仏観経』を按ずれば、顕彰隠蜜の義あり。顕というは、すなわち定散諸善を顕し、三輩・三心を開く。しかるに二善・三福は報土の真因にあらず。諸機の三心は自利各別にして、利他の一心にあらず。如来の異《い》の方便、忻慕浄土の善根なり。これはこの経の意《こころ》なり。すなわちこれ顕の義なり。彰というは、如来の弘願を彰し、利他通入の一心を演暢す。達多・闍世の悪逆によりて、釈迦微咲の素懐を彰す。韋提別選の正意によりて、弥陀大悲の本願を開闡す。これすなわちこの経の隠彰の義なり。

（真聖全二、一四七頁）

その文の意味は、およそ次のとおりです。問うていいます。『無量寿経』に説かれるところの、第十八願の至心、信楽、欲生の三心と、『観無量寿経』に説かれるところの、至誠心、深心、廻向発願心の三心とは、同じでしょうか、異なるものでしょうか。答えていいます。善導大師の教示によって、『観無量寿経』を見ますと、その教えには、表に顕わに説かれた顕説と、裏に密《ひそ》かに隠して説かれた隠彰とがあります。その顕わに説かれた教えとは、その行業の内容については、心を定めて行じるところの定心の善根と、心が乱れたままで行じてよい散心の善根とを明かします。またその行を修める人間については、上、中、下の三種の区別を語り、またそれらの行業を修めるには、至誠心、深心、廻向発願心の、三種の心が大切であると明かします。しかしながら、それらの定心と散心の二種の善根と、その散善の内実である世福、戒福、行福の三種の行業は、いずれも浄土往生のための真実の正因ではありません。それらの人人がもつべき三種の心とは、自力なる各別の信心であって、真実他力の信心ではありません。すなわち、『無量寿経』の三心と、この『観無量寿経』が説くところの三心とは、明確に相違します。

この『観無量寿経』に説く教えは、釈迦如来によって示されたところの、真実ではない方便の教えであって、それは浄土を願い求めさせるために語られた権仮の教法です。すなわち、それはこの『観無量寿経』において、表に顕わに説かれるところの教えです。それに対して、密かに隠して説かれた教えとは、阿弥陀仏の本願を明かし、他力の信心について説き示したもので、提婆達多や阿闍世太子が起こしたところの、王舎城における悪逆の事件を縁として、釈迦如来が、その出世の本意を彰わし、また韋提希夫人が、ことに選んで浄土を願うことにより、阿弥陀如来の大悲の本願が開示されたわけです。このことが、まさしくこの『観無量寿経』において、隠して説かれたところの真実の教えです。

ここではまず、信心をめぐって、『無量寿経』の三心と、『観無量寿経』の三心について、その真仮を判定します。そして顕説の立場からいえば、その両者は、真実と権仮として明らかに相違するけれども、隠彰の立場からいえば、その両者は、同一にして、ともに真実であるというわけです。すなわち、その終わり、『観無量寿経』の隠顕の解説を結ぶについて、

二経の三心、顕の義によれば異なり。彰の義によれば一なり。三心一異の義、答えおわんぬ。（真聖全二、一五六頁）

と明かすところです。

（2）『阿弥陀経』の隠顕

次に親鸞は、『阿弥陀経』についても次のように明かします。

また問う。『大本』と『観経』の三心と、『小本』の一心と、一異いかんぞや。答う。いま方便真門の誓願について、行あり、信あり。また真実あり、方便あり。願とはすなわち植諸徳本の願これなり。行とはこれに二種あり。一には善本、二には徳本なり。信とは、すなわち至心廻向欲生の心これなり。二十の願なり。機について定あり散あり。往生とはこれ難思往生これなり。仏とはすなわち化身なり。土とはすなわち疑城胎宮これなり。『観経』に准知するに、この経にまた顕彰隠蜜の義あるべし。顕とい

うは、経家は一切諸行の少善を嫌貶《けんぺん》して、善本徳本の真門を開示し、自利の一心を励まして、難思の往生を勧む。（真聖全二、一五六頁）

この文のおよその意味は次のとおりです。そこでまた問います。上に見たように、『無量寿経』の三心（至心、信楽、欲生）と、『観無量寿経』の三心（至誠心、深心、廻向発願心）とは、その隠彰の立場では同一ですが、それらの三心と『阿弥陀経』の一心とは、同一でしょうか、それとも相違するものでしょうか。答えます。いま第二十願なる権仮方便の真門の仏道についてみますと、そこには行と信とが明かされ、また真実と方便の意趣がこめられています。この第二十願とは植諸徳本の願といいます。それはさまざまな功徳の本を植えて、浄土に往生する道を誓った願です。その行については、諸善の本としての善本と、功徳の本としての徳本の二種があり、信については、至心、廻向、欲生の三心をいいます。すなわち、これが第二十願真門の行と信です。そしてその仏道を修める機類については、定心の人と散心の人があり、その人たちがうるところの利益としての往生は難思往生であって、その仏と浄土とは、仏身とは、往生する人人に応じて化現するところの方便の化身であり、浄土もまた、疑城胎宮なる方便の化土です。

そしてこの『阿弥陀経』は、上に見たところの『観無量寿経』に準じて比べてみますと、同じように顕説と隠彰、顕と隠の立場があることが知られます。その顕の立場とは、釈尊は、この『阿弥陀経』において、あらゆる諸善万行は、いずれもわずかな功徳でしかないと批判して、それらの諸善の本、功徳の本である阿弥陀仏の名号を称するという、第二十願の称名念仏の道を説き明かして、一心不乱に心を励まして念仏することによる、化土往生を勧められます。

以上が、上の文の意味ですが、親鸞は、さらに続いて、この『阿弥陀経』の教説の中で、六方世界の諸仏たちが、その念仏往生の教法について証誠し、讃歎していることと、そしてまた、その教法が世間において難信の教法であるといわれることを根拠として、この『阿弥陀経』が、隠彰の立場においては、真実であると主張するわけです。

（3）真実信心の道

かくして親鸞は、上の諸文を結んで次のように明かし、真宗念仏の仏道とは、難信にして易往の道であることを主張します。

三経の大綱、顕彰隠蜜の義ありといえども、信心を彰して能入とす。ゆえに経のはじめに如是と称す。如是の義はすなわちよく信ずる相なり。いま三経を按ずるに、みなもって金剛の真心を最要とせり。真心はすなわちこれ大信心なり。大信心は希有最勝真妙清浄なり。なにをもってのゆえに、大信心海ははなはだもって入りがたし、仏力より発起するがゆえに。真実の楽邦ははなはだもって往き易し、願力によりてすなわち生ずるがゆえなり。いままさに一心一異の義を談ぜんとす、まさにこの意なるべしと。三経一心の義、答えおわんぬ。（真聖全二、一五七頁）

その文の意味は次のとおりです。浄土の三部経の基本的な意趣は、そこに顕説と隠彰の両方の立場、見方があるとしても、帰結していうならば、ひとえに本願についての信知を明かして、それが涅槃、成仏の正因であることを教示するものです。そのゆえに、経典の最初には「如是」と説かれるわけであり、この如是の意味は、真実信心をあらわすものです。いま浄土の三部経について考えてみますと、その経説の根本意趣は、いずれも金剛にして不壊なる真実信心をもって肝要とし、それについて開顕しようとするものです。そしてこの大信心とは、稀にしてもっとも勝れ、真実にして清らかなるものです。したがって、この大信心の世界には入ることはまことに困難です。それはなぜかといえば、その信心とは、阿弥陀仏の願力によってこそ、よく生起してくるからです。そしてまた、そのゆえに、真実の極楽浄土には往きやすいわけです。なぜならば、そのことはひとえに、阿弥陀仏の願力によってこそ、よく往生成仏することとなるからです。いまは『阿弥陀経』の一心と、『無量寿経』の三心、『観無量寿経』の三心とが、同じであるか、異なっているかについて考察したわけで、それはその顕説の立場からいえば、それぞれが相違しますが、その『観無量寿経』と『阿弥陀経』の隠彰の立場からいえば、三経とも同一といいうるわけです。以上、浄土の三部経の三心と一心をめぐって答え終わりました。

ところで、親鸞は、ここで何ゆえに、上の第十九願仮門の道を明かしたのに次いで、ただちに第二十願真門の道を明かさずに、この第十九願仮門の道と第二十願真門の道を論述する中間に、あえてことさらに、この『観無量寿経』と『阿弥陀経』の隠顕について解説し、ことにはその『観無量寿経』の隠顕をめぐって、とくに詳細に明かしたのかということです。そこでこのような論述の仕方を通してうかがえることは、親鸞がこの「化身土文類」において、真実教と方便教、真実の仏道と権仮の仏道について分判し、その真実の道を開顕して権仮の道を批判し、廃捨しようとするについては、ひとえに聖道教の行道に重なるところの、第十九願の仮門なる自力諸善の道を廃して、称名念仏の道を選びとるべきことを、徹底して主張しようとしたことが明らかです。そして第二十願の真門をめぐる分判は、その選びとられたところの称名念仏の道の内実について、さらにその念仏行が、真実であるか権仮であるかを、明らかにするということでした。

かくして、この「化身土文類」の中心の課題は、あくまでも阿弥陀仏の本願の立場に立って、仏教以外の外教と、仏教内の聖道教に対する、明確な批判、その廃捨の主張とともに、また浄土教内においては、その聖道教が説く行業に重なるところの、第十九願仮門の自力諸善の道に対する、厳しい選捨と、称名念仏一行の選取の主張を展開するということで、すでに念仏一行を選び取ったところの真門の道は、それとは別の問題でありました。すなわち、念仏一行に対立するさまざまな行業についての批判と、その廃捨にほかならなかった、ということがよくよくうかがわれるところです。

4 第二十願真門の意趣

そして親鸞は続いて、第二十願真門の道について次のように語ります。

それ濁世の道俗、すみやかに円修至徳の真門に入りて、難思往生を願うべし。真門の方便につきて、善本あり、徳本あり。また定専心あり、また散専心あり、また定散雑心あり。雑心とは、大小凡聖一切善悪、おのおの助正間雑の心をもって名号を称念す。まことに教は頓にして根は漸機なり。行は専にして心は間雑す。ゆえに雑心というなり。定散の専心とは、罪福を信ずる心をもって本願力を願求す、これを自力の専心と名づくるなり。善本とは、如来の嘉名なり。この嘉名は万善円備せり、一切善法の本なり。ゆえに善本というなり。徳本とは、如来の徳号なり。この徳号は一声称念するに、至徳成満し衆禍みな転ず、十方三世の徳号の本なり。ゆえに徳本というなり。しかればすなわち釈迦牟尼仏は、功徳蔵を開演して、十方濁世を勧化したまう。阿弥陀如来は、もと果遂の誓を発して、この果遂の願とは二十願なり、諸有の群生海を悲引したまえり。すでにして悲願います。植諸徳本の願と名づく、また係念定生の願と名づく、また不果遂者の願と名づく、また至心廻向の願と名づくべきなり。（真聖全二、一五七〜一五八頁）

この第二十願真門をめぐる、親鸞の領解の文の意味は次のとおりです。そこで今日のような煩悩や罪悪にまみれた時代に生きる人人は、すみやかにあらゆる功徳が円満に成就されている、第二十願真門の行道に帰入し、難思往生を願うべきです。ここでは親鸞は、この方便権仮の道である、真門の行道に入ることを勧めております。そしてその方便の真門の行道をめぐっては、その行については、諸善の本、功徳の本としての名号、それにもとづく称名念仏をいい、その心については、心を凝らす定心にもとづいてもっぱら念仏する定の専心と、心が揺れ動くままの散心にもとづいてもっぱら念仏する散の専心があり、またその定心と散心にもとづいて、念仏とそのほかの行をまじえて修める、定散の雑心がありまず。その雑心とは、大乗仏教、小乗仏教の聖者や、あらゆる善人、悪人の凡夫たちが、それぞれ念仏とそのほかの行をまじえる心をもって、阿弥陀仏の名号を称唱することをいいます。

すなわち、この第二十願真門念仏の道には、専心の念仏と雑心の念仏があるということです。そのことは、学んでいるところの教法は真実でありながらも、それを学ぶ主体が、いまだ徹底せず、真実になっていないからです。また行じているところの行体そのものは真実でありながらも、それを行ずる主体の心がいまだ徹底せず、真実になっていないからです。だから、それを雑心というのです。定心または散心にもとづいて、もっぱら念仏する心としての専心とは、自分が犯した罪業について不安をおぼえる信罪の心や、自分が修めた善根を当てたよりとする信福の心にもとづいて、阿弥陀仏の本願の働きを願い求める心をいいます。これを未徹底なる自力の専心といいます。上に明かした諸善の本とは、阿弥陀仏のすぐれた名号のことです。その名号には、あらゆる善根がすべて具わっており、それはすべての善法の根本となるものです。だから諸善の本というわけです。また上に述べた功徳の本とは、阿弥陀仏の名号のことです。その名号とは、一声称名念仏するところ、あらゆる尊い功徳が円満成就して、すべての禍が福に転じることとなり、それは三世十方世界の諸仏の名号の根本です。だから功徳の本というわけです。

かくして釈迦如来は、この第二十願真門の教えとしての功徳蔵を開説されて、昏迷する十方世界の人人を教導されました。また阿弥陀如来は、これらの人人を育てて、ついには必ず浄土に往生せしめようという、第二十願真門の願いとしての、果遂の誓いをおこして、あらゆる人人を誘引されました。すでにして、このような阿弥陀如来の大悲の誓願があるのです。それは植諸徳本の願と名づけます。また係念定生の願ともいいます。また不果遂者の願ともいいます。そしてまた至心廻向の願とも名づけます。以上が、この第二十願真門の意義をめぐる親鸞の領解です。

そこでここでいう果遂の誓とは、第二十願のことで、その願文に「果遂せずば正覚を取らじ」（真聖全一、一〇頁）とある語によって、親鸞がそのように名づけたわけです。なおこの果遂の誓という語は、後に見る三願転入の文にも用いられており、この第二十願は、親鸞の本願帰入の仏道をめぐって、きわめて重要な契機になったことがうかがわれるわけですが、それについては、後の「三願転入の表白」のところで、詳しく考察することといたします。また親鸞は、ここでこの第二十願を、植諸徳本の願、係念定生の願、不果遂者の願、至心廻向の願といいます。その植諸徳本の願とは、もろもろの功徳の本である、阿弥陀仏の名号を称えて往生をうることを意味し、その願文にもとづいてそのように名づけられたもので、証空の理解がそうです。また係念定生の願とは、浄土に念をかけるならば、必定して往生をうることを意味し、法然や隆寛らがそういっています。また不果遂者の願とは、かつて智光が、この願によって、三生のうちには必ず往生をうるという意味で、三生果遂の願といい、法然もまたそのように領解していますが、聖覚はそれを欲生果遂といっています。そして親鸞は、それを明確に今生の利益として領解し、不果遂者の願、または果遂の誓と名づけているわけです。そして至心廻向の願とは、その仏道における心相について呼んだもので、第十八願を至心信楽の願、第十九願を至心発願の願と明かすに対して、その願文にもとづいて親鸞がそう名づけたものです。

なおまた親鸞は、上に明かした第十九願をめぐる説明と同じように、それについても「すでにして悲願います」（真聖全二、一五八頁）といい、それは阿弥陀仏の大悲にもとづいてこそ、よく生起したところの誓願であるといっています。充分に注目すべき教示です。なおこの領解の文において、親鸞はその冒頭において、

それ濁世の道俗、すみやかに円修至徳の真門に入りて、難思往生を願うべし。（真聖全二、一五七頁）

と説示し、権仮方便でしかない、この第二十願真門の道に帰入すべきことを勧めているわけですが、このことはいかに理解すべきことでしょうか。この文は、この「化身土文類」の中では、たいへん重要な意義をもつものであって、真宗の仏道を明らかにするについては充分に留意し、親鸞の意趣をよくよく汲んで、深く熟慮すべきところです。すなわち、親鸞は、すでに上にも述べたように、同じ方便浄土教の中でも、聖道教に重なる第十九願の仮門の道と、すでにその諸行万善を廃捨して、念仏一行を選び取った仏道としての、第二十願の真門の道とを、明確に区別、分判して、この真門の道がもつところの意味の重要

性を、きわめて高く評価しているわけです。そのことについては、後の三願転入の文をめぐって改めて考察することといたします。

以上をもって、この第二十願真門をめぐる親鸞の領解の文の解説をおわります。

5　三願転入の表白

親鸞は次いで、自己の若い日の求道遍歴の過程において、上に明かしたような第十九願仮門なる自力諸行の道を修めていたが、やがてその道を離れて、第二十願真門なる自力念仏の道に廻入したこと、そしてまた、さらにその真門の道を捨てて、第十八願なる本願念仏の道に転入していったこと、そしてその後、その真実信心を相続し、深化してゆき、今日があることを表白しております。いわゆる三願転入の文といわれるもので、次の文がそれであります。

ここをもって愚禿釈の鸞、論主の解義を仰ぎ、宗師の勧化によりて、久しく万行諸善の仮門を出でて、永く双樹林下の往生を離る。善本徳本の真門に廻入して、ひとえに難思往生の心を発《おこ》しき。しかるに、いまことに方便の真門を出でて、選択の願海に転入せり。すみやかに難思往生の心を離れて、難思議往生を遂げんと欲す。果遂の誓、まことに由《ゆえ》あるかな。ここに久しく願海に入りて、深く仏恩を知れり。至徳を報謝せんがために、真宗の簡要を摭《ひろ》うて、恒常に不可思議の徳海を称念す。いよいよこれを喜愛し、ことにこれを頂戴するなり。（真聖全二、一六六頁）

その文の意味はおよそ次のとおりです。そこで愚禿釈の親鸞は、インドの龍樹、天親の論説に学び、中国、日本の祖師たちの教化をいただき、すでに遠い過去に、諸善万行を修める第十九願仮門の道をでて、双樹林下往生なる化土往生の心を離れました。そしてもっぱらに善本、徳本としての、称名念仏一行を励む第二十願真門の道に入って、ひとえに難思往生の心をおこしました。ところが、いまことに、その真門の道をでて、第十八願選択本願の世界に転入し、すみやかに真門の難思往生の心を捨てて、難思議往生なる真実報土に往生成仏する身となりました。必ずついには真実の仏道に入らせようとする第二十願の悲願の仏心は、まことに深い理由のあることで、そのような悲願に育てられ、導かれてこそ、いまの私があることです。ここに長く本願の世界に生かされて、深く阿弥陀仏の恩徳を知らせていただきました。いまはその尊い功徳に感謝するために、このように浄土真宗の法義の大切な文章を集めて、つねにこの上もない仏恩を思いつつ称名念仏することです。かくして私は、いっそうこの浄土の教法を愛楽し、それをありがたく奉持することであります。

ところで、浄土教における往生成仏の道には、すでに上に見たように、第十九願仮門の道、第二十願真門の道、第十八願本願の道の三種の道があります。

その第十九願仮門の道とは、『観無量寿経』に教説されているところの、諸行往生の道であって、それは第十九願文によれば、修諸功徳の道として、至心に発願し、さまざまな善根諸行を修めて、浄土に生まれることを願い、臨終に阿弥陀仏の来迎をえて、正念に住することを期待する道です。その点、この仮門の道とは、もともと諸種の善根の修習を説くところの聖道教に重なるもので、それらの行業の功徳をもって、浄土に往生しようと願う道にほかなりません。もとよりまことの仏道とは、その修めるべき行業についての、明確な選択が必要であり、このことこそという、唯一真実なる選びによってこそ、はじめてそこに、いっさいの世俗的な価値を徹底して相対化することのできる、出世の立場が確立されてくることとなるものです。しかしながら、この第十九願仮門の道においては、その修めるべき行業が、さまざまに語られる諸行、諸善であるところ、その善根、価値の内容が多様に分かれて、世俗的価値に対する本質的な相対化が曖昧となり、出世の道としての、まことの仏道は成立しがたいこととなります。またこの道は、それらの行業を修めることにより、臨終に仏の来迎をえ、それによって正念に住して見仏し、そこに仏の救いが成立するという、臨終を中心とする仏道ですが、私たちのように、煩悩多く、迷いの深い凡夫にとっては、その臨終を期して、仏道を精進するということは、まことに至難なことといわざるをえません。たとい来迎をえて浄土に往生するとも、その往生には上、中、下なる三輩九品の別があるといいます。その因行の諸行、諸善にさまざまな別があるところ、その果相にもまたさまざまな別があるというわけです。このように、その救済に差別があるということは、その救済が、いまだ究竟的なものではなく、したがって、その行道がなお究極的な真実なる道ではないことを意味します。それは真実なる行道、本願念仏の道に引き入れるための、方便の道にほかなりません。

そして次の第二十願真門の道とは、『阿弥陀経』に教説されているところの、称名念仏の道であって、それは第二十願文によれば、植諸徳本の道として、至心にもっぱら、善本、徳本としての称名念仏行を修め、それを浄土に廻向することにより、その功徳をもって浄土に往生しようとする道です。この真門の道とは、上の第十九願仮門の道に比べると、その仮門の道が、聖道教に重なる自力諸善であるに対して、それは唯一なる称名念仏の一行を選びとって修める道であって、それはまさしく、浄土の行道であるといいうるわけです。その点、この称名念仏の道は、それを基軸として、よくいっさいの世俗的価値を相対化することができ、またそれにおいてこそ、よく出世的世界に跳躍、転入することが可能となってくるわけです。しかしながら、この第二十願真門の道が、ひとえに称名念仏一行を選びとって修める道でありながら、なおその不徹底によって、自執、自我の放棄が成立しえず、したがってまた、阿弥陀仏の大悲についての「めざめ体験」が成立しえないところ、それを真門の道というわけです。すなわち、その称名行が、私から仏への一方向のみにおいて成立するものであって、いまだその逆転としての、仏から私への方向をもって成立していない称名の道です。ひとえに称名念仏しながらも、その称名念仏が、私による私の称名念仏であって、それがそのまま仏の称名念仏であると思い当たり、聞名となることがないような、私の自執、その称え心が残存している称名念仏です。このような真門の道は、その表層的な形態としては、真実なる本願の行道とまったく同じでありながら、その称名行の内実が真実になっていない、まことの「めざめ体験」としての信心がともなっていないところ、それはいまだ真実のための方便の門という意味で、真門と呼ばれるわけです。

しかし、この真門の道は、上に見たように、その願文に「果遂せずば」と誓われていますが、親鸞は、この語に「はたしとげずばといふは、ついにはたさむとなり」（『浄土三経往生文類』（広本）、真聖全二、五五八頁）と左訓しているように、この道を歩むものには、やがては必ず、真実の仏道が成就するということであって、この真門とは、まさしく真実なる門、その必然として、真実に至りうるところの道を意味しているわけです。

もちろん、この真門の道を歩むについては、当然に先師、善知識の教導が重要な意味をもつものであって、そのことが欠落した場合には、その果遂ということも成立しえないことでしょう。しかしながら、基本的には、真門の道を歩むものは、その善知識の教えの必然として、如来の大悲に育てられて、本願真実の世界に転入することとなるわけです。その点、ここでは善知識に値遇し、それによく導かれるということが肝要です。親鸞が、ここでこの真門の仏道を果遂の道と捉えながらも、また他面においては、善知識の教導の大切さを、繰りかえして強調している理由です。

そして第十八願本願の道とは、『無量寿経』に教説されているところの、まことの称名念仏、その内実において、大悲についての「めざめ体験」としての、信心体験をともなっているところの、称名念仏の道をいいます。そしてこの本願の称名念仏とは、その称名念仏において、自己自身の在りようが根源的に否定され、自己計度の心、自執の心が、全面的に自己崩壊することにより、それに即して、阿弥陀仏の大悲が体験、味識されるような称名念仏をいうわけであり、それはまた、私から仏へ向かう私の称名が、そのままそっくり、仏から私へ向かう仏の称名と、思いあたってくるような称名念仏をいうわけで、親鸞は、そのような称名を、称えるままに聞こえてくる称名ということで、それを聞名というわけです。すなわち、まことの称名とは、そのまま聞名となるというのです。そして親鸞においては、そのような聞名体験とは、「聞はきくといふ、信心をあらわす御のりなり」（『唯信鈔文意』真聖全二、六四四頁）というように、そのまま信心体験を意味します。ここでいう「聞」とは、その文に明らかなように、聞名の聞で、聞法の聞ではありません。私が日日称名念仏しながら、その称名が、仏の私に対する呼び声と、聞こえてくるようなった、その聞のことです。かくして、まことの称名とは、そのまま聞名であり、そしてまた信心を意味するわけで、真宗の仏道とは、まさしく称名、聞名、信心の道ともいいうるものです。その点、まことの称名念仏には、つねに真実信心がともなっているわけです。親鸞が、「真実の信心は必ず名号を具す」（「信文類」真聖全二、六八頁）と語り、また「信をはなれたる行もなし、行の一念をはなれたる信の一念もなし」（『末燈鈔』真聖全二、六七二頁）と明かすものは、まさしくそのことをあらわすものです。

以上が、第十九願仮門の道、第二十願真門の道、第十八願本願の道のあらましです。そこで親鸞は、自分自身の求道の歴程において、仮門の道から真門の道に廻入し、またさらに、その真門の道をでて本願の道に転入し、まことの仏道を成就、完結したというのです。そして親鸞によれば、その仮門の道も真門の道も、ともに阿弥陀仏の「悲願」（「化身土文類」真聖全二、一四三頁、一五八頁）にもとづくものであって、それはあらゆる人人を、まことの本願念仏の道にまで、「悲引」（「化身土文類」真聖全二、一五八頁）し、「誘引」（「化身土文類」真聖全二、一四三頁）するために、方便として施設されたものであると領解しているわけです。その点からすると、この三願、三種の行道とは、阿弥陀仏の大悲、誓願において、三種が各別に計画、施設されているということではなくて、それは帰するところ、阿弥陀仏の本願、悲願にもとづくところの、ただ一筋の浄土往生をめざす行道でもあって、それはもともと称名、聞名、信心なる本願念仏の行道ですが、人人をその道に誘導するために、あえて方便、施設されたものであるというべきものでしょう。すなわち、浄土の仏道が成立するためには、まずその基本的条件としては、自己の存在と現実の世界に対する厳しい内省によって、この現実世界のもろもろの世俗的な価値を全面的に相対化しつつ、ひとえに浄土を願生して、悪業を廃し善行を修習することが肝要です。いまの第十九願仮門の道とは、まさしくそのような浄土願生の思念を育てるための方便道にほかなりません。そしてまた、その浄土願生の道を生きて、まさしく阿弥陀仏に値遇し、その大悲に覚醒していくためには、何よりもその仏道において、徹底して自己自身が根源的に否定されていき、自執の心、自力の心が、崩壊していくことが要求されますが、そのことは煩悩多い私たち凡夫にとっては、何よりもその日日において、仏壇を中心として、称名念仏を生活習慣化することが肝要です。第二十願真門の道とは、まさしくそのような凡夫相応の生活念仏、生活習慣の行道として、方便、施設されたものであって、このような専称仏名の道を歩むならば、それは必然的に、本願真実の道に入って、まさしく阿弥陀仏に値遇することができるというのです。

親鸞は、こういう自己の求道遍歴の体験をとおして、第十九願仮門の道と、第二十願真門の道を、本願真実なる念仏信心の道に誘引するための、方便の道であると領解したのです。その点、この三願転入の道とは、親鸞自身の歩んだ道であるとともに、本願真実の念仏信心の道を学ぼうとするものにとっては、その仏道の基本的な構造として、明確ではなくとも、何らかの意味において、このような三願転入の道を経過すべきであると思います。

なおこの三願の道をめぐっては、ことに現代においては、求道者個人の性格や環境などによっては、その仮門の内実としての定善、散善がもつところの意味内容は、倫理道徳から社会的実践をふくめて、多様に解釈されるべきでしょうが、その真門の道としての、生活念仏、生活習慣としての称名念仏は、真宗の仏道を歩もうとするものにとっては、決定的な意味をもち、不可欠なる行業であると領解すべきであります。

6　時機相応の浄土教

そして親鸞は、以上において、浄土教の中の権仮、方便の仏道について明かしましたので、次いで釈尊の教説、仏教を学ぶにあたって、今日という時代、歴史社会に対する明確な認識と、今日に生きる人間が宿す仏道に対する可能性についての認識を、よくよく徹底すべきことを明かして、種々に教誡いたします。次の文がそれです。

まことに知んぬ、聖道の諸教は、在世正法のためにして、まったく像末、法滅の時機にあらず。すでに時を失し機に乖《そむ》けるなり。浄土真宗は、在世・正法・像末・法滅、濁悪の群萌、斉《ひと》しく悲引したまうをや。（真聖全二、一六六頁）

ただし、伝統の教学においては、東西本願寺とも、これから以下を、聖道教を方便の教法として批判する文章と理解しますが、草稿本である『坂東本』では、この文は上の三願転入の文に続いており、なんら改行されてはいません。その点、この文は上の文章と一連の文意をもつものと理解されます。聖道教を批判する文は、次の『大智度論』の四依の文を引用したのちに、行を改めて、

しかるに正真の教意によって古徳の伝説を披《ひら》く。（真聖全二、一六七頁）

と書かれていますので、この文以下をもって、聖道教批判の文と見るべきでしょう。よっていまは、そのように理解したいと思います。

そこでこの文は、浄土真宗が末法相応の教法であることを主張するものですが、その意味は次のとおりです。よくよく知られることは、聖道教のさまざまな教法は、釈迦如来の在世の時代と、その滅後の五百年ないし千年の正法の間は、よく学ばれてその成果がありましたが、その後の像法や末法の時代、さらには仏法が滅亡した時代の人間には、まったく意味がないということです。それはもはや時代、歴史社会に相応せず、人間の可能性に

も背くものです。そのことは、すでに今日の時代状況をとおして、よくよく知られるところです。それに対して、阿弥陀仏の本願の教法である浄土真宗の念仏信心の道は、釈尊在世の時代と、その後の正法、像法、末法の時代、さらには仏法滅亡の時代においても、なお五濁悪世の人人を、同じように教導し救済いたします。

そして親鸞は、さらに、

しかるに正真の教意によって古徳の伝説を披《ひら》く。聖道・浄土の真仮を顕開して、邪偽異執の外教を教誡す。如来涅槃の時代を勘決して、正像末法の旨際を開示す。（真聖全二、一六七頁）

と明かします。その文の意味は、次のとおりです。そこで、これより以下は、まことの釈尊の教えと、伝統の高僧たちが説かれたところによって、多くの聖道教が、すべて権仮、方便の教法であり、ひとり浄土真宗のみが真実の教法であることを明らかにし、そしてまた、今日の世間に弘まるところの多くの外教が、すべて誤った邪偽の教えであることを誡めます。そこでまずはじめに、聖道教が権仮、方便の教えであることを明かすについて、釈尊滅後の歴史をめぐって、正しく仏法が弘まる正法の時代、その像《すがた》は正法に似ながらも内実がともなわない像法の時代、そして仏法が衰退していく末法の時代という、三時の思想について解明いたしましょう。

ところで親鸞は、それに続いて、最澄の作といわれる『末法燈明記』の、ほとんど全文を引用します。その最後の結文は、

『仁王』等を推するに、僧統を拝するをもって、破僧の俗となす。彼の『大集』等には、無戒を称してもって済世の宝となす。あに破国の蝗《いなご》をとどめ、かえって保家の宝を棄てんや。（真全五八、五〇二頁）

と明かしております。その意味は、『仁王経』などの経説をおしはかるならば、僧侶が官僧として、国の官職、名誉を拝命することは、僧侶が僧侶であることの資格、その本義を破ることであり、それはたんなる世俗に転落したことを意味します。また『大集経』などの経説によるならば、無戒名字の僧侶こそが、世間を救うところのまことの宝です。どうして国を破るところの害虫、蝗のような官僧を大切にして、国を護るところの宝である、無戒名字の僧侶を軽侮するのでしょうか、ということです。ここには、上皇、法皇と上層貴族、そしてそれと結託した官僧たちの権力側の仏教に対峙した、延暦寺の大衆僧徒たちが、われら無戒名字の僧侶こそが、末法の時代においては、仏法をまさしく伝統するものであって、済世の宝、保家の宝、世間と国家の中核であるという、強い自負とその主張が貫かれております。

しかし、親鸞は、この結文を引用しません。何ゆえでしょうか。この結文の文字こそが、

この『末法燈明記』のもっとも基本的な主張でありましょうに、なぜ引用しなかったのでしょうか。私が思いますには、親鸞においては、僧侶たるものは、何よりも民衆の心のありようを問いつつ、その精神的な浄化、向上、その人格的な成長を願うべきであって、世俗にしてもっとも世俗的な、政治権力にかかわるべきではないという、明確な信念があったからでありましょう。だからこそ、この文章をあえて無視したものと思われます。

7　親鸞における末法の克服

日本において末法思想が盛んになったのは、平安時代の中期以降でした。そのころは、武士の台頭と公家勢力の衰退にともなって戦乱がおこり、また天変地異や疫病の流行が続いて、社会不安が深刻となり、さらにはまた、比叡山や奈良の僧兵たちが横暴を繰りかえして、仏法の世俗化がいちじるしく、当時の人人は、世の末、末法時代の到来を、身をもって深く自覚するようになりました。日本では、正法千年、像法千年の計算によって、藤原頼道が宇治の平等院を完成した前年の永承七（一〇五二）年が、釈尊滅後二〇〇一年にあたるとして、ここから末法の時代がはじまったと考えたわけです。

ところで、その末法思想をめぐって、当時の仏教徒がいかに応対したかについては、伝統の仏教に所属した笠置の貞慶（一一五五～一二一二）や、法然を鋭く批判した栂尾《とがのお》の明恵

（一一七三〜一二六二）らは、ともに末法の意識をもちながらも、釈尊の弟子としての自覚を徹底しつつ、その戒行を一途に実践して、仏教の復興をめざし、その末法の歴史を身をかけて克服すべくたくましく生きていきました。また新しく鎌倉新仏教を開創した法然（一一三三〜一二一二）、道元（一二〇〇〜一二五三）、栄西（一一四一〜一二一五）、日蓮（一二二二〜一二八二）らもまた、この末法思想を深刻に受けとめて、それに向かって厳しく対峙しつつ、それを主体的に克服すべく、それぞれの仏道を精進していったわけです。

それに対して、親鸞における末法思想への対応は、きわめて特異なものがあって、充分に注目すべきことだと思われます。すなわち、道綽の『安楽集』によれば、聖道教の仏道を修めるについては、すでに今日の末法の時代においては、大聖を去ること遥遠であり、また人間自身における知解が浮浅であるところから、それはまったく不可能であり、今の時代には、ただ浄土教の仏道のみが、仏の「さとり」に至りうるところ、唯一の道であるというわけです。すなわち、それによれば、今日の末法の時代には、その歴史性において、釈尊の入滅から遠く時代が過ぎて、その影響、余芳がなくなっていること、またその人間性において、仏法を学ぶについては、あまりにもその能力が暗鈍浅薄になっているというのです。

はじめの歴史性、釈尊から遠く距《へだた》っているということをめぐっては、親鸞は、独特な釈尊観を展開します。すなわち、すでに上の「教文類」のところで見たように、親鸞には、『二尊大悲本懐』と呼ばれる自筆の軸物が残されていますが、そこには、

一代の教主釈迦尊、迦耶にして始めて成るは実の仏に非ず。久遠に実成したまへる弥陀仏なり。永く諸経の所説と異なる。（親鸞全集、写伝篇2、二〇八頁）

と明かして、迦耶（カピラヴァスツ）において応現した釈迦仏とは、まことの仏ではなく、それはまさしくは久遠実成なる阿弥陀仏にほかならない、そのことは他の経典が説くところとは明らかに相違している、というのです。すなわち、釈迦仏とは阿弥陀仏である。その阿弥陀仏が、現世の歴史の上に到来、示現して、釈迦仏になったのだというわけです。そかくして、親鸞においては、歴史的な存在としての釈尊とは、その歴史を超えたところの阿弥陀仏そのものにほかならず、したがってまた、それが阿弥陀仏であるところ、その釈迦即阿弥陀仏は、昔も今も、この現実、この私に向かって、絶えず到来し、示現しつづけているのであって、大聖を去ること遥遠であるという発想は、まったく成立しないこととなります。その点、ここでは末法思想、その歴史意識は、見事に克服されているわけでありま す。

そしてまた、その末法思想における人間性、人間における智解が浅薄であるということをめぐっては、親鸞における仏道に対する理解、その本願の仏道とは、「念仏成仏するこ

れ真宗なり」（『入出二門偈』真聖全二、四八三頁）と明かすように、ひとえに称名念仏して仏に成っていくというものでした。その点、親鸞においては、末法の時代において、人間の知解が浅薄にして仏道が成立しがたいということは、出家者の仏道についていうものであって、この世俗のただ中で成りたつところの、在家者の仏道としての生活念仏、リビング念仏の道とは、特定の場所も時間も設定することなく、日常的な生活のあらゆる場所と時間を通じて、しかもまた、いかなる凡夫、知解浮浅にして、罪業深重なる人人に対しても、ひとしく通じうる万人普遍の道であって、この末法濁世の時代に、もっともふさわしい教法であるというわけです。

かくして親鸞においては、その末法思想、その領解は、釈尊を去ること遥遠であるという意識についても、また現今の人間の知解が浮浅であるという意識についても、ともによく克服されているところであって、ここには親鸞における末法思想に対する、独自なる領解とその姿勢がうかがわれます。

三　方便聖道教に対する領解

親鸞は、この「化身土文類」において、仏教の歴史観としての末法思想にもとづいて、その聖道教を厳しく批判します。すなわち、すでに釈尊在世より遥かに時代が距った現今では、歴史的にはその余芳の影響も薄くなって、その仏道を修習することがまことに至難であるということ、そしてまた今日の社会では、社会、文化の進展にともなって世俗化が進み、人間の仏道を学ぶ能力も次第に浮浅、解微となり、人間的にも、仏道を修習することが困難になって、ことに出家仏教としての聖道教は、すでに過去の教法であって、今日においては、もはやその存在価値を失っているといいます。このような親鸞における聖道教批判については、さらにその内実について考察してみますと、ひとつには聖道教に対する客観的な視座からの否定的な批判と、いまひとつは、まったく主体的な視座からの肯定的な領解が見られます。以下、そのことについていささか解説いたします。

その客観的な視座からの否定的な批判については、主としては、その聖道教が、第一には政治権力に癒着していること、第二には神道原理に重層していること、第三には世俗価値に妥協していることについて、それが本来の仏教から逸脱しているものとして、厳しく批判いたします。

その第一の政治権力に癒着しているということについては、もともと古代の寺院は、律令国家体制の中で、国家権力の統制とその支持において存立していたわけですが、中世の歴史的な転換をとおして、荘園を所有し支配するようになりますと、それぞれの寺院は領主化し、世俗化していくこととなりました。そしてそれらの有力寺院は、荘園領主として、その支配体制を確立し、強化するために、自らすすんで国家権力に癒着して、自らその国家体制の精神的な支柱となり、護国仏教としての性格を形成していきました。今日では、このような仏教諸宗と国家権力との統合体を、顕密体制と呼んでいますが、ここに中世日本における、国家と仏教の基本的な関係構造の特性が見られるわけです。かくしてこのような構造の中の当時の仏教には、釈尊によって開示されたところの人間成就の道、そしてそれによる人間の自立と連帯をめざすという性格は、完全に喪失しておりました。

そしてまた、その第二の神道原理に重層しているということについては、この顕密体制の仏教は、神明の擁護と、天皇、国土の神聖視という神道のイデオロギーを信奉していました。「興福寺奏状」において、法然の念仏教団を批判するのに、「霊神にそむく失」といって、念仏者が神明を崇拝しないことは許しがたいといいます。当時の仏教が、いかに深く神道原理に傾斜し、それと重層していたかが、よくよく知られてくるところです。

そしていまひとつ、第三の世俗価値に妥協しているということについては、この時代の仏教は、当時の社会的な価値体制を全面的に肯定して、その不浄や穢《けが》れの観念を吸収し、死を不浄なものとして捉え、また現世の利益、福徳を願い求めて、盛んに神仏に対して祈請するようになりました。現実のありのままなる人間が、仏法を学ぶことをとおして、理想のあるべき人間に向かって、人格的に成熟、成長していくことをめざす、本来の仏教の立場からすれば、いたずらに現世の福徳を祈請するということは、その本義から、遠く逸脱した営みだといわざるをえません。親鸞は、このような仏教教団の世俗化については、長い比叡山の修学生活をとおして、いろいろと見聞し、それについて深く考えるところがあったことでしょう。

親鸞が、聖道教を方便権仮の教法として厳しく批判し、それらの諸教が、ひとえに「在世正法のためにして、まったく像末、法滅の時機にあらず、すでに時を失し機にそむく」（「化身土文類」真聖全二、一六六頁）ものであるとして、その存在意義を徹底して否定する客観的な根拠としては、およそ上にあげた三点が主なるものと思われます。

しかしながら、親鸞はまた、自己自身の仏教領解、その信心体験の立場から、聖道教に対する主体的肯定的な省察もおこなっています。すなわち、現にその聖道教を信奉し、その仏道を真摯に行じている人人については、その『末燈鈔』に、

聖道といふは、すでに仏になりたまへる人の、われらがこころをすすめんがために、仏心宗、真言宗、法華宗、華厳宗、三論宗等の大乗至極の教なり。仏心宗といふは、この世にひろまる禅宗これなり。また法相宗、成実宗、倶舎宗等の権教、小乗等の教なり。これみな聖道門なり。権教といふは、すなはちすでに仏になりたまへる仏菩薩

の、かりにさまざまの形をあらはしてすすめたまふがゆへに権といふなり。（真聖全二、六五七頁）

と明かすように、今日の聖道教とは、私たちの修習すべき仏道を明かしたものではなく、すでに成仏した人人が、私たちに仏法を勧めるために、仮に姿を示現したものにほかならないというわけです。そのことは、すでに上に見たところの真宗教義の綱格に重ねていえば、還相摂化の菩薩たちだともいいうるわけで、親鸞は聖道教を厳しく批判し、否定しながらも、また他方では、いま現に、その聖道教の仏道を懸命に行じている人人に対しては、深く敬意を表して、このように領解しているわけです。このことは、親鸞の独自な聖道教観として、充分に注目すべきところでありましょう。

四　鬼神邪偽の外教批判

親鸞は、これから以下、浄土真宗の立場を明確化するために、仏教以外の外教の教法について厳しく批判し、

それ、もろもろの修多羅によって、真偽を勘決して、外教邪偽の異執を教誡せば。（真聖全二、一七五頁）

といいます。その具体的な内容については、およそ次のようになっています。

神祇不拝の思想―とくに念仏者と神祇について

国王不礼の思想―とくに宗教と政治について

外教に対する姿勢―とくに真宗と諸宗教について

鬼神不祀の思想―とくに念仏者と死者儀礼について

このような外教に対する親鸞の主体的な領解については、すでに見たように、「信文類」（真聖全二、八〇頁）の真仮偽判においてて明確にうかがわれるところです。親鸞は、これから以下において、その真仮偽判をうけて、その偽なる外教についての邪偽性を、種々に論証しようとするわけです。

それについての親鸞の基本的な領解は、仏教とは、人間の歩むべきまことの「道」について明かす教法であり、それに対して、外教とは、人間が憑むべき、または畏るべき「力」について説く教法であるということ、それはまた表現をかえていえば、仏教とは、自分の我執、我欲を徹底して問い、それを否定し、「転成」していくことを明かす教法であり、外教とは、そのような自分の我執、我欲を肯定、是認したままで、それを「充足」させようと願う教法です。すなわち、「道」の教えか、「力」の教えか、ということであり、また我欲の「転成」を語る教法か、我欲の「充足」を説く教法かということです。かくして仏教、真宗とは、現実の人間が、理想の人間に向かって自己脱皮し、人間成長をとげつつ、まことの人格の確立をめざして生きていく道、すなわち、人間成就の道、成仏道を教えるものです。親鸞が、真宗の仏道を明かすについて、しばしば「念仏成仏これ真宗」（『浄土和讃』真聖全二、四九四頁その他）と説くゆえんでもあります。親鸞においては、人間の現実相を何ら問うことなく、それをそのまま肯定したところで、その我欲、願望を充足させようと考えるような教法は、もはや真実の教法とはいいがたいわけでした。したがって、仏教徒、念仏者は、そのような誤った邪偽の教法に帰依してはならないと、厳しく教誨するところです。

以下、親鸞がさまざまな外教を批判するのは、すべてこのような仏教、真宗の成仏道の立場に立つことによって、それとは相違する邪偽なる教法を、厳しく否定し、排除していこうとするわけです。

1　神祇不拝の思想

親鸞はまず最初に、神祇不拝を主張いたします。

『涅槃経』にのたまわく、「仏に帰依せば、ついにまたその余のもろもろの天神に帰依せざれ」と。略出（真聖全二、一七五頁）

これは『大般涅槃経』の文ですが、その意味は次のとおりです。仏教を学んで仏に帰依するならば、いかなることがあろうとも、そのほかのあらゆる天神に帰依してはなりません。仏教徒は、そういう天神に帰依し、信奉してはならないと教誡するわけです。

このことは、当時の日本仏教が、日本古来の神祇崇拝に重層することにより、仏教本来の意趣を見失っていた状況を、親鸞がつぶさに承知していたことを物語るもので、真宗念仏、真宗信心が、「まこと」の念仏、信心になるためには、何よりもまず、この民俗宗教としての神祇信仰を否定し、それから独立することが肝要であると主張しているわけです。その点、今日の真宗信者にして、その家庭に仏檀と神棚を並置しているものがあるとするならば、とんでもない雑行雑修なる邪偽信仰です。それはもはや真宗門徒とはいいえません。真宗の教化とは、まず何よりも、この神棚を撤去することからはじめるべきでしょう。神棚を温存したままでは、何をどのように教化し、聞法しようとも、すべて欺瞞となり、徒労におわることはいうまでもありません。そのことは真宗における伝道、聞法の最大の課題でもあります。住職、教化者たるものの、責任感と行動を期待いたします。

このような親鸞における神祇不拝の思想は、かつては各地の信者レベルにおいてはよく継承されて、信濃の太宰春台（一六八〇〜一七四七）の『聖学問答』の中には、

一向宗の門徒は、弥陀一仏を信ずること専にして、他の仏神を信ぜず。如何なる事あ

りても祈禱などすることなく、病苦ありても呪術、符水を用いず、愚なる小民、婦女、奴婢の類まで皆然り。是、親鸞の教の力なり。

と記されております。また佐賀の正司考棋（一七九三〜一八五七）の『経済問答秘録』にも、

門徒は決して祈禱をいたさず。また殺生を禁ず。

と語っています。また文化十三（一八一六）年に成立したと考えられる武陽隠士著の『世事見聞録』の中にも、

一向宗流布の国々は、一体人々の信心能く整ひ（中略）加持、祈禱に心を寄せず。一向一心弥陀一仏一体に帰し極まりし処は他宗に抜群したる事。

といいます。そしてまた、広島藩が幕末（一八一八〜一八二五）にかけて編纂した『芸藩通誌』によりますと、子どもが誕生した場合、神社に詣ることなく、

親鸞宗を信ずるものは、仏寺にいたり、改悔文を聴かしむるものあり。

と記し、神棚については、

親鸞宗を信ずるものは比事なし。その深く信ずるものは、家に神棚を置かず、病で祈禱せず。

と録しております。安芸門徒といわれるゆえんでもありましょう。

2　国王不礼の思想

親鸞はまた、

『菩薩戒経』にのたまわく、「出家の人の法は、国王に向かいて礼拝せず、父母に向かいて礼拝せず、六親に務えず、鬼神を礼せず」と。已上（真聖全二、一九一〜一九二頁）

と明かします。この経典は、正しくは『梵網経盧舎那仏説菩薩心地戒品第一』と称すべきもので、姚秦の鳩摩羅什の訳で、その序文によれば、もとの広本の『梵網経』より、この一品のみを訳出したものといい、そのすべてを翻訳したならば、三百巻にもなるだろうといわれております。ただし、今日の学問的研究によりますと、この経典は、紀元五世紀のころに、中国において成立したものであろうと考えられています。この経典（大正巻二四）は上下二巻に分かれて、その上巻では盧舎那仏や菩薩の十地の階位などについて説かれ、下巻では十重禁戒や四十八軽戒などの戒法が詳しく説かれています。その点、この経典は、古くより大乗の菩薩戒を明かしたものとして尊重されてきたところです。いまの引文の意味は次のとおりです。

出家の人、すなわち、仏教徒は、国王に対して帰依し礼拝することなく、また父母に対してても帰依礼拝してはなりません。そしてまた兄弟、妻子などの六親に帰依し、仕えることなく、また天地山川に宿って、禍福をもたらすような鬼神を礼拝してはなりません。

ここでいう「出家の人の法」とは、ここでは四十八軽戒を説く中の、第四十戒を明かす文についていうわけですが、ここで説かれる戒とは、大乗仏教における戒で、梵網戒ともいわれ、在家者と出家者の、両者に通じる戒であるところにその特性があるわけで、この四十八軽戒の中には、飲酒、食肉、食五辛など、さらにはまた、蓄刀杖、人身売買、他人誹謗、放火、名利私欲の否定など、仏教徒として守るべき日常的行儀について、細かに規定しているところです。その点、ここでいう「出家の人の法」とは、広く仏教徒を意味すると理解すべきでしょう。

なお親鸞が、ここでこのように国王不礼を主張するのは、仏法、念仏を学んで生きるということは、明確に国家を超えてこそ、それがはじめて「ほんもの」になるということを教示するものでしょう。そのことは、過去の本願寺教団と、その真宗学の歴史を検証するならば、きわめて明瞭に知られるところであります。

3　外教に対する姿勢

次いで親鸞は、中国の『弁正論』を長々と引用しますが、それは基本的には、真宗における外教に対する態度、姿勢について教誡したものと理解されます。すなわち、

『弁正論』法琳の撰　にいわく、十喩・九箴《きゅうしん》篇、答す。李道士、十異九迷。（後略）（真聖全二、一九三頁）

と明かします。

この『弁正論』とは、七世紀の前半（六二六年）に、唐の法琳によって著わされたものです。唐の皇帝高祖の時代、道士（道教の僧侶のこと）の伝奕《でんえき》の進言によって、仏教を弾圧し、道教を保護するということがありました。そこで仏教僧の法琳が、伝奕の主張に対して『破邪論』を著わして反論しましたが、さらに伝奕の弟子の李《り》仲卿《ちゅうきょう》が『十異九迷論』を、また劉進喜《りゅうしんき》が『顕正論』を著わして仏教を批判しました。そこで法琳は続いて、この『弁正論』を著わして反駁し、仏教が道教よりも勝れていることを、さまざまな論証をもって主張しました。その内容は八巻で、十二篇に分かれています。

この道教とは、その基本的な立場としては、永遠不滅の真理を語り、それと一体化することによって、さまざまな現世の利益を身にうることができるといい、またそれにおいて、不老不死の生命をうることを究極の理想とするところの、中国の民俗宗教です。この道教の成立をめぐっては、紀元二世紀のころに、張角、張陵、張魯らが主唱した、太平道および五斗《ごと》米道《べいどう》（その創始者の張陵が、符水、祈禱によって病気を治し、信者から米五斗（いまの五升）を受けたことからそう呼ばれました）なる宗教教団からはじまったといわれ、老子が著わしたという『老子道徳経』という経典を誦し、祈禱、符呪による病気治しを中核とする信仰でしたが、やがて仏教からの刺激をうけて、当時の神仙、養生、丹薬の方術などを取りいれながら組織化し、多くの信者を獲得することとなりました。

この道教が、日本にいつごろ伝来したかは不明ですが、『古事記』や『日本書紀』の中の、天照大神と月読尊の出生をめぐる神話やその他には、多く道教の影響が見られるといわれ、また奈良時代においては、遣唐使を通して、道教の文献や思想がいろいろと流入したことが考えられます。そして平安時代になると、この道教は、ひろく日本人の生活やその文化に、あれこれと影響を及ぼしたようで、紫式部の『源氏物語』や、藤原定家の『明月記』などには、その思想が色濃くうかがわれるところです。そしてまた空海は、『三教《さんごう》指帰《しいき》』三巻を著わして、その上巻には儒教、中巻には道教、下巻には仏教について明かし、儒教よりも道教が勝れ、その道教よりもさらに仏教が勝れていることを論じています。かくして平安時代には、中国からの道教の典籍も次々と将来され、またその道教は、日本における密教、修験道、陰陽《おんみょう》道《どう》などにも吸収されて、ひろく民間に伝わっていったようです。その点、親鸞の時代には、この道教は、日本の中でも、かなりの勢力をもっていたと考えられます。

ところで親鸞は、この法琳の道教批判の書『弁正論』を、十三項目にわたって引用します。そしてそれによって、道教とは、どこまでも世俗の中の世善について語るのみで、仏教が明かすところの、この世俗の諸価値を厳しく否定し、それを相対化しながら、ひとえに世俗を超えたところの、究極的なる真実を志向することに対比すれば、道教は劣っているといわざるをえないと主張します。そしてその『弁正論』の結びの言葉、

老子の邪風を捨てて、法の真教に入流せよとなり。（真聖全二、二〇〇頁）

という文を引いて、この『弁正論』の引用を終わりますが、この文は、『弁正論』自身の帰結ともいいえますが、また親鸞における『弁正論』引用の意趣も、ひとえにこの文に結着するということでしょう。

そこで、この『弁正論』の引用の態度を通して、親鸞における諸宗教に対する姿勢がうかがわれるところですが、その問題については、かつて比較思想学会で、「宗教多元主義と浄土教」というテーマで考察し、その論文は『比較思想研究』（第二三号、一九九六年）に掲載されており、それはまた、拙著『親鸞と浄土教』（法藏館刊、二〇〇四年）にも収録されておりますので、ここではすべて省略してそれに譲ります。

ところで、この問題をめぐる私の結論的な見解は、日本仏教において古くから語られてきたところの、

分けのぼる麓の道は多けれど、同じ高嶺の月を見るかな（一休禅師）

という歌に収約されると思います。これはもともと仏教における各宗の教説について、それはついには帰一することを明かしたものですが、いまの主題に重ねるならば、万教同根の思想として、宗教多元主義の一面を物語っているともいいうるではないか。いまは親鸞の立場、浄土真宗が、世界の諸宗教に対して、いかにかかわるかという問題をめぐって、そのように考えるところです。

これからの時代は、いっそう国際化が進んでいくところ、私たち仏教、浄土真宗は、世界の諸宗教に対して、たんにキリスト教、イスラム教にかぎらず、その他の多くの宗教に対しても、さらなる対話をすすめていくべきですが、それらの宗教が、何よりも人間一人ひとりの人格的成熟をめざし、そのことにおいて、世界人類の平和、共生を願う教法であるならば、それぞれの我執、宗我を捨てて、相互にいっそう対話を重ねつつ、その異質との交流をとおして、それぞれがいっそう自己成長し、自己発展すべきであろうと思うことです。私たちが、自己成熟するためには、何よりも異質なものと邂逅し、それと対話し、交流をもつことが大切です。このように異質なものと対話することによってこそ、親鸞の教法、浄土真宗は、いっそう自己発展、自己進化をとげつつ、世界、人類のための教法として、さらに発展し、流伝していくであろうと思うことです。

4　鬼神不祀の思想

親鸞は、さらに鬼神を祀ることを厳しく教誡いたします。すなわち、

光明寺の和尚のいわく、「上方の諸仏恒沙のごとし。還りて舌相を舒《の》べたまうことは、娑婆の十悪・五逆、多く疑謗し、邪を信じ、鬼に事《つか》え、神魔を餧《あ》かしめて、妄《みだ》りに想いて恩を求めて福あらんと謂《おも》えば、災障禍横にうたたいよいよ多し。（中略）神明に承事してこの報を得るもののためなり。いかんぞ捨てて弥陀を念ぜざらん」と。已上『論語』にいわく、「季路《きろ》問わく、鬼神に事《つか》えんかと。子のいわく。事《つか》うることあたわず、人いずくんぞよく鬼神に事《つか》えんや」と。已上抄出（真聖全二、二〇〇～二〇一頁）

というところです。

親鸞は、上において、多くの経典や論釈の文を引用して、外教なる日本伝統の神祇を信奉することを批判し、またそのほかの外道なる邪神、妖魔に帰依することを批判いたしました。そしてそのあとに、法琳の『弁正論』を引用して、当時の日本の社会にひろく浸透し、流伝していた道教が、邪偽なる教法であることを論証し、それを廃してただちに仏教、浄土真宗に帰依すべきことを明かしました。そして親鸞は、またさらに、改めて多くの先師の文を引いて、鬼神を祭祀することを批判し、教誡いたします。

ところで、ここでいう鬼神とは何かということですが、中国において、鬼および鬼神といわれるものは、死霊をはじめとして、天地、山川などにおいて、超人間的な威力をもつものとして、ひろく人人に祀られているものから、さまざまな妖怪など、人人に禍福をもたらすところの、神霊的な存在を意味するといいうるようです。かくして、親鸞が、いまここに先師の諸文を引用して、鬼神の祭祀をめぐって教誡する意趣は、このような死霊などの神霊的な存在、および超人的な威力をもつものを祀ることを、批判するものであると考えられます。

そこで、はじめの善導の文は、その『法事讃』の文で、その文の意味は次のとおりです。光明寺の善導がいわれます。上方世界の諸仏たちは、ガンジス河の砂の数ほど多くおられます。そしてそれらの仏たちが、まことの言葉をもって説かれることは、この現実世界の十種の悪と五種の罪を犯し、仏法を信じないで疑い謗るもの、また邪道を信奉して、鬼神を祀り、魔神に食物を供えて、いたずらに恩恵を求め、利福を願うものに対する教誡です。そしてそういう人々には、さまざまな思わぬ災難や悪禍が、いっそう多く生起します。(中略)このように鬼神や魔神を祀り、それを崇めることによって、いろいろと悪い報いをうけるもののために、いま諸仏たちは、懇ろに教誡して、阿弥陀仏に帰依すべきことを勧められるのです、どうしてその鬼神や悪神を捨てて、阿弥陀仏を念じないのでしょうか。

以上がその意味です。

　そしてまた、次の文は、孔子（紀元前五五二〜四七九）の『論語』の文を引用して、鬼神を祀ることの誤りを示します。この文は、もともと季路が、死者の霊に奉仕する方法について尋ねたところ、孔子は、生きている人によく奉仕することもできないのに、どうして死者の霊に奉仕することができましょうか、と答えたという文です。しかし親鸞は、このように読みかえて、鬼神に奉仕することの是非について尋ねたものと捉えて、それに奉仕してはならない、という意味に解釈しているわけです。その点、親鸞は、この『論語』の引文をとおして、鬼神（死者の霊）に対する祭祀をしてはならない、ということを主張しようとしていることが明らかです。ここではわざわざ仏教典籍以外の俗典をあえて引用し、しかもまた、それを大胆に読み替えまでしているところからすると、このような親鸞の主張の意趣は、充分に注目すべきことだと思われます。

　親鸞が死者儀礼をめぐって、いかに考えていたかについては、
　　親鸞は、父母の孝養のためとて、一返にても念仏まふしたること、いまださふらはず。

　　（『歎異抄』真聖全二、七七六頁）

と語っております。すなわち、親鸞は、死者のためには、一声の念仏もしたことはない、というのです。親鸞は、死者に対する追善廻向を厳しく否定しているわけです。法然もま

た、死者に対する追善廻向を否定しております。このような親鸞の思想とその教示は、親鸞における仏教理解、その念仏領解の立場からすれば、必然の帰結でもあろうと思われます。もとよりそのような死者儀礼は、たんなる死霊の祭祀というよりも、先亡の肉親の恩誼に対する報恩の営みでもあり、またその遺族の心情に対するケアの意味もあって、それは私たちの仏教教団の長い伝統であり、いま現に多くの人人によって、一般に営まれているところ、充分に意義のあるところであります。しかしながら、真宗者であるかぎり、そのような行事はできるだけ簡略にすべきでしょう。まして真宗教団における死者儀礼とは、その教義から生まれてきたものではなく、徳川幕藩体制における、民衆支配の政策に付随して生成してきたものであったこと、また今日においては、すでに家制度が崩壊しつつあることを思いますと、このような死者儀礼は、今後は次第に変貌し衰退していくことは必然であり、死者儀礼中心の寺院の未来は、まことに危いといわざるをえません。そしてまた、それに引きかえて、これからの社会、文明の動向を考えるならば、人人の精神生活の向上、その充実を求める願望は、いよいよ強くなっていくことと思われます。

かくして、私たち真宗僧侶は、その一人ひとりが、いまいちど自らの志願を新たにして、真宗寺院とは、仏法を語り伝えて、念仏、信心の人人を育てるためにこそ、存在するものであるということを確認し、その寺院経営の形態をさまざまに工夫すべきであり、また真宗信者、門徒も、その一人ひとりが、強力な仏法の外護者であるべきことを自覚して、寺院の経営、護持に、よく助力していただきたいものです。真宗教団とは、全員称名、全員聞名の教団であるべきです。まことに、善導が、

自ら信じ人を教えて信ぜしむることは、難が中にうたたまた難し。大悲を伝えてあまねく化するは、まことに仏恩を報ずるになる。（『往生礼讃』真聖全一、六六一頁）

と教えられるところです。ことに真宗寺院を、今後まことの伝道寺院として確立し、そのように運営していくについては、住職たるものにとっては、とても厳しい道といわざるをえませんが、おたがいに自分で選んだ道として、いかに険しくても、覚悟を定めて歩んでいきたいものです。先師、最澄の言葉、

道心の中に衣食あり。衣食の中に道心なし。（『伝述一心戒文』）

とは、僧侶の道を生きるものにとっては、終生忘れてはならない珠玉の教言でしょう。

第九章　「後序」の意趣

一　真宗法脈の継承

親鸞は、この『教行証文類』を結ぶにあたって、次のような言葉、「後序」をしたためます。

ひそかにおもんみれば、聖道の諸教は行証久しく廃《すた》れ、浄土の真宗は証道いま盛んなり。しかるに諸寺の釈門、教に昏《くら》くして真仮の門戸を知らず。洛都の儒林、行に迷《まど》いて邪正の道路を弁《わきま》うることなし。ここをもって興福寺の学徒、太上天皇　後鳥羽院と号す、諱尊成　今上　土御門院と号す、諱為仁　聖暦、承元丁卯の歳、仲春上旬の候に奏達す。主上臣下、法に背き義に違し、忿《いか》りを成し怨みを結ぶ。これによりて、真宗興隆の大祖源空法師ならびに門徒数輩、罪科を考えず、猥《みだ》りがわしく死罪に坐《つみ》す。あるいは僧儀を改めて、姓名を賜うて遠流に処す、予はその一なり。しかれば、すでに僧にあらず俗にあらず、このゆえに禿の字をもって姓とす。空師ならびに弟子等、諸方の辺州に坐して五年の居諸を経たりき。（真聖全二、二〇一～二〇二頁）

もともと、この『教行証文類』の冒頭には、最初の序文がおかれていますが、古来、その文章を「総序」といっております。そして親鸞は、その「信文類」の最初にも、ことさらに真実信心をめぐって序文をおきますが、これを古来「別序」と呼びならわしています。そしていまの最後の結びの文章を、上の「総序」、「別序」に対して、「後序」と呼んでいるわけです。そしてこの「後序」については、大きく二段に分かれており、前段は、浄土真宗の法脈の継承、その伝統について明かし、後段は、この『教行証文類』の撰述の意趣、その志願について述べております。

そこでまず、その前段の文章についておよそ見ていきますが、ここでは先ず、真宗の証道の興隆について、真宗こそが、これからの日本の国土に、もっとも流通し、繁栄していくであろうと、大きな自信をもって宣言します。そして次に法然を中心とする念仏教団が、時の政治権力によって、非道にも弾圧をうけたことを記録します。

そしてまた、親鸞が、ここで「しかれば僧にあらず俗にあらず」というのは、その当面のところでは、念仏弾圧という非道な権力によって、僧籍を剝奪され、俗名を与えられたけれども、自分としては、たんなる俗人にかえる考えはない以上、僧ではないとしても、またたんなる俗人として生きるつもりはない、という意趣を表明したものでしょう。鎌倉時代の初期を中心とする念仏者の法語を集めた『一言芳談《いちごんほうだん》』によると、

賀古教信は、西には垣もせず、極楽と中をあけあはせて、本尊も安ぜず、聖教をも持せず、僧にもあらず、俗にもあらぬ形にて、つねに西に向て、念仏して其余は忘れたるがごとし云々。（『仏教古典叢書』）

と記しております。この賀古の教信という人は、心深い浄土願生者でしたが、「非僧非俗」の姿をして生きていったというのです。親鸞は、この教信の生き方を、すでに何かの縁をとおして知っており、いまはその教信の生き方に学んで、このように僧にあらず、俗にあらずと、いったものであろうと思われます。

なおここでいう「非僧非俗」ということの意味は、そのことが教信の生き方に学んでいわれたものであるとすれば、その言葉にはより深い意味が宿されており、そこには親鸞の生涯を貫くところの、仏道を生きるものの基本的な構え、姿勢を見ることができるように思われます。そこでまず、その「非僧」ということの意味は、ここで僧ということは、たんに出家した人ということよりも、もっと本質的なことをあらわして、出世なる真実、真ということを意味しているといったほうが分かりやすいと思われます。そこで「非僧」ということは、この現実の私の在りようが、「非真」であること、つねに真実、如来に背い

て生きていることを、厳しく自省し、痛むことを意味するといえましょう。そしてまた「非俗」ということは、だからといって、私はこの世俗の中にどっぷりと沈んで生きることはできないという、世俗の虚妄性に対する透徹した知見、俗に対する厳しい拒否の姿勢をあらわしていると思われます。したがって、この「非真非俗」ということは、それを平面的に理解しますと、真でもなく俗でもないというのは、半真半俗ということになりますがそうではありません。「非真非俗」ということは、真と俗の両方を全面的に否定しているということですが、そのことはまた、非真—俗、非俗—真として、その真と俗の両方を全面的に肯定しているという意味も含んでいるわけで、そういう意味においては、この「非真非俗」とは、真と俗との絶対矛盾的な自己同一として、真と俗、真実と虚妄の矛盾対立のただ中に立って、ひたすらに世俗を痛みつつ、ひたすらに真実、浄土を願って生きていくという、新しい仏道としての、生きざまをあらわしているといいえましょう。

かくして親鸞は、すでに本願に値遇し、真実信心に生きて、ただ念仏のみぞまこととという道を生きながら、なおもその念仏に背いて生きることに対する厳しい痛み、その悲しみを背負いながら、しかも同時に、その世俗の諸価値と闘い、それを超えていこうとする熱い願いに生きていったのです。まさしく親鸞における信心の生きざまは、つねにこのような「痛み」と「願い」が、ひとつとなって成りたっていたのです。そのことは、まさしく世俗のただ中にあって俗を超え、ひとえに真実を願求し、その真に徹して生きるということであり、それはまたさらにいうならば、俗の中に真が貫徹していくことであり、私の中に宿る真が、日日に俗なる私を呼びさまし、呼びさまされながら生きていくという、新しい人生の生き方を意味するものでありました。

そして親鸞は、恩師法然の往生の記録を明かすに次いで、自己自身の本願帰入の廻心体験について表白します。

しかるに愚禿釈の鸞、建仁辛酉《かのとのとり》の暦、雑行を棄てて本願に帰す。（真聖全二、二〇二頁）

という文です。親鸞は、自分の廻心体験については、すでに上に見たところの、三願転入の表白のところでも語っているわけですが、ここでもまた改めて明かしております。このことは、この『教行証文類』全篇が、親鸞における主客一元的、主体的な仏道領解の表詮として、それが客観的な説明としての「もの」（名詞）の話ではなくて、まったく主体的な信心告白としての、「こと」（動詞）の話として教説されていることを、ものの見事に証明しているところでありましょう。

今日の真宗教学者も、真宗僧侶も、自分の主体をかけて親鸞を学び、世の人人に仏法、念仏の法義を伝達しようとするものは、すべからく、まず自己自身の廻心体験、信心体験を明確に表白すべきであると思います。宗教というものは、何よりも体験の世界の出来事です。だから自分が体験したところの内実を、言葉にかけて信心告白するというほかに、宗教の本質というものを語ることはできません。そんな体験をもっていないというものは論外として、もっているものは、そのことをめぐって何らかのかたちで告白すべきです。そのような告白をしてこそ、はじめて自己の仏法領解と、その他者に対する伝道態度に、自己責任性が成立してくるわけです。そういう信心体験の表白を欠落したままで仏法を語ったのでは、いかに饒舌であろうとも、そこには仏道に対する何らの自己責任も成立しえず、それはたんなる観念的な言葉と概念の遊戯というほかはなく、真摯に仏法を求めるものに対しては、何も伝わるものはありえないことでしょう。親鸞の立場は、どこまでも主体的な「こと」（動詞）の話として、主客一元、知行合一、行信一如ということです。したがって、たんに客体的な「もの」（名詞）の話として、主客二元、行信二元の場において、どれほど信心が詳しく語られようとも、また学ばれようとも、具体的な体験をともなわない話は、まったく無意味であり、徒労に終わることでしょう。現代の真宗教団においては、その学問においても、その伝道、布教においても、その真宗教義、真宗信心が、もっぱら「もの」（名詞）として、体験のともなわない観念として、捉えられ、語られているのではありませんか。これでは大衆に、まことの念仏義、親鸞の本意が伝わるはずはありません。

二　『教行証文類』撰述の志願

親鸞は、最後に『教行証文類』の撰述の意趣を明かして、次のように述べます。

慶ばしい哉、心を弘誓の仏地に樹《た》て、念を難思の法海に流す。深く如来の矜哀を知りて、まことに師教の恩厚を仰ぐ。慶喜いよいよ至り、至孝いよいよ重し。これによりて、真宗の詮を鈔し、浄土の要を摭《ひろ》う。ただ仏恩の深きことを念うて、人倫の嘲《あざけ》りを恥じず。もしこの書を見聞せんもの、信順を因とし、疑謗を縁として、信楽を願力に彰し、妙果を安養に顕さんと。（真聖全二、二〇三頁）

ここでは、如来の慈悲と先師の恩徳に対する報恩のために、この『教行証文類』を撰述したことを明かします。なおここで「慶ばしい哉」といいますが、このような「哉」の語を用いる例は、そのほかに「総序」において「慶ばしい哉」（真聖全二、一頁）、「誠なる哉」（真聖全二、一頁）といい、また「信文類」において「悲しき哉」（真聖全二、八〇頁）といい、また「化身土文類」において「悲しき哉」（真聖全二、一六五頁）、「由ある哉」（真聖全二、一五六頁、一六六頁）と、七か所に見られるものです。この「哉」の字は、語勢を中断して詠歎の意味をあらわす助辞で、もともとの字義は、戈《ほこ》を製作したときに、呪飾、祝詞をもって清める意味をあらわすといい、事の「はじめ」の意味に用いたものですが、それを詠歎の「かな」に用いるのは、仮借《かしゃ》（その音によって別の意味を表す）の用法といわれます。いまの親鸞における用例は、すべて深い詠歎を意味するもので、その「慶しき哉」とは、仏法への値遇をめぐる感慨を、「悲しき哉」とは、自身の煩悩、罪業の深さ、また一切衆生の生死流転の現実をめぐる感慨を、また「誠なる哉」とは、阿弥陀仏の恩徳をめぐる感慨を、そしてまた「由ある哉」とは、第十九願なる仮令の誓いと、第二十願なる果遂の誓いをめぐる感慨を表白したもので、いずれも親鸞における深重なる信心体験にもとづいてこそ、吐露された言葉でしょう。

なおまた、ここで「心を弘誓の仏地に樹て」といいますが、「建てる」とは柱を土台の上に載せることをいい、「樹てる」とは大地を深く掘って埋めたてることをいいます。またここでいう「至孝」とは、大きな孝行のことですが、ここでは転じて、祖先、先人に敬意を表することをいいます。

そしてさらに、親鸞は、

『安楽集』にいわく。「真言を採り集めて、往益を助修せしむ。いかんとなれば、前に生れんものは後を導き、後に生れんひとは前を訪え、連続無窮にして、願わくは休止せざらしめんと欲す。無辺の生死海を尽くさんがためのゆえなり」と。已上

しかれば、末代の道俗、仰いで信敬すべきなり。知るべし。（真聖全二、二〇三頁）

と明かします。この文は、本願念仏の教法が、未来に向かって絶えることなく、連綿として伝承、流伝することを念じて引用したものです。

仏法が伝えられていくということは、前の人が後の人を導き、後の人が前の人の足跡を、しっかりと学んでこそ、はじめて成りたつもので、もしも前と後との、人と人のつながりが切れてしまったら、もう仏法は伝わらなくなります。それはあたかも水道管のようなものでしょう。もしもその途中のどこかが破裂してしまったら、もう水は流れてはいきません、私はかつて中国の西安、昔の長安の都を何度か訪ねたことがあります。ここには今からおよそ千三百年の昔、唐の時代、善導が生きていたころには、念仏の声がこの街に溢れていたと記録は伝えますが、今はただ古い寺院の跡と塔が残っているだけで、念仏の声はまったく聞こえてはきません。仏法流伝の縁が、ひとたび途絶えてしまったら、もう二度と蘇ることは難しいということを、しみじみと思わせられたことでした。

親鸞は、この主著『教行証文類』六巻を結ぶにあたって、この本願念仏の教法が、前後連続無窮にして、後代に向かっていっそう正しく伝承され、奉持されていくようにと念じて、その筆をおくわけですが、その親鸞の熱い志願が、いま改めて深く偲ばれてくるところであります。

あとがき

浄土真宗の仏道とは、いうまでもなく〈無量寿経〉に教説されているところの、阿弥陀仏の本願にもとづく道であります。そこでその浄土教関係の経論をうかがいますと、阿弥陀仏を象徴表現する場合には、それを姿形、仏身として捉える場合と、それを言語、仏名として捉える場合があり、その阿弥陀仏に値遇し、それを信心体験するためには、それを仏身として象徴する時には、それを観るという「見仏の道」が説かれ、またそれを仏名として象徴する時には、それを聞くという「聞名の道」が語られております。

人間における感覚器官は、眼、耳、鼻、舌、皮膚の五根による、視覚、聴覚、嗅覚、味覚、触覚の五感をいいますが、その中で、耳根にもとづく聴覚だけは、認識作用の中枢をつかさどる脳機能をとおさず、内耳という独立した器官によって直接的に成立するといいます。そのことは生物学的には、人類の発生に基因してそうなったと考えられていますが、たとえ脳の能力がいかに薄弱である凡人でも、聴覚だけは独立して成立するわけで、「聞」

という行為は、人間にとっては、もっとも容易な認識作用であるといわれます。いまこの〈無量寿経〉が、阿弥陀仏を仏名として捉え、その阿弥陀仏の名声を聞くという行道を説くものは、そういう万人にとって、もっとも容易な道を明かすわけです。インドにおいては二千年の昔に、すでにそのことが経験的に知られており、仏身を見ることは困難であるが、仏名を聞くことは容易であると理解されていたわけであります。

ところで、この〈無量寿経〉は、その阿弥陀仏を仏名として捉える立場に立つところ、阿弥陀仏を信心体験するためには、その阿弥陀仏が、私たちに向かって自己を告名し、私たちを招喚しつつある、その「阿弥陀仏の名声を聞く」、その「仏名を聞く」ことが肝要であると教説しております。〈無量寿経〉の本願文において、繰りかえして、聞名不退、聞名往生、聞名得益を明かすゆえんでもあります。いま試みに、〈後期無量寿経〉の『無量寿経』と『如来会』の四十八願文を検しますと、その中の十三種の願文に、「聞名」の功徳が明かされております。いかに聞名ということが重視されているかが、よくよく分かるところであります。

しかしながら、この〈無量寿経〉では、その「阿弥陀仏の名声を聞く」、その「仏名を聞く」ためには、いかにすべきか、具体的な方法については充分に説いてはおりません。そこでインドの龍樹が、その『十住毘婆沙論』において、在家者の菩薩道を明かすについて、この〈無量寿経〉が説くところの聞名不退、聞名往生の道に注目してそれを採用し、その「阿弥陀仏の名声を聞く」、「仏名を聞く」方法として、礼拝、称名、憶念なる身口意の三業にもとづく行法を新設し、そのような行業を不断に相続し、深化していくならば、ついには確かに「阿弥陀仏の名声を聞く」という体験、そういう究極的な聞名体験をうることができると主張いたしました。いかなる人間であろうとも、誰でもが歩める易行道としての仏道の開顕です。かくして、浄土真宗における仏道、そしてまた、その日常の礼拝の行儀は、この龍樹浄土教によって創唱され、定形化していったわけであります。

しかしながら、このようなインドの浄土教が、中国に伝来、流通するに至りますと、その礼拝という行業は、特定の寺院にかぎられて、一般庶民の日常生活の中では成立しがたいところから、もっぱら称名念仏行が中心となっていきました。そしてまた、その龍樹浄土教とともに伝来した天親浄土教の影響もあり、またその後の中国浄土教では、ことに『観無量寿経』が説くところの「観仏の道」が注目されることもあって、その称名はもっぱら「観仏の道」のための行業として捉えられ、その〈無量寿経〉における「聞名の道」は、まったく見失われていきました。

そしてそのような中国浄土教の称名思想が日本に伝来し、受容されたわけで、その称名念仏行は、比叡山の仏教、南都奈良の仏教のいずれにも、その傍流として修習されることとなりました。そして法然の浄土教に至ると、新しく浄土宗の独立が宣言されて、それは専修念仏として、ひろく日本の民衆に信奉され、実践されていくこととなりました。しかしながら、そこで説かれる称名念仏とは、ひとえに平生における三昧見仏の道か、あるいはまた、臨終における来迎見仏の道として、もっぱら「見仏の道」のための行法として、受容され、実践されていったわけであります。かくして、その「聞名の道」は、ほとんど注目されることもなく、また何ら具体的に教説されることはありませんでした。

親鸞は、その若き日に、当時の多くの民衆たちが、さまざまな貧苦と不安にあえいでいる現実に連帯し、それを救済するためには、何よりも伝統の見仏中心の仏教を超えて、新しい教法が開顕されるべきだと考え、それを模索していく中で、このような〈無量寿経〉の教説と、龍樹浄土教によって教示されていた、誰でもが容易に仏に成ることができる易行道としての、「聞名の道」に値遇し、それに開眼したわけであります。そしてそのような親鸞によって発掘された、新しい民衆のための教法、その仏道は、その主著の『教行証文類』に美事に結実しています。

すなわち、その「行文類」においては、まず真実なる行とは、私の称名念仏行であると規定し、そのあとに〈無量寿経〉などの文十三文を引用して、その称名とは、また諸仏、さらには阿弥陀仏の称名にほかならず、私がとなえる称名とは、それは壮大なる仏たちの称名のコーラスに参加することによって成りたつものだといい、したがってまた、その私の称名は、そのまま阿弥陀仏の私に対する告名（なのり）、招喚（まねき）の声でもあって、それは私にとっては、ひとえに聞かれるべきものであると主張いたしました。すなわち、〈無量寿経〉の本願文が教示するところの、「聞名の道」の開顕です。これが「行文類」の基本的な主張です。

そして次の「信文類」においては、まずはじめに、〈無量寿経〉の文を七文ほど引用して、その私における聞名が、まさしく徹底して究竟するならば、そこにまことの信心体験が開発されてくると教示します。そしてさらにその信心をめぐって、それは疑蓋のまじわらない心として、一定までの無明（まよい）が破れて、明知（さとり）が成立してくることであるといい、「信ずる心のいでくるは智慧のおこると知るべし」（『正像末和讃』）と明かされるように、それはまさしく、主客一元論的、主体的な「めざめ体験」を意味すると教示いたしました。かくしてそれは、新しい人格主体の確立、まことの自立をもたらすもので、ここに「信文類」の基本的な主題があります。

かくして、親鸞によって教説された真宗の行道とは、念仏成仏の道でありますが、それはより正確には、私が仏檀を中心に、その日日に称名念仏を生活習慣行として相続し、それを徹底させつつ、その称名において、そこに阿弥陀仏の声を確かに聞いていくという、そういう聞名としての信心体験を繰りかえし、それを深化させながら生きていくということであって、それはまさしくは称名、聞名、信心の道といいうるわけであり、この道こそが、真宗の仏道のすべてであります。

その点、日本仏教の各宗が説くところの仏道とは、天台宗、真言宗から禅宗、浄土宗まで、おしなべていえば「見仏（見性）の道」であって、それは「見」の仏道でありますが、親鸞によって明示された真宗の仏道とは、ただひとり「聞名の道」であって、それはまさしく「聞」の仏道であり、このことは誰でもが修めうるもっとも易しい仏道として、充分に注目し、評価されるべきところでありましょう。

しかしながら、東西本願寺の伝統教学においては、関東の門弟教団に対抗し、もっぱら血の理論にもとづいて、新しく本願寺教団の創立をもくろみながらも、親鸞の教学については何らの素養をもたなかった、親鸞の曾孫の覚如とその子の存覚が、当時盛んであった、非仏教的な日本古来の民俗宗教に転落していた西山浄土宗に入門して、その教義を学んで真宗教義を構築したところ、その〈無量寿経〉については何ら学習することはなく、また親鸞の『教行証文類』についても、まっとうに領解するところがなくて、そこで教説されている「聞名の道」については、まったく無知、不明でありました。かくして覚如は、西山教義を取り入れて、真宗における行とは仏の名号そのものであるといい、存覚は、一般仏教の立場から、その行とは私の称名であるといって、父子が対立分裂しました。かくして今日に至る本願寺の伝統教学は、そのような覚如をうける名号派（所行派）と、存覚をうける称名派（能行派）とに分かれて、近世以来今日に至るまで、西本願寺は主として覚如（名号派）を継承し、東本願寺は主として存覚（称名派）を踏襲して、いまなおその論争を繰りかえしているところです。そこでは「聞名の道」については何ら語られることはなく、親鸞は不在です。まことに愚かな話であります。そしてまた、その信については、覚如、存覚ともに西山教義をまねて、まったく主客二元論的に、帰属、能帰などと語っていますが、そのような信心体験がいかにして成立するのか、それはその行なる名号、称名といかにかかわるのか、何ら説明するところはありません。かくして今日の伝統教学では、その信心を説明して、阿弥陀仏の名号、大悲に向かって、もっぱら「たのむ」「まかす」（依憑）ことだといい、またその阿弥陀仏の名号、大悲を「もらう」「いただく」（領納）ことだといいますが、そういう非仏教的な主客二元論的、対象的な信心理解とは、覚如、存覚、蓮如をうけるものであって、それは仏教の論理ではなくて、まったく日本特有の甘えの心理以外の何ものでもありません。その甘えとは、つねに相手の好意を期待し、それに依存する心理状態をいい、そこでは必然的に、自立ということは成りたちません。かくしてそのような信心にもとづく生き方には、何ら主体的な行動の論理が生まれてくるはずはなく、東西本願寺の伝統教学では、近世、近代、戦時下、そして今日に至るまで、一貫して体制追随の真俗二諦論を語ってきているところであります。今日の伝統教学が、いかに大乗仏教、そしてまた開祖の親鸞の意趣と遠く隔絶した、稚拙にして欺瞞の教学であるかが、よくよく知られるところです。

親鸞は、私たちがその日日において、心して憶念、礼拝、称名の三業の行業を相続し、それを深化していくならば、その必然として、その私から仏に向かう私の称名念仏が逆転して、それがそのまま、阿弥陀仏の私に対する告名（なのり）、招喚（まねき）の声として聞こえてくる、そのように体感、味解できるようになるといいます。そしてそこにこそ、私と仏との即一的な「めざめ体験」としての信心を開発して、新しくまことの人格主体を確立し、それにおいて、自立した人生を生き、念仏者としての社会的実践を行ずることができると、教示しております。まさしくもっとも容易なる人間成就の仏道の開顕です。そのことについては、私は若いころから一貫して研究、解明し、主張してきたところですが、覚如、存覚、蓮如を踏襲して、親鸞を無視する伝統教学からは異解、異端として徹底して弾圧され、排除されて今に至っているわけです。ともあれ、その親鸞の本義をめぐっては、本書を御一読ください。そこには親鸞の意趣が明確に教示されております。

かつて〈無量寿経〉と龍樹浄土教が、私たちのために、もっとも易しい仏道として、このように「聞名の道」を開示してより、およそ千年を経て、ようやく親鸞によって発掘され、教示されて、真宗の仏道が成立しましたが、またその親鸞による「聞名の道」の教説は、そののち何らかかえりみられることもなく、また再び放置されたまま今日に至り、今ここに、親鸞没後七百五十年にして、やっと新しく日の目を見るに至り、浄土真宗におけるまことの仏道が、称名、聞名、信心の道として、再度ここに開顕されたわけです。まことに遇いがたくして遇うことをえ、聞きがたくして聞くことをえた、まことの仏道です。しかしながら、頑迷固陋の伝統教学は、この私の提起を無視して、相もかわらず、その誤謬なる真宗教義を墨守しつつ、これからもなお似て非なる非親鸞的な真宗を語って、大衆を騙しつづけていくことでしょう。悲しいことですが、これが今日の東西本願寺の教団状況です。

これから、新しく親鸞の本義、まことの本願の仏道、浄土真宗の行道を学ぼうとされる人人は、この書で明確化したところの、まことの真宗の仏道をしっかりと領解してください。そうすれば、今までの東西本願寺が語ってきた真宗の教義、その行道が、親鸞の教説とはまったく異質なる嘘、いつわりのものであるかが、よくよく理解できることでありましょう。かくして、このことについては充分に思量し分別して、真実の教法を探ねて学び、決して従来の伝統教学が語るような、誤った行道を学ぶことのないように、くれぐれも注意してください。そのことは、何よりもこの現代という混沌とした時代の中にあって、真実信心にもとづく自立と連帯の人生を生き、また来世にかけても、まことの浄土に往生するためには、もっとも肝要な選びの道です。よくよく親鸞の教説を学んで、決して道を誤まらないように切念いたすところであります。

ところで、現在刊行を続けているこの『真宗学シリーズ』は、この『教行証文類』の講義をふくめて、八冊が出版されました。これらの書は、京都の伝統教学者たちからは厳しい批判を受けていますが、アメリカではあんがい評価されて、今後英訳されて、ハワイ大学より順次に刊行されるはこびとなりました。ありがたいことです。私の書物は、すでに幾冊かは英訳されて、アメリカおよびヨーロッパで読まれており、またさらにはドイツ語にも翻訳されております。親鸞の思想、その真宗の教法が、ひろく世界の人人に伝わっていくことは、何にもまして嬉しいことです。

親鸞の思想、その教説は、今日ではすでに本願寺教団の中の存在ではありません。いまや親鸞は独りで世界を歩きはじめております。もはや従来のように、伝統教学が東西本願寺に分裂して論争している時代ではありません。また今までのように、教団権力が、自分に気に入らぬ親鸞解釈を、異端として弾圧し、排除する時代でもないでしょう。いまや親鸞は、そういう古い教団の枠を超えて、世界の人人によって注目され、信奉されるようになってまいりました。親鸞は、もはや本願寺の専有物ではありません。まことの親鸞は、本願寺の中にはおりません。世界の親鸞、人類みんなの親鸞です。アメリカやヨーロッパでは、教団の枠を超えて、ほんものの親鸞それ自身の思想、その教説を、真剣に学ぶ人人が多く生まれております。親鸞の教えが、この人たちの心を経由して、再び日本に帰ってきたら、あるいはその時にこそ、この本願寺教団にもはじめて、まことの親鸞が蘇ってくるかも知れません。日本における浄土真宗の再興は、その日を待つほかはないのかも知れません。

なお最後になってまことに恐縮ですが、このような企画刊行をこころよく領承、応援してくださった、法藏館会長の西村七兵衛氏と社長の西村明高氏に深甚なる謝意を表し、またその編集業務を推進していただいた和田真雄氏と岩田直子さんに心より御礼を申し上げます。

二〇一二年九月二五日　亡妻美代子の一周忌の日に

信楽峻麿

信楽峻麿（しがらき　たかまろ）

1926年広島県に生まれる。1955年龍谷大学研究科（旧制）を卒業。1958年龍谷大学文学部に奉職。助手、講師、助教授を経て1970年に教授。1989年より1995年まで龍谷大学学長。1995年より2008年まで仏教伝道協会理事長。

現在　龍谷大学名誉教授、文学博士。

著書に『信楽峻麿著作集全10巻』『教行証文類講義全9巻』『真宗の大意』『宗教と現代社会』『仏教の生命観』『念仏者の道』（法藏館）『浄土教における信の研究』『親鸞における信の研究上・下』『真宗教団論』『親鸞の道』（永田文昌堂）『The Buddhist world of Awakening』（Hawaii Buddhist Study Center）その他多数。

真宗聖典学③
教行証文類　真宗学シリーズ8
二〇一三年二月一五日　初版第一刷発行

著　者　信楽峻麿
発行者　西村明高
発行所　株式会社　法藏館
京都市下京区正面通烏丸東入
郵便番号　六〇〇-八一五三
電話　〇七五-三四三-〇〇三〇（編集）
〇七五-三四三-五六五六（営業）

印刷・製本　亜細亜印刷株式会社

ISBN978-4-8318-3278-8 C0015